Duden

Allgemeinbildung

Testen Sie Ihr Wissen!

Duden

Allgemeinbildung

Testen Sie Ihr Wissen!

Dudenverlag
Mannheim · Leipzig · Wien · Zürich

Redaktionelle Leitung Heike Pfersdorff M. A.
Redaktion Dr. Jürgen Hess
Herstellung Eva Bordemann

Die Deutsche Bibliothek -CIP- Einheitsaufnahme
Ein Titeldatensatz für diese Publikation ist
bei der Deutschen Bibliothek erhältlich.

Satz Typo Z, Oberstenfeld
Gestaltungskonzept Horst Bachmann
Umschlaggestaltung Bettina Bank, Heidelberg
Druck und Bindung Clausen & Bosse, Leck

Printed in Germany

ISBN 3-411-71791-2

INHALT

7 Geschichte

31 Politik, Wirtschaft, Recht

53 Kunst

71 Musik

89 Sprache und Literatur

111 Fremdwörter, Redensarten, Zitate

133 Religion, Philosophie, Mythologie

149 Erde und Weltraum

193 Physik und Chemie

219 Mathematik und Technik

245 Flora und Fauna

277 Mensch und Medizin

295 Essen und Trinken

311 Sport und Spiel

333 Medien und Film

GESCHICHTE

Geschichte ist das Geschehen in Zeit und Raum. Im weiteren Sinne umfasst sie die Erd- und die Naturgeschichte, im engeren Sinne die Menschheits-, aber auch die Wirtschafts-, Sozial-, Geistes- und Kulturgeschichte. Jede einzelne menschliche Betätigung lässt sich geschichtlich betrachten (Geschichte der Medizin, Sprache, Literatur, Kunst). Geschichte als Wissenschaft erforscht Veränderungen methodisch, auf der Grundlage kritisch gesicherter Überlieferungen.

1 Der Erste Weltkrieg gilt als der erste „moderne" Krieg der Geschichte. Welches Kampfmittel setzte Deutschland in der Schlacht von Ypern erstmals ein?

- Panzer
- chemische Kampfstoffe
- Flugzeuge
- Luftschiffe

2 Das 1802 aufgelöste Heilige Römische Reich verstand sich in der Tradition des Römischen Reichs als dessen Nachfolger. Wie heißt sein wichtigstes Verfassungsgesetz?

- Magna Charta
- Goldenes Vlies
- Privilegium maius
- Goldene Bulle

3 Die Hussitenkriege waren Kämpfe zwischen den Anhängern des tschechischen Reformators Jan Hus und kaiserlichen Truppen. Wodurch wurden sie ausgelöst?

- Bartholomäusnacht
- Restitutionsedikt
- Prager Fenstersturz
- Erstürmung der Bastille

4 Als Alexander der Große starb, teilten seine Nachfolger das hinterlassene Weltreich in mehrere kleinere Reiche auf. Wie wurden seine Nachfolger genannt?

- Epigonen
- Diadochen
- Satrapen
- Moguln

5 Zum Handelsbündnis der Hanse gehörten im 14. und 15. Jahrhundert rund 70 deutsche Städte. Welche der folgenden Städte war keine Hansestadt?

- Leipzig
- Wismar
- Magdeburg
- Köln

6 Außer John F. Kennedy wurden drei weitere Präsidenten der USA während ihrer Amtszeit ermordet. Welcher amerikanische Präsident zählt nicht dazu?

- James A. Garfield
- William McKinley
- Zachary Taylor
- Abraham Lincoln

1 Obwohl die Haager Landkriegsordnung von 1907 den Einsatz **chemischer Kampfstoffe** verbot, verwendete Deutschland in der Schlacht von Ypern 1915 zum ersten Mal Giftgas als Kampfmittel.
Panzer wurden erstmals in der Sommeschlacht 1916 von den Briten eingesetzt, mit **Flugzeugen** und **Luftschiffen** kämpften beide Seiten von Beginn des Kriegs an.

2 Wichtigstes Verfassungsgesetz des Heiligen Römischen Reichs war die 1356 verkündete **Goldene Bulle**, die vor allem die deutsche Königswahl regelte.
Die **Magna Charta** ist das bedeutendste englische Grundgesetz. Das **Goldene Vlies** ist das Fell eines Widders in der griechischen Mythologie. Mit dem (gefälschten) **Privilegium maius** sicherten sich die Habsburger ihre Macht in Österreich und weitgehende Reichsunabhängigkeit.

3 Die Hussitenkriege (1419 bis 1434) wurden durch den ersten **Prager Fenstersturz** ausgelöst; der zweite Prager Fenstersturz leitete 1618 den Dreißigjährigen Krieg ein.
In der **Bartholomäusnacht** wurden 1572 in Paris 3000 Hugenotten ermordet. Das **Restitutionsedikt** ordnete 1629 die Rückgabe protestantischer Kirchengüter an die Katholiken an. Mit der **Erstürmung der Bastille** begann 1789 die Französische Revolution.

4 Die Nachfolger Alexander des Großen waren die **Diadochen.**
Die **Epigonen** waren die Nachkommen der sagenhaften Sieben gegen Theben, die das Werk ihrer Väter vollendeten und Theben zerstörten. **Satrapen** wurden im antiken Persien die Provinzstatthalter genannt. Die **Moguln** waren eine muslimische Herrscherdynastie mongolischer Herkunft, die vom 16. bis zum 19. Jahrhundert in Indien regierten.

5 **Leipzig** gehörte dem Bund der Hanse nicht an.
Neben Lübeck, Hamburg und Bremen war auch **Wismar** eine bedeutende Hafenstadt der Hanse. Darüber hinaus gab es im Binnenland zahlreiche Hansestädte, unter denen **Magdeburg** und **Köln** zu den führenden zählten.

6 **Zachary Taylor,** der 12. Präsident der USA, starb 1850 zwar während seiner Amtszeit, aber eines natürlichen Todes.
Abraham Lincoln, der 16. Präsident der USA, wurde im April 1865 von einem Rassenfanatiker erschossen. Der 20. Präsident, **James A. Garfield,** erlag im September 1881 den Folgen eines Attentats. **William McKinley,** der 25. Präsident, wurde im September 1901 das Opfer eines anarchistischen Attentäters.

7 **Im Jahr 955 fand bei Augsburg eine der wichtigsten Schlachten in der Geschichte Mitteleuropas statt. Gegen wen kämpfte das deutsche Heer in der Schlacht auf dem Lechfeld?**

- Ungarn
- Hunnen
- Mongolen
- Türken

8 **Aus der ehemaligen Sowjetunion sind Anfang der 1990er-Jahre insgesamt fünfzehn unabhängige Staaten hervorgegangen. Welche Republik zählt nicht dazu?**

- Tadschikistan
- Usbekistan
- Aserbaidschan
- Dagestan

9 **Durch welchen Vertrag wurde 1494 die Aufteilung der Einflusssphären von Spanien und Portugal auf dem zwei Jahre zuvor entdeckten amerikanischen Kontinent geregelt?**

- Vertrag von Rapallo
- Vertrag von Guadalupe Hidalgo
- Navigationsakte
- Vertrag von Tordesillas

10 **Der Sechstagekrieg von 1967 war eine der größten militärischen Auseinandersetzungen im Nahen Osten nach dem Zweiten Weltkrieg. Welches Land war nicht an diesem Krieg beteiligt?**

- Jordanien
- Libanon
- Israel
- Ägypten

11 **Rom wurde bekanntlich auf sieben Hügeln erbaut. Welcher der genannten Begriffe bezeichnet einen dieser klassischen sieben Hügel?**

- Lateran
- Paladin
- Latemar
- Kapitol

12 **Welches Gesetz garantierte in England bereits im Jahr 1679 Schutz vor willkürlicher Verhaftung, die ...**

- Magna Charta
- Habeas-Corpus-Akte
- Petition of Right
- Bill of Rights

7 Im August 955 besiegte das deutsche Heer unter König Otto I. ein zahlenmäßig weit überlegenes Reiterheer der **Ungarn.**
Die **Hunnen** waren bereits im 5. Jahrhundert nach Mittel- und Westeuropa eingedrungen. Die **Mongolen** bedrohten im 13. Jahrhundert die Grenzen des deutschen Reichs, im 14. Jahrhundert drangen die **Türken** auf dem Balkan vor.

8 Die frühere Autonome Sozialistische Sowjetrepublik **Dagestan** ist kein unabhängiger Staat, sondern eine Teilrepublik der Russischen Föderation.
Unabhängige Staaten sind dagegen die ehemaligen Sozialistischen Sowjetrepubliken **Aserbaidschan** (seit August 1990), **Usbekistan** (seit August 1991) und **Tadschikistan** (seit September 1991).

9 Im **Vertrag von Tordesillas** wurden die Einflusssphären Spaniens und Portugals in Amerika festgelegt.
Der **Vertrag von Rapallo** regelte 1922 die Wiederaufnahme der Beziehungen zwischen Deutschland und der Sowjetunion. Im **Vertrag von Guadalupe Hidalgo** erzwangen die USA 1848 von Mexiko die Abtretung aller Gebiete nördlich des Rio Grande. Die **Navigationsakte** (1651) war ein englisches Gesetz zur Förderung der nationalen Seefahrt.

10 Der **Libanon** war am Sechstagekrieg von 1967 nicht militärisch beteiligt.
Im Sechstagekrieg, ausgelöst durch die Sperrung des Golfs von Akaba für israelische Schiffe durch Ägypten, standen sich **Israel** und seine arabischen Nachbarstaaten **Ägypten, Jordanien** und Syrien gegenüber.

11 Das **Kapitol** ist einer der sieben, heute zum Teil nicht mehr erkennbaren Hügel Roms. Die anderen sechs sind Aventin, Caelius mons, Esquilin, Palatin, Quirinal und Viminal.
Der **Lateran** ist ein Papstpalast in Rom. Ein **Paladin** ist ein Berater oder Gefolgsmann eines Fürsten. Beim **Latemar** handelt es sich um ein Bergmassiv in den Südtiroler Dolomiten.

12 Die **Habeas-Corpus-Akte** wurde 1679 als Reaktion auf die willkürlichen Verhaftungen unter Karl II. beschlossen; hiernach darf kein englischer Untertan ohne gerichtliche Anordnung verhaftet werden.
Die **Magna Charta** (1215/25) und die **Bill of Rights** (1689) sind wichtige englische Staatsgrundgesetze. Die **Petition of Right** ist eine 1628 von König Karl I. bewilligte Bittschrift des Parlaments zum Schutz der bürgerlichen Freiheiten.

13 **Der als rücksichtsloser Herrscher verrufene englische König Heinrich VIII. war sechsmal verheiratet. Welche seiner Frauen ließ Heinrich hinrichten?**

- Jane Seymour
- Catherine Parr
- Anna von Cleve
- Anna Boleyn

14 **Welchen ihrer Bundesstaaten haben die USA nicht – ganz oder zumindest teilweise – von anderen Ländern gekauft?**

- Virginia
- Louisiana
- Florida
- Alaska

15 **In welchem Jahr fand die Revolution statt, die unter dem Namen „Märzrevolution" in die Geschichtsbücher einging?**

- 1789
- 1848
- 1917
- 1918

16 **Mit der Gründung der Republik China endete 1912 das chinesische Kaiserreich. Mit welcher Dynastie begann seine Geschichte?**

- Qin
- Han
- Ming
- Qing

17 **Welcher normannische Fürst und Feldherr wurde 1066 zum König von England gekrönt?**

- Eduard der Bekenner
- Knut der Große
- Wilhelm der Eroberer
- Erich der Rote

18 **In welcher Stadt wurde im Jahr 1348 die erste deutsche Universität gegründet?**

- Heidelberg
- Prag
- Köln
- Krakau

(13) **Anna Boleyn,** die Mutter der späteren Elisabeth I., war die zweite Frau Heinrichs VIII.; er ließ sie 1536 hinrichten.
Seine dritte Frau, **Jane Seymour,** starb 1537 bei der Geburt des Thronfolgers Eduard VI., die vierte Ehe mit **Anna von Cleve** endete mit Scheidung. **Catherine Parr,** seine sechste Frau, überlebte Heinrich.

(14) **Virginia** ist kein käuflich erworbener Bundesstaat, sondern war vielmehr einer der dreizehn Gründungsstaaten der Vereinigten Staaten.
Der westliche Teil **Louisianas** wurde 1803 von Frankreich, **Florida** 1819 von Spanien und **Alaska** 1867 von Russland an die USA verkauft.

(15) Die Märzrevolution war die **1848** von der französischen Februarrevolution des selben Jahres ausgelöste Erhebung des liberalen Bürgertums in Deutschland.
Im Jahr **1789** begann die bis 1799 dauernde Französische Revolution. Die Oktoberrevolution unter Führung Lenins leitete **1917** die politisch-soziale Umwälzung in Russland ein. Die Revolution im Deutschen Reich, die **1918** zum Sturz der Monarchie führte, wird auch Novemberrevolution genannt.

(16) Die Geschichte des chinesischen Kaiserreichs begann unter dem ersten Kaiser Qin Shi Huangdi im Jahr 221 mit der **Qin**-Dynastie (bis 206 v. Chr.).
Auf die Qin-Dynastie folgte die **Han**-Dynastie (202 v. Chr. bis 220 n. Chr.). In der **Ming**-Dynastie (1368 bis 1644) setzte die Zeit der absoluten Monarchie in China ein. Pu Yi, der letzte chinesische Kaiser, gehörte der **Qing**-Dynastie (1644 bis 1912) an.

(17) Der Herzog der Normandie, **Wilhelm der Eroberer,** ließ sich nach seinem Sieg in der Schlacht von Hastings 1066 als Wilhelm I. zum König von England krönen.
Knut der Große war einer der Dänenkönige, die zwischen 1016 und 1042 in England herrschten. Der Angelsachse **Eduard der Bekenner** war von 1042 bis 1066 König Englands. Der Wikinger **Erich der Rote** entdeckte 986 Grönland.

(18) Die erste deutsche Universität wurde 1348 in **Prag** gegründet, der damaligen Residenzstadt von Kaiser Karl IV.
Die älteste Universität auf (heutigem) deutschem Boden wurde 1386 in **Heidelberg** eröffnet, gefolgt von **Köln** im Jahr 1388. Die polnische Universität **Krakau** wurde 1364 gegründet.

19 **Durch die Novemberrevolution 1918 wurde im Deutschen Reich die Monarchie gestürzt. In welcher Stadt wurde zuerst die Republik ausgerufen?**

- Berlin
- Wilhelmshaven
- Kiel
- München

20 **Im Jahr 1950 gab es in Afrika nur vier unabhängige Staaten. Welches dieser vier Länder erreichte als erstes seine Unabhängigkeit?**

- Liberia
- Ägypten
- Südafrika
- Äthiopien

21 **Welcher Pharao schaffte kurzerhand die gesamte ägyptische Götterdynastie ab und ersetzte sie durch einen einzigen Gott?**

- Ramses II.
- Echnaton
- Tutanchamun
- Menes

22 **Mit dem Einmarsch der deutschen Wehrmacht in Polen begann am 1. September 1939 der Zweite Weltkrieg. Doch wann genau ging er zu Ende, am ...**

- 8. Mai 1945
- 6. August 1945
- 18. August 1945
- 2. September 1945

23 **Auf dem Jahr der Gründung Roms basiert letztendlich auch unsere heutige Zeitrechnung. Wann wurde Rom der Überlieferung nach gegründet?**

- 753 v. Chr.
- 650 v. Chr.
- 386 v. Chr.
- 264 v. Chr.

24 **Im Mittelalter führte die Wahl zweier Päpste zu einer fast 40 Jahre währenden Spaltung der katholischen Kirche. Wie nennt man diese Kirchenspaltung?**

- Schia
- Schema
- Schisma
- Scharia

(19) In **München** wurde am 7. November 1918 die Republik ausgerufen. Am 9. November folgte die Proklamation der Republik durch die Sozialdemokraten in **Berlin**. Ausgelöst wurde die Novemberrevolution durch den Beginn der Matrosenaufstände Ende Oktober, unter anderem in **Wilhelmshaven** und **Kiel**.

(20) Der erste unabhängige Staat Afrikas war **Liberia.** Das von freigelassenen amerikanischen Sklaven kolonisierte Land rief bereits 1847 die unabhängige Republik aus. Das zeitweilig von Italien beanspruchte **Äthiopien** wurde 1896 unabhängig. **Südafrika** erreichte 1910 als Dominion eine bedingte Unabhängigkeit von Großbritannien. **Ägypten,** seit dem Ersten Weltkrieg britisches Protektorat, wurde 1922 unabhängig.

(21) Amenophis IV. erhob Aton, die Sonnenscheibe, zum einzigen Gott, legte seinen Namen ab und nannte sich **Echnaton.**
Tutanchamun wandte sich von der Sonnenreligion seines Schwiegervaters Echnaton ab und kehrte zum Polytheismus zurück. **Ramses II.** gilt als bedeutendster Pharao und größter Bauherr Altägyptens. Der sagenhafte Reichsgründer **Menes** soll Ober- und Unterägypten vereinigt haben.

(22) Die Unterzeichnung der Kapitulationsurkunde durch Japan am **2. September 1945** beendete offiziell den Zweite Weltkrieg.
Am **6. August 1945** wurde über Hiroshima die erste Atombombe abgeworfen, am **14. August 1945** kapitulierte Japan bedingungslos. In Europa war der Zweite Weltkrieg mit der bedingungslosen Kapitulation Deutschlands bereits am **8. Mai 1945** beendet worden.

(23) Der Sage nach wurde Rom am 21. April **753 v. Chr.** von Romulus gegründet.
Historisch verbürgt ist die Entstehung Roms um das Jahr **650 v. Chr.** als etruskischer Stadtstaat. **386 v. Chr.** begann der Wiederaufbau der Stadt nach der Zerstörung durch die Kelten. **264 v. Chr.** zogen die Römer in den Ersten Punischen Krieg (bis 241 v. Chr.) gegen die Karthager.

(24) Die von 1378 bis 1417 dauernde Spaltung der katholischen Kirche mit Päpsten in Rom und in Avignon wird als Abendländisches **Schisma** bezeichnet.
Scharia ist das alle Lebensbereiche und das religiöse Leben umfassende Gesetz des Islam. **Schia** ist eine der beiden religiösen Hauptbekenntnisse des Islam. Unter einem **Schema** versteht man einen Entwurf oder eine anschauliche Darstellung.

25 **Im Ersten Weltkrieg standen sich die Staaten der Entente und die Mittelmächte als Gegner gegenüber. Welches Land zählte nicht zu den Mittelmächten?**

- Deutschland
- Bulgarien
- Italien
- Türkei

26 **Vom 13. Juni bis 13. Juli 1878 fand unter Vorsitz von Reichskanzler Bismarck der Berliner Kongress statt. Was wurde auf diesem Kongress verhandelt?**

- Neuordnung des Balkans
- Sozialistengesetz
- Sozialgesetzgebung
- Kaiserproklamation Wilhelms I.

27 **Der Spanische Erbfolgekrieg wurde 1701 bis 1713 um das Erbe des letzten spanischen Habsburgers Karl II. geführt. Welcher Friedensschluss beendete diesen Krieg?**

- Westfälischer Frieden
- Frieden von Rijswijk
- Frieden von Prag
- Frieden von Utrecht

28 **Eine kriegsentscheidende Wende im Zweiten Weltkrieg war der „D-Day“, die Landung der Alliierten in der Normandie. Wann fand diese Landung statt?**

- 10. Juli 1943
- 6. Juni 1944
- 20. Juli 1944
- 1. August 1944

29 **Im Jahr 1969 kam es zwischen den Staaten Honduras und El Salvador zu kriegerischen Auseinandersetzungen. Wie wird dieser Krieg genannt?**

- Salpeterkrieg
- Fußballkrieg
- Chacokrieg
- Rosenkrieg

30 **Welcher der genannten Bundesstaaten der USA gehört nicht zu den 13 Gründerstaaten?**

- Maryland
- South Carolina
- Georgia
- Maine

25 **Italien** war im Ersten Weltkrieg zunächst neutral und trat erst im Mai 1915 aufseiten der Entente in den Krieg ein.
Die Ententemächte waren Großbritannien, Frankreich und Russland, zu den Mittelmächten zählten die mit **Deutschland** und Österreich-Ungarn verbündeten Staaten **Bulgarien** und **Türkei.**

26 Der Berliner Kongress verhandelte die **Neuordnung des Balkans** nach dem russisch-türkischen Krieg 1877/78.
Im gleichen Jahr erließ die Reichsregierung das **Sozialistengesetz.** Im ersten Gesetz der preußischen **Sozialgesetzgebung** wurde 1883 die Krankenversicherung der Arbeiter geregelt. Die **Kaiserproklamation Wilhelms I.** fand 1871 im Spiegelsaal des Versailler Schlosses statt.

27 Der von Frankreich, England, Holland, Savoyen, Portugal und Preußen 1713 unterzeichnete **Frieden von Utrecht** beendete den Spanischen Erbfolgekrieg.
Mit den Friedensschlüssen von Münster und Osnabrück, dem **Westfälischen Frieden,** endete 1648 der Dreißigjährige Krieg.
Der **Frieden von Rijswijk** beendete 1697 den Pfälzischen Erbfolgekrieg. Mit dem **Frieden von Prag** wurde 1866 der Deutsche Bund aufgelöst.

28 Die Landung alliierter Truppen in der Normandie unter General Dwight D. Eisenhower begann am **6. Juni 1944.**
Bereits am **10. Juli 1943** waren alliierte Truppen in Sizilien gelandet. Am **20. Juli 1944** scheiterte das Bombenattentat auf Adolf Hitler. Am **1. August 1944** begann in Warschau der polnische Aufstand gegen die deutsche Besatzung.

29 Der nach einem Fußballländerspiel zwischen Honduras und El Salvador ausgebrochene **Fußballkrieg** forderte 1969 mehr als 2000 Menschenleben.
Als **Salpeterkrieg** (1879 bis 1883) wird der Krieg Chiles gegen Peru und Bolivien um die Salpetervorkommen der Atacama bezeichnet. Im **Chacokrieg** (1933 bis 1935) standen sich Bolivien und Paraguay gegenüber. Die **Rosenkriege** waren die englischen Thronfolgekriege (1455 bis 1485).

30 **Maine** ist der einzige der Neuenglandstaaten, der nicht zu den Gründerstaaten der USA zählt. Maine wurde erst 1829 als 23. Staat in die Union aufgenommen.
Die 13 Gründerstaaten der USA sind: Connecticut, Delaware, **Georgia, Maryland,** Massachussetts, New Hampshire, New Jersey, New York, North Carolina, Pennsylvania, Rhode Island, **South Carolina** und Virginia.

31 **Welche der folgenden Organisationen war keine Widerstandsgruppe während des Zweiten Weltkriegs?**

- Weißer Ring
- Kreisauer Kreis
- Rote Kapelle
- Weiße Rose

32 **Welche der folgenden Personen ist – zumindest in der Form, wie die Überlieferung sie beschreibt – keine geschichtliche Person?**

- Till Eulenspiegel
- Johannes Faust
- Robin Hood
- Dr. Eisenbarth

33 **Sein Ausspruch „Noch so ein Sieg, und ich bin verloren“ ging als geflügeltes Wort in die Geschichte ein. Von welchem bedeutenden Feldherrn der Antike stammt dieser Satz?**

- Varus
- Hannibal
- Pyrrhus
- Scipio d. Ä.

34 **Der Zweite Weltkrieg hat weltweit 55 bis 60 Millionen Todesopfer gefordert. Welches Land hatte die meisten Toten zu beklagen?**

- China
- Sowjetunion
- Indien
- Deutschland

35 **Alexander der Große, einer der bedeutendsten Feldherrn der Antike, hatte einen berühmten Griechen als Lehrer. Wer war der Erzieher Alexanders?**

- Archimedes
- Aristophanes
- Alkibiades
- Aristoteles

36 **Welche Schlacht der Napoleonischen Kriege ging als Dreikaiserschlacht in die Geschichte ein, die Schlacht von ...**

- Austerlitz
- Borodino
- Leipzig
- Waterloo

31 Der **Weiße Ring** ist ein 1975 gegründeter Verein zur Unterstützung von Verbrechensopfern.
Der **Kreisauer Kreis** war eine christlich-konservative Gruppe der deutschen Widerstandsbewegung um Graf Moltke. Als eine der größten deutschen Widerstandsgruppen zählte die antifaschistische **Rote Kapelle** über 100 Mitglieder. **Weiße Rose** nannte sich die Münchner Widerstandsgruppe um die Geschwister Scholl.

32 **Robin Hood** ist eine Sagengestalt; ein historisches Vorbild ist bei ihm nicht nachzuweisen.
Till Eulenspiegel trieb im 14. Jahrhundert seinen Possen; er starb um 1350 in. Der Arzt **Johannes Faust**, Vorbild für Goethes Schauspiel, wurde um 1480 geboren und starb um 1540 in Staufen.
Dr. Eisenbarth (* 1663, † 1727) war ein erfolgreicher Mediziner seiner Zeit.

33 Den Satz sprach **Pyrrhus I.** von Epirus nach seinem verlustreichen Sieg in der Schlacht von Ausculum gegen die Römer im Jahr 281 v. Chr.
Varus war der Oberbefehlshaber der römischen Truppen, die 9 n. Chr. im Teutoburger Wald Arminius unterlagen. **Hannibal** war der bedeutendste karthagische Feldherr, **Scipio d. Ä.** sein römischer Gegenspieler im Zweiten Punischen Krieg.

34 Die meisten Toten – 13,6 Millionen gefallene Soldaten und mehr als 7 Millionen Tote unter der Zivilbevölkerung – hatte die **Sowjetunion** zu beklagen.
Die Zahl der Kriegsopfer in **China** wird auf 13 Millionen geschätzt, in **Indien** kamen über eine Million Menschen ums Leben. Die Zahl der Opfer in **Deutschland** belief sich auf 3,3 Millionen gefallene Soldaten und 2,6 Millionen Tote unter der Zivilbevölkerung.

35 Der Erzieher des jungen Alexander war der Philosoph **Aristoteles** (*384, †322 v. Chr.).
Weder der Mathematiker **Archimedes** (*um 285, †212 v. Chr.), der Komödiendichter **Aristophanes** (*um 445, †um 383 v. Chr.) noch der Staatsmann und Feldherr **Alkibiades** (*um 450, †404 v. Chr.) waren Zeitgenossen von Alexander dem Großen.

36 In der Dreikaiserschlacht bei **Austerlitz** besiegte Napoleon im Dezember 1805 die Truppen des österreichischen Kaisers Franz II. und des russischen Zaren Alexander I.
In der Schlacht von **Borodino** im September 1812 schlug Napoleon die russische Armee. Die Schlacht bei **Leipzig** im September 1813 war die Völkerschlacht, nach der Schlacht von **Waterloo** im Juni 1815 wurde Napoleon nach St. Helena verbannt.

37 **Wann wurde in Deutschland die Mark als verbindliches Zahlungsmittel eingeführt?**

- 1834
- 1838
- 1871
- 1923

38 **Welche Schlacht der Perserkriege endete für die Griechen nicht siegreich?**

- Schlacht von Marathon
- Schlacht an den Thermopylen
- Seeschlacht von Salamis
- Schlacht von Plataä

39 **Wo wurde am 10. Mai 1871 der Friedensvertrag unterzeichnet, der den Deutsch-Französischen Krieg 1870/71 beendete?**

- Bad Ems
- Compiègne
- Versailles
- Frankfurt am Main

40 **Welchem Feldherrn wird das militärische Motto „Getrennt marschieren, vereint schlagen" zugeschrieben?**

- Helmuth von Moltke
- Alfred von Schliefen
- Ezéchiel Mélac
- Gerhard von Scharnhorst

41 **Nach dem Ende des Ersten Weltkriegs fand 1919 die Pariser Friedenskonferenz statt. Welcher Staat nahm daran nicht teil?**

- Frankreich
- Deutschland
- Italien
- USA

42 **Beflügelt von den Ideen der Reformation, brach 1524/25 in Süd- und Mitteldeutschland ein Bauernaufstand, der Bauernkrieg, aus. Wer zählte nicht zu seinen Führern?**

- Götz von Berlichingen
- Thomas Müntzer
- Florian Geyer
- Georg Truchsess von Waldburg

37 Mit der Gründung des Deutschen Reichs im Jahr **1871** wurde die Mark als verbindliches Zahlungsmittel eingeführt.
Zwischen den zuvor existierenden Währungen waren bereits **1838** feste Wechselkurse festgelegt worden. **1834** entstand mit der Gründung des Deutschen Zollvereins ein einheitliches Zollgebiet. Zur Überwindung der Inflation wurde **1923** die Rentenmark eingeführt.

38 Die **Schlacht an den Thermopylen** ging durch Verrat 480 v. Chr. für die Griechen verloren.
In der **Schlacht von Marathon** besiegte Miltiades 490 v. Chr. die Perser. In der **Seeschlacht von Salamis** (480 v. Chr.) wurde die persische Flotte, in der **Schlacht von Platää** (479 v. Chr.) schließlich das persische Landheer von den Griechen vernichtend geschlagen.

39 Der Friedensvertrag, der den Deutsch-Französischen Krieg beendete, wurde in **Frankfurt am Main** geschlossen.
Auslöser des Kriegs war die Emser Depesche über eine Unterredung des preußischen Königs mit dem französischen Botschafter in **Bad Ems.** In **Compiègne** wurde 1918 der Waffenstillstand geschlossen, mit dem Vertrag von **Versailles** 1919 der Erste Weltkrieg völkerrechtlich beendet.

40 Der Ausspruch wird Generalfeldmarschall **Helmuth von Moltke** zugeschrieben.
Sein eigentlicher Urheber soll aber der preußische Heeresreformer **Gerhard von Scharnhorst** gewesen sein. Vom preußischen Generalfeldmarschall **Alfred von Schlieffen** stammt der Satz: "Macht mir den rechten Flügel stark". **Ezéchiel Mélac** war General Ludwigs XIV. im Pfälzischen Erbfolgekrieg.

41 An der im Januar 1919 begonnenen Friedenskonferenz war **Deutschland** nicht beteiligt – Vertreter der ehemaligen Feindmächte waren nicht zugelassen.
Die Entscheidungen wurden im Wesentlichen von dem Ministerpräsidenten **Frankreichs,** dem Präsidenten der **USA,** dem Premierminister Großbritanniens und dem Regierungschef **Italiens** getroffen.

42 **Georg Truchsess von Waldburg** zählte nicht zu den Führern des Bauernkriegs. Als Feldhauptmann des Schwäbischen Bundes warf er vielmehr 1525 die aufständischen Bauern grausam nieder.
Der Theologe **Thomas Müntzer** war der Führer eines Bauernheers in Thüringen. Die Reichsritter **Florian Geyer** und **Götz von Berlichingen** führten die aufständischen Bauern in Franken und im Odenwald.

43 **Mit welcher Doktrin verbaten sich die USA die politische Einmischung europäischer Mächte auf dem amerikanischen Kontinent?**

- Eisenhower-Doktrin
- Hallstein-Doktrin
- Monroe-Doktrin
- Truman-Doktrin

44 **Griechenland gilt als die Wiege der Demokratie. Wer aber ist der Begründer der Demokratie im antiken Athen?**

- Solon
- Drakon
- Kleisthenes
- Lykurgos

45 **Die Marseillaise wurde 1946 offiziell zur französischen Nationalhymne erklärt. Komponiert wurde sie bereits im April 1792 in ...**

- Paris
- Marseille
- Straßburg
- Toulouse

46 **Wie hieß der letzte Kaiser des Weströmischen Reichs, der 476 von dem germanischen Heerführer Odoaker abgesetzt wurde?**

- Konstantin I.
- Romulus
- Theodosius I.
- Konstantin XI.

47 **Auf welcher Konferenz vereinbarten die Alliierten die Grundsätze der politischen Behandlung Deutschlands nach dem Zweiten Weltkrieg, auf der Konferenz von ...**

- Jalta
- Casablanca
- Potsdam
- Teheran

48 **In welcher Schlacht wurde eine Abteilung der US-Kavallerie 1876 von den Sioux-Indianern völlig vernichtet, in der Schlacht ...**

- am Wounded Knee
- von Gettysburg
- von Bull Run
- am Little Bighorn River

43 In der **Monroe-Doktrin** von 1823 forderten die USA die Nichteinmischung Europas in Amerika. Die **Eisenhower-Doktrin** sicherte den Staaten des Nahen Ostens Hilfe gegen kommunistische Aggression zu. In der **Hallstein-Doktrin** formulierte die Bundesrepublik Deutschland ihren Alleinvertretungsanspruch. Die **Truman-Doktrin** war die Leitlinie der USA im Kampf gegen kommunistische Bewegungen.

44 Mit seiner Staatsreform (594 v. Chr.) gilt **Solon** als Begründer der athenischen Demokratie. **Drakon** zeichnete um 621 v. Chr. das durch seine Härte sprichwörtliche Strafrecht auf. **Kleisthenes** schaffte 507 v. Chr. die Vorrechte der Aristokratie ab. **Lykurgos** war der legendäre Gesetzgeber des antiken Sparta.

45 Die Marseillaise wurde anlässlich der Kriegserklärung an Deutschland in **Straßburg** komponiert. Als „Kriegslied der Grenztruppen“ wurde das Lied von den Revolutionstruppen in **Marseille** übernommen, die es bei ihrem Einmarsch in **Paris** im Juli 1792 sangen; es erhielt daraufhin den Namen „Marseillaise“. **Toulouse** hat mit seiner Entstehung und Namengebung nichts zu tun.

46 Mit **Romulus** Augustulus, der den gleichen Namen wie der sagenhafte Gründer Roms trug, endete das weströmische Kaisertum. **Konstantin I.** verlegte 330 der Kaisersitz von Rom nach Byzanz. **Theodosius I.** war bis zur Reichsteilung 395 der letzte Alleinherrscher des Römischen Reichs. **Konstantin XI.** war der letzte byzantinische Kaiser.

47 Mit dem auf der Konferenz von **Potsdam** im August 1945 ausgehandelten Abkommen regelten die Alliierten ihre Nachkriegspolitik in Deutschland. Auf der Konferenz von **Jalta** wurde die Gründung der Vereinten Nationen beschlossen. Die Konferenz von **Teheran** legte die Grundlagen der späteren Aufteilung Europas. Auf der Konferenz von **Casablanca** wurde die bedingungslose Kapitulation Deutschlands gefordert.

48 Am **Little Bighorn River** wurde eine Kavallerieabteilung unter General Custer von den Sioux völlig aufgerieben. Am **Wounded Knee** brachen amerikanische Truppen 1890 den letzten Widerstand der Dakota; dem Massaker fielen rund 350 Indianer zum Opfer. In **Gettysburg** und **Bull Run** fanden entscheidende Schlachten des amerikanischen Sezessionskriegs (1861 bis 1865) statt.

49 **Am 22. Juni 1941 begann der Einmarsch deutscher Truppen in die Sowjetunion. Wie lautete der Codename dieses Angriffs?**

- Unternehmen Weserübung
- Unternehmen Seelöwe
- Unternehmen Walküre
- Unternehmen Barbarossa

50 **Welcher Seefahrer entdeckte im 18. Jahrhundert die Inseln des Hawaii-Archipels?**

- James Cook
- Vasco da Gama
- Fernando Magellan
- Francis Drake

51 **Mit der Auflösung der UdSSR kam 1991 auch das Ende für die Rote Armee. Von wem war diese 1918 während des russischen Bürgerkriegs gegründet worden?**

- Molotow
- Trotzki
- Kerenski
- Koltschak

52 **Welcher der deutschen Herrscher trug bereits zu seinen Lebzeiten den Beinamen „der Große“?**

- Friedrich II. von Preußen
- Friedrich III. von Schwaben
- Friedrich III. von Sachsen
- Friedrich III. von Österreich

53 **Welcher der Führer der Französischen Revolution wurde nicht hingerichtet?**

- Robespierre
- Danton
- Marat
- Hébert

54 **Welches Volk bewohnte Italien vor dem Aufstieg des Römischen Reichs, die ...**

- Phönizier
- Etrusker
- Thraker
- Lyder

49 Der Angriffsplan gegen die Sowjetunion trug den Codenamen **Unternehmen Barbarossa.**
Im **Unternehmen Weserübung** besetzten deutsche Truppen 1940 Dänemark und Norwegen, das **Unternehmen Seelöwe** war die geplante Landung in Großbritannien. Der am 20. Juli 1944 fehlgeschlagene Putschversuch von Wehrmachtsoffizieren gegen Hitler trug den Codenamen **Unternehmen Walküre.**

50 Die Hawaii-Inseln wurden 1778 von dem britischen Seefahrer **James Cook** entdeckt.
Der Portugiese **Vasco da Gama** umsegelte 1497 das Kap der Guten Hoffnung und erreichte die indische Küste. Sein Landsmann **Fernando Magellan** umsegelte 1520 Südamerika und entdeckte die nach ihm benannte Magellanstraße. **Francis Drake** war der erste englische Weltumsegler (1577 bis 1580).

51 Leo D. **Trotzki** organisierte als Kriegskommissar die Gründung und den Aufbau der Roten Armee. Wjatscheslaw M. **Molotow** war während des Zweiten Weltkriegs sowjetischer Außenminister. Alexander F. **Kerenski** war der letzte russische Ministerpräsident vor der Oktoberrevolution. Alexander W. **Koltschak** gründete 1918 eine antibolschewistische „weiße“ Armee.

52 Der preußische **König Friedrich II.**, der „Alte Fritz“, wurde bereits zu seinen Lebzeiten mit dem Attribut „der Große“ bedacht.
Friedrich III. Herzog von Schwaben trug als Kaiser Friedrich I. den Beinamen „Barbarossa“. **Friedrich III. Kurfürst von Sachsen** wurde als „der Weise“, **Friedrich III. Herzog von Österreich** als „der Schöne“ bezeichnet.

53 Jean Paul **Marat,** einer der radikalsten Volksführer der Französischen Revolution von 1789, wurde 1793 von Charlotte Corday in der Badewanne erstochen.
Die Revolutionäre Georges Jacques **Danton** und Jacques René **Hébert** wurden auf Betreiben von Maximilien de **Robespierre** 1794 hingerichtet, ehe dieser wenige Monate später selbst unter der Guillotine starb.

54 Die Urbevölkerung Italiens waren die **Etrusker,** ein Volk, dessen ethnographische Herkunft noch immer ungeklärt ist.
Die **Phönizier,** ein semitisches Seefahrervolk, besiedelten die Ostküste des Mittelmeers und Kolonien in Nordafrika. Die **Thraker** waren ein indogermanisches Volk in der Region des heutigen Bulgarien. Die **Lyder** bewohnten in vorchristlicher Zeit das westliche Kleinasien.

55 **In welchem Jahr schlossen sich die drei Schweizer Urkantone Uri, Schwyz und Unterwalden zum „Ewigen Bund“ der Eidgenossenschaft zusammen?**

- 1291
- 1315
- 1499
- 1648

56 **Das Römische Weltreich überdauerte mehr als vier Jahrhunderte. Unter welchem Kaiser hatte es seine größte Ausdehnung?**

- Augustus
- Caesar
- Konstantin der Große
- Trajan

57 **Welche Worte soll der Philosoph Diogenes zu Alexander dem Großen gesagt haben, als dieser ihn aufsuchte und ihm einen Wunsch freistellte?**

- Störe meine Kreise nicht
- Heureka!
- Geh mir aus der Sonne
- Erkenne dich selbst

58 **Welcher preußische König wurde auch der „Soldatenkönig“ genannt?**

- Wilhelm II.
- August I. der Starke
- Friedrich Wilhelm I.
- Friedrich I. der Streitbare

59 **Mit der Unterzeichnung des Versailler Friedensvertrags verlor Deutschland 1919 seine sämtlichen Kolonien. Welcher heutige Staat war keine deutsche Kolonie?**

- Togo
- Kamerun
- Samoa
- Gabun

60 **Welcher der europäischen Monarchen starb keines gewaltsamen Todes?**

- Umberto I. von Italien
- Ludwig XVI. von Frankreich
- Alfons XIII. von Spanien
- Alexander II. von Russland

55 Der in der Tell-Sage beschriebene, aber geschichtlich verbürgte Zusammenschluss der drei Urkantone zur Eidgenossenschaft fand im Jahr **1291** statt.
1315 siegten die Urkantone am Morgarten über ein österreichisches Heer. Der Frieden von Basel leitete **1499** die Loslösung der Schweiz vom Heiligen Römischen Reich ein. Mit dem Westfälischen Frieden von **1648** wurde die Eidgenossenschaft auch völkerrechtlich unabhängig.

56 Das Römische Reich erreichte in der Regierungszeit von **Trajan** seine größte Ausdehnung.
Unter **Augustus**, dem ersten Kaiser, gehörten unter anderem Britannien und große Teile Deutschlands noch nicht zum Römischen Reich. **Caesar** – obwohl namengebend für den Begriff Kaiser – war nie römischer Kaiser. Mit **Konstantin dem Großen** begann der Zerfall des Weltreichs.

57 Der Überlieferung nach soll Diogenes von Sinope zu Alexander dem Großen gesagt haben: **„Geh mir (ein wenig) aus der Sonne."**
Die Aussprüche „**Störe meine Kreise nicht**" und „**Heureka!**" stammen von dem großen griechischen Mechaniker und Mathematiker Archimedes. „**Erkenne dich selbst**" wird dem Philosophen und Mathematiker Thales von Milet zugeschrieben.

58 Der preußische König **Friedrich Wilhelm I.**, Vater von Friedrich dem Großen, trägt den Beinamen „Soldatenkönig".
Weder Wilhelm II. noch August der Starke oder Friedrich der Streitbare waren preußische Könige. **Wilhelm II.** war der letzte deutsche Kaiser, **August I. der Starke** und **Friedrich I. der Streitbare** waren Kurfürsten von Sachsen.

59 **Gabun** war kein deutsches Schutzgebiet, so die amtliche Bezeichnung für die deutschen Kolonien. Zu den deutschen Kolonien in Afrika gehörten neben **Togo** und **Kamerun** das heutige Namibia (Deutsch-Südwestafrika) sowie Tansania, Ruanda und Burundi (Deutsch-Ostafrika). Außerdem hatte Deutschland noch Kolonien im pazifischen Raum (Deutsch-Neuguinea, Marshallinseln, Nauru, Marianen, Karolinen, Palauinseln sowie ein Teil **Samoas**).

60 **Alfons XIII.** von Spanien ging 1931 nach Ausrufung der Republik ins Exil nach Rom, wo er 1941 starb. **Umberto I.** von Italien wurde 1900 von einem Anarchisten erschossen. **Ludwig XVI.** von Frankreich und seine Frau Marie Antoinette wurden 1793 während der Französischen Revolution hingerichtet. **Alexander II.** von Russland wurde 1881 Opfer eines Attentats anarchistischer Kräfte.

61 **Welchen Namen trug die zweitgrößte Stadt Russlands, die seit 1991 wieder Sankt Petersburg heißt, zur Zeit der russischen Revolution im Jahr 1917?**

- Sankt Petersburg
- Leningrad
- Petrograd
- Nischni Nowgorod

62 **Welcher deutsche Kaiser trat 1077 den sprichwörtlich gewordenen „Gang nach Canossa“ an?**

- Gregor VII.
- Heinrich I.
- Heinrich IV.
- Heinrich VIII.

63 **Welcher Geschichtsschreiber wird der „Vater der Geschichtsschreibung“ genannt?**

- Herodot
- Thukydides
- Tacitus
- Sueton

64 **Welche beiden Staaten standen sich im 19. Jahrhundert beim Seegefecht von Lissa gegenüber?**

- Russland und Japan
- Österreich und Italien
- Spanien und Türkei
- Deutschland und Großbritannien

65 **Welches historische deutsche Land wurden am längsten ununterbrochen von ein und derselben Fürstendynastie regiert?**

- Sachsen
- Brandenburg-Preußen
- Hannover
- Bayern

66 **Welcher römische Kaiser wurde als „Philosoph auf dem Kaiserthron“ bezeichnet?**

- Hadrian
- Augustus
- Mark Aurel
- Caligula

61 Zur Zeit der russischen Revolution hieß Sankt Petersburg **Petrograd**. Die 1703 von Zar Peter I. gegründete Stadt wurde zunächst **Sankt Petersburg** genannt. 1914 erhielt sie nach Ausbruch des Ersten Weltkriegs unter Zar Nikolaus II. den Namen Petrograd, der 1924 in **Leningrad** geändert wurde. **Nischni Nowgorod** ist eine Stadt an der Wolga, die zwischenzeitlich Gorki hieß.

62 Den Bußgang nach Canossa unternahm **Heinrich IV.** Er wollte von Papst **Gregor VII.** die Aufhebung des 1075 über ihn verhängten Kirchenbann erbitten.
Der sagenumrankte **Heinrich I.** („der Vogler") war deutscher König und gilt als Gründer des deutschen Reichs. Einen deutschen Kaiser **Heinrich VIII.** gab es nicht – der letzte Kaiser dieses Namens war Heinrich VII.

63 Als „Vater der Geschichtsschreibung" wird **Herodot** bezeichnet. Sein Werk umfasst die Geschichte Griechenlands bis 479 v. Chr. und zeichnet ein Bild von den Ländern der damals bekannten Welt.
Thukydides gilt als Schöpfer der historischen Monographie, **Tacitus** als der bedeutendste römische Geschichtsschreiber. **Sueton** war Verfasser historischer Biografien, insbesondere der römischen Kaiser.

64 Im Seegefecht bei Lissa besiegte die Kriegsmarine **Österreichs** 1866 die Flotte **Italiens.**
In der Seeschlacht von Tsushima standen sich 1905 **Russland** und **Japan** gegenüber. Bei der Seeschlacht von Lepanto siegte 1571 das mit Venedig verbündete **Spanien** über die **Türkei.** Die einzige große Seeschlacht zwischen **Deutschland** und **Großbritannien** war die Skagerrak-Schlacht im Jahr 1916.

65 **Bayern** wurde von 1180 bis 1918 ununterbrochen von den Wittelsbachern regiert.
Die Albertiner waren – zuletzt als Könige – von 1485 bis 1918 in **Sachsen** an der Macht. Die Hohenzollern stellten die Herrscher von **Brandenburg-Preußen** von 1417 bis 1871 und danach bis 1918 den deutschen Kaiser. **Hannover** wurde von 1692 bis 1886 von den Welfen regiert.

66 Kaiser **Mark Aurel,** dessen Liebe der Philosophie galt und der selbst philosophische Betrachtungen verfasste, erhielt den Beinamen „Philosoph auf dem Kaiserthron". Kaiser **Hadrian** hat Rom die Grenzbefestigungen des Limes und des Hadrianswalls zu verdanken. Kaiser **Augustus** führte das römische Weltreich zu kultureller Blüte. Die knapp vierjährige Regierung **Caligulas** gilt als eine der despotischsten und willkürlichsten der römischen Kaiserzeit.

POLITIK, WIRTSCHAFT, RECHT

Die Philosophen der Antike verstanden unter Politik eine Lehre von der rechten Ordnung des Gemeinschaftslebens.
Diese Auffassung galt noch bis ins Mittelalter. Auf Niccolò Macchiavelli (* 1469, † 1527) geht die Lehre von der Staatsräson, des höhreren Anspruchs eines besonderen Staatsinteresses gegenüber den Interessen des Bürgers, zurück, die die Politik der Staaten bis zur Gegenwart bestimmt.
Wirtschaft ist die Antwort der Gesellschaft auf die Erfahrung, dass wir nicht im Schlaraffenland leben, wo kein Mangel und keine Not herrschen und alle unsere Wünsche spontan erfüllt werden.
Recht im objektiven Sinn ist die Gesamtheit der staatlich institutionalisierten Regeln, die menschliches Verhalten anleiten oder beeinflussen.

1 **Welcher amerikanische Präsident trat 1974 zurück, um einem Amtsenthebungsverfahren zuvorzukommen?**

- Gerald Ford
- Jimmy Carter
- Walter Mondale
- Richard Nixon

2 **In welchem Bundesland gelang den Grünen 1979 zum ersten Mal der Sprung in ein Länderparlament?**

- Bremen
- Schleswig-Holstein
- Hamburg
- Hessen

3 **Welcher Politiker wurde im Jahr 1973 mit dem Friedensnobelpreis ausgezeichnet?**

- Menachem Begin
- Willy Brandt
- Henry Kissinger
- Lech Wałęsa

4 **Wie wird in der Wirtschaft eine Marktform genannt, bei der die gesamte Nachfrage auf einen Käufer beschränkt ist?**

- Oligopson
- Polypol
- Monopson
- Europol

5 **Unter welchem Pseudonym ist der russische Revolutionär und Politiker Leib Bronschtein besser bekannt?**

- Bakunin
- Lenin
- Stalin
- Trotzki

6 **Um an einer Hochschule unterrichten zu können, bedarf es einer akademischen Lehrbefugnis. Wie nennt man den Erwerb dieser Lehrbefugnis?**

- Disputation
- Habilitation
- Approbation
- Dissertation

1 Im Juli 1974 empfahl ein Kongressausschuss zur Untersuchung der Watergate-Affäre, in die engste Mitarbeiter von Präsident **Richard Nixon** verwickelt waren, ein Amtsenthebungsverfahren gegen Nixon einzuleiten, dem dieser durch seinen Rücktritt im August zuvorkam. **Gerald Ford** war Vizepräsident Nixons und dessen Nachfolger. Er unterlag bei der Präsidentenwahl 1976 **Jimmy Carter.** Dessen Vizepräsident war **Walter Mondale.**

2 Bei der Bürgerschaftswahl 1979 in **Bremen** gelangten die Grünen zum ersten Mal in ein Länderparlament. Bei der Landtagswahl in **Schleswig-Holstein** im gleichen Jahr waren sie noch an der Fünfprozenthürde gescheitert. In der Bürgerschaft in **Hamburg** sind die Grünen seit 1982 vertreten. In **Hessen** waren die Grünen 1985 zu ersten Mal an einer Landesregierung beteiligt.

3 Den Friedensnobelpreis des Jahres 1973 erhielten **Henry Kissinger** (USA) und Le Duc Tho (Vietnam), der den Preis nicht annahm, für ihre Friedensbemühungen im Vietnamkrieg.
Menachem Begin (Israel) wurde der Preis 1978 zusammen mit Anwar as-Sadat (Ägypten) zuerkannt; **Willy Brandt** (Deutschland) war bereits 1971 damit ausgezeichnet worden. **Lech Wałęsa** (Polen) bekam den Preis 1983 verliehen.

4 Wenn auf einem Markt die gesamte Nachfrage nach einem Produkt auf einen Käufer beschränkt ist, spricht man von einem **Monopson.**
Unter **Oligopson** versteht man eine Marktform, bei der viele Anbieter wenigen Nachfragern gegenüberstehen. Das **Polypol** ist der Idealfall vollkommener Konkurrenz. **Europol** ist das 1994 errichtete Europäische Polizeiamt der EU-Staaten.

5 Der Gründer der Roten Armee, Leib Bronschtein (* 1879, † 1940), nannte sich seit 1902 Lew Dawidowitsch **Trotzki.**
Lenin (* 1870, † 1924) hieß in Wirklichkeit Wladimir Iljitsch Uljanow, **Stalin** (* 1878, † 1953) wurde als Jossif Wissarionowitsch Dschugaschwili geboren. Der Revolutionär und Anarchist Michail Aleksandrowitsch **Bakunin** (* 1814, † 1876) führte keinen politischen Decknamen.

6 Der Erwerb der akademischen Lehrbefugnis für ein wissenschaftliches Fach wird als **Habilitation** bezeichnet.
Unter **Disputation** versteht man allgemein die Verteidigung einer wissenschaftlichen Arbeit zur Erlangung eines akademischen Grads. Die **Approbation** ist die staatliche Zulassung für die höheren Heilberufe. Eine **Dissertation** ist eine schriftliche Arbeit für die Erlangung eines Doktorgrads.

7 **Welches Land begeht am 14. Juli seinen Nationalfeiertag?**

- Frankreich
- Großbritannien
- Österreich
- USA

8 **Welche Unterorganisation der Vereinten Nationen ist für Wissenschaft und Kultur zuständig?**

- UNCTAD
- UNESCO
- IAEA
- UNICEF

9 **Aktienindizes geben Auskunft über die allgemeine Entwicklung der Aktienkurse eines Marktbereichs. Welche der folgenden Abkürzungen bezeichnet keinen Aktienindex?**

- Stoxx
- Ibex
- Btx
- Nemax

10 **Unter welcher Bezeichnung ist das Parlament in Dänemark noch bekannt?**

- Duma
- Folketing
- Knesset
- Sejm

11 **In welchem lateinamerikanischen Staat heißt die Währungseinheit Bolívar?**

- Bolivien
- Venezuela
- Kolumbien
- Ecuador

12 **Was versteht man in einer Volkswirtschaft unter dem primären Sektor?**

- Industrie
- Dienstleistungsgewerbe
- Landwirtschaft
- staatliche Verwaltung

7 Der 14. Juli ist der Nationalfeiertag von **Frankreich;** erinnert wird an die Erstürmung der Bastille, den Auftakt der Französischen Revolution im Jahr 1789.
Der Nationalfeiertag **Großbritanniens** ist der Tag des (offiziellen) Geburtstags des regierenden Monarchen. Nationalfeiertag in **Österreich** ist der 26. Oktober (Verabschiedung des Neutralitätsgesetzes 1955), jener in den **USA** der 4. Juli (Unabhängigkeitserklärung 1776).

8 Die Sonderorganisation der Vereinten Nationen für Bildung, Wissenschaft, Kultur und Kommunikation ist die **UNESCO.** Sie hat ihren Sitz in Paris.
UNCTAD ist die als UN-Unterorganisation institutionalisierte Weltwirtschaftskonferenz mit Sitz in Genf. Die **IAEA**, die Internationale Atomenergie-Behörde, ist eine selbstständige Organisation innerhalb der UN mit Sitz in Wien. Das Kinderhilfswerk **UNICEF** (Sitz New York) ist ein Spezialorgan der UN.

9 **Btx** ist kein Aktienindex, sondern die Abkürzung für Bildschirmtext, ein interaktives Daten- und Textübertragungssystem.
Stoxx ist eine Gruppe europäischer Aktienindizes, die seit 1998 notiert werden. **Ibex** ist der spanische Aktienindex, **Nemax** sind die Aktienindizes des Neuen Markts in Deutschland.

10 Das Parlament Dänemarks wird auch als **Folketing** bezeichnet, was im ursprünglichen Wortsinn „Volksversammlung“ bedeutet.
Die **Duma** ist das Unterhaus im Parlament Russlands; der Namen leitet sich von der russischen Bezeichnung für beratende Versammlung ab. **Sejm** ist die zweite Kammer des polnischen Parlaments und bedeutet – ebenso wie die Bezeichnung **Knesset** für das Parlament Israels – „Versammlung“.

11 In **Venezuela** ist die Währungseinheit Bolívar; namengebend ist der Anführer der lateinamerikanischen Unabhängigkeitsbewegung und erster Präsident des Landes, Simón Bolívar.
In **Bolivien** heißt die Währungseinheit Boliviano, in **Kolumbien** Peso. Die Währung **Ecuadors** ist der US-Dollar, nachdem im Jahr 2000 die einheimische Währung, der Sucre, aufgegeben worden ist.

12 Im Gliederungsprinzip der volkswirtschaftlichen Entwicklungstheorie gilt die **Landwirtschaft** (einschließlich Forst- und Fischereiwirtschaft) als primärer Sektor.
Die **Industrie** (Bergbau und Energiewirtschaft, Bau- und verarbeitendes Gewerbe) ist der sekundäre, das **Dienstleistungsgewerbe** der tertiäre Sektor. Zu Letzterem zählt auch die **staatliche Verwaltung.**

13 **Wie heißt der Plan eines amerikanischen Politikers, Deutschland nach dem Zweiten Weltkrieg in einen reinen Agrarstaat umzugestalten?**

- Dawes-Plan
- Marshall-Plan
- Morgenthau-Plan
- Schumann-Plan

14 **Die 1949 als Verteidigungsbündnis gegründete NATO hat derzeit 19 Mitglieder. Welches Land zählt nicht zu den NATO-Mitgliedstaaten?**

- Finnland
- Island
- Polen
- Portugal

15 **Welche Unternehmensrechtsform ist keine Personengesellschaft, die ...**

- KG
- GmbH
- OHG
- GmbH & Co KG

16 **Welcher Orden trägt die Devise „Honi soit qui mal y pense“?**

- das Bundesverdienstkreuz
- der Pour le Mérite
- das Kreuz der Ehrenlegion
- der Hosenbandorden

17 **Indira Gandhi wurde 1966 zur Premierministerin von Indien gewählt. Bereits ihr Vater war ein bekannter indischer Politiker. Wie hieß er mit Vornamen?**

- Jawaharlal
- Mahatma
- Pandit
- Rajiv

18 **In welcher Stadt wurden 1945 die Vereinten Nationen gegründet?**

- New York
- Genf
- Brüssel
- San Francisco

13 Der von dem amerikanischen Finanzminister Henry Morgenthau vorgelegt **Morgenthau-Plan** sah vor, Deutschland in einen bedeutungslosen Agrarstaat.
Der **Dawes-Plan** regelte 1924 die Reparationszahlungen Deutschlands an die Alliierten. Das Wiederaufbauprogramm für Europa war der **Marshall-Plan** von 1947, mit dem **Schumann-Plan** begann 1950 die europäische Einigung.

14 **Finnland** gehört nicht der NATO an. **Island** und **Portugal** zählen zu den zwölf Gründungsmitgliedern des Verteidigungsbündnisses, **Polen** trat 1999 zusammen mit Ungarn und der Tschechischen Republik der NATO bei.

15 Die **GmbH** (Gesellschaft mit beschränkter Haftung) ist keine Personengesellschaft, sondern als Kapitalgesellschaft eine so genannte juristische Person.
Zu den Personengesellschaften zählen die **KG** (Kommanditgesellschaft), die **OHG** (Offene Handelsgesellschaft) und **die GmbH & Co KG.** Im Gegensatz zu den Kapitalgesellschaften erlöschen sie mit dem Ausscheiden eines Gesellschafters.

16 Der Hochedle Orden vom Hosenbande oder kurz **Hosenbandorden** ist der höchste britische Orden.
Er trägt - auf Französisch - den Wahlspruch „Honi soit qui mal y pense“ („Ein Schuft, wer Böses dabei denkt“).
Das **Bundesverdienstkreuz** wird für Leistungen auf politischem, wirtschaftlichem oder geistigem Gebiet, der **Pour le Mérite** für wissenschaftliche und künstlerische Verdienste verliehen. Das **Kreuz der Ehrenlegion** ist der höchste Orden Frankreichs.

17 Der Vater von Indira Gandhi war **Jawaharlal** Nehru, der erste Premierminister Indiens, der auch unter dem Namen **Pandit** Nehru bekannt ist.
Mit **Mahatma** Gandhi, dem Führer der indischen Unabhängigkeitsbewegung, war Indira Gandhi nicht verwandt. Nach ihrer Ermordung 1984 wurde Indiras Sohn **Rajiv** Gandhi indischer Premierminister.

18 Mit der Unterzeichnung der Charta der Vereinten Nationen durch die Vertreter von 51 Staaten am 20. Juni 1945 in **San Francisco** wurde die UN gegründet.
In **New York** hat die UN ihren ständigen Sitz, jedoch sind zahlreiche ihrer Sonderorganisationen in **Genf** beheimatet. **Brüssel** ist der Sitz der Europäischen Union.

19 **Wie heißt die Währungseinheit in Korea?**

- Kyat
- Won
- Yen
- Dong

20 **Eine Urkunde ist die schriftliche Festlegung eines Gedankens in Form eines Dokuments. Was zählt demnach nicht zu den Urkunden?**

- Arbeitszeugnis
- Sparbuch
- Autokennzeichen
- Betriebsanleitung

21 **Willy Brandt war eine der herausragenden Persönlichkeiten der deutschen Nachkriegspolitik und hatte zahlreiche Ämter inne. Welches Amt legte er im März 1987 nieder?**

- Amt des Bundeskanzlers
- Parteivorsitz der SPD
- Vorsitz der SI
- Leitung der Nord-Süd-Kommission

22 **Wie heißt die Vertretung der Kantone in der Bundesversammlung der Schweiz?**

- Bundesrat
- Kantonsrat
- Nationalrat
- Ständerat

23 **Welche Länder schlossen 1978 auf dem Landsitz des amerikanischen Präsidenten mit dem Camp-David-Vertrag ein Friedensabkommen?**

- USA und Vietnam
- Äthiopien und Eritrea
- Ägypten und Israel
- Jugoslawien und Kroatien

24 **Wie nennt man im Börsenwesen die Geschäfte, die die Kurs- oder Zinsunterschiede zwischen einzelnen Börsenplätzen ausnutzen?**

- Arbitrage
- Slump
- Fibor
- Parität

19
Die Währungseinheit sowohl in Süd-Korea als auch in Nord-Korea ist der **Won** (1 Won = 100 Chon). Mit **Kyat** (1 Kyat = 100 Pyas) bezahlt man in Myanmar (Birma). **Yen** (1 Yen = 100 Sen) ist die japanische Währungseinheit, jene in Vietnam ist der **Dong** (1 Dong = 10 Hào = 100 Xu).

20
Eine **Betriebsanleitung** ist zwar meist ein Schriftstück, jedoch kein Dokument und somit keine Urkunde.
Zu den Urkunden zählen jedoch sowohl ein **Arbeitszeugnis** und ein **Sparbuch** als auch ein **Autokennzeichen.** Wer sie fälscht oder verändert, um sich damit im Rechtsverkehr einen Vorteil zu erschleichen, begeht daher Urkundenfälschung.

21
Willy Brandt trat im März 1987 vom **Parteivorsitz der SPD** zurück, der er seit 1964 vorgestanden hatte. Vom **Amt des Bundeskanzlers** war Brandt bereits 1974 zurückgetreten, nachdem sein Mitarbeiter im Kanzleramt, Günter Guillaume, als Agent der DDR enttarnt worden war. Den **Vorsitz der SI** (Sozialistischen Internationalen) hatte Brandt von 1976 bis 1992, die **Leitung der Nord-Süd-Kommission** der UN von 1977 bis 1980 inne.

22
Die Kantonsvertretung in der Schweizer Bundesversammlung heißt **Ständerat.** Er ist dem deutschen Bundesrat vergleichbar.
Der Schweizer **Bundesrat** ist die Regierung der Schweiz, sein Vorsitzender der für ein Jahr gewählte Bundespräsident. Der **Nationalrat** ist die direkt gewählte zweite Kammer der Bundesversammlung. **Kantonsräte** sind die Parlamente der Kantone; sie entsprechen den deutschen Landtagen.

23
Ägypten und Israel unterzeichneten 1978 in Camp David ein Abkommen über den Abschluss eines bilateralen Friedensvertrags.
Die **USA und Vietnam** einigten sich 1973 in Paris, **Äthiopien und Eritrea** 2000 in Algier auf Waffenstillstandsabkommen. Bei Friedensgesprächen in Dayton (USA) vereinbarten **Jugoslawien und Kroatien** ein Abkommen über die Unabhängigkeit von Bosnien und Herzegowina.

24
Die Ausnutzung von Kursunterschieden von an den verschiedenen Börsen gehandelten Aktien heißt **Arbitrage.**
Unter **Slump** versteht man ein plötzliches Fallen der Aktienkurse. **Fibor** ist der Referenzzinssatz für die deutsche Kreditwirtschaft. **Parität** ist das Tauschverhältnis zwischen zwei Währungen.

25 **Zeitgleich mit dem Volksaufstand in Ungarn gab es 1956 eine weitere internationale Krise. War es die ...**

- Suezkrise
- Kaschmirkrise
- Marokkokrise
- Kubakrise

26 **Wer wurde nach dem Tod von Leonid Breschnew dessen Nachfolger als Generalsekretär der KPdSU?**

- Konstantin Tschernenko
- Michail Gorbatschow
- Jurij Andropow
- Boris Jelzin

27 **Wie heißt die Sonderorganisation der UN, die 1996 das Allgemeine Zoll- und Handelsabkommen GATT ablöste?**

- OPEC
- OECD
- WTO
- OSZE

28 **In welcher deutschen Stadt hat das Bundessozialgericht seinen Sitz, in ...**

- Erfurt
- München
- Karlsruhe
- Kassel

29 **Wie nennt man ein Bündnis verschiedener Parteien, das der Erlangung einer Regierungsmehrheit dient?**

- Koalition
- Fraktion
- Opposition
- Kodifikation

30 **Wer war bei der Bundespräsidentenwahl 1969 der Gegenkandidat von Gustav Heinemann?**

- Walter Scheel
- Gerhard Schröder
- Rainer Barzel
- Karl Schiller

25 Die **Suezkrise** und der dadurch ausgelöste Suezkrieg fanden 1956 zur gleichen Zeit wie die ungarische Volkserhebung statt.
Die **Kaschmirkrise** eskalierte 1965 zu einem militärischen Konflikt zwischen Indien und Pakistan.
Die beiden **Marokkokrisen** 1905 und 1911 waren diplomatische Konflikte zwischen Deutschland und Frankreich. Die **Kubakrise** zwischen den USA und der Sowjetunion wurde 1962 durch die Stationierung sowjetischer Raketen auf Kuba ausgelöst.

26 Nachfolger von Leonid Breschnew als Generalsekretär der KPdSU wurde 1982 **Jurij Andropow.**
Ihm folgte 1984 **Konstantin Tschernenko.** Nach dessen Tod 1985 übernahm **Michail Gorbatschow** das Amt, der es bis zur Auflösung der Sowjetunion innehatte. Der frühere russische Präsident **Boris Jelzin** war nie Parteichef der KPdSU.

27 Das Allgemeine Zoll- und Handelsabkommen GATT wurde von der Welthandelsorganisation **WTO** mit Sitz in Genf abgelöst.
OPEC ist die Organisation der Erdöl exportierenden Länder, **OECD** die Organisation für wirtschaftliche Zusammenarbeit und Entwicklung.
Die aus der 1975 gegründeten KSZE hervorgegangene **OSZE** ist die Organisation für Sicherheit und Zusammenarbeit in Europa.

28 Das Bundessozialgericht, das oberste deutsche Gericht für die Sozialgerichtsbarkeit, hat seinen Sitz in **Kassel.**
Das Bundesarbeitsgericht wurde 2000 von Kassel nach **Erfurt** verlegt. In **München** sind der Bundesfinanzhof und das Bundespatentgericht ansässig, in **Karlsruhe** das Bundesverfassungsgericht und der Bundesgerichtshof.

29 Ein Bündnis von zwei oder mehr Parteien zur Erlangung einer regierungsfähigen Mehrheit wird **Koalition** genannt.
Eine **Fraktion** ist die Vereinigung politisch gleich gesinnter Abgeordneter eines Parlaments, die meist einer Partei angehören. **Opposition** ist der Teil des Parlaments, der den die Regierung tragenden Abgeordneten gegenübersteht. **Kodifikation** ist eine Gesetzessammlung.

30 Bei der Bundespräsidentenwahl 1969 unterlag **Gerhard Schröder** (CDU) im dritten Wahlgang Gustav Heinemann (SPD). Zuvor war er von 1949 bis 1969 Minister in den Kabinetten Adenauer, Erhard und Kiesinger gewesen.
Walter Scheel (FDP) wurde 1974 zum Bundespräsidenten gewählt.
Rainer Barzel war von 1964 bis 1974 Vorsitzender der CDU/CSU-Bundestagsfraktion. **Karl Schiller** (SPD) war von 1966 bis 1972 Bundeswirtschaftsminister.

31 **Wer war der letzte Ministerpräsident der DDR?**

- Hans Modrow
- Egon Krenz
- Erich Honecker
- Lothar de Maizière

32 **Im Jahr 1960 wurde zum ersten Mal eine Frau zur Regierungschefin eines Staates gewählt. In welchem Land war das?**

- Ceylon
- Großbritannien
- Israel
- Pakistan

33 **Direkte Steuern erfassen das Einkommen oder Vermögen des Steuerpflichtigen unmittelbar. Welche der genannten Steuern zählt zu den direkten Steuern?**

- Kraftfahrzeugsteuer
- Versicherungssteuer
- Mineralölsteuer
- Biersteuer

34 **In der Bundesrepublik Deutschland wird der Bundespräsident nicht direkt vom Volk gewählt. Wer wählt in Deutschland das Staatsoberhaupt?**

- Bundesregierung
- Bundesrat
- Bundesversammlung
- Bundestag

35 **Zu den bekanntesten Eliteschulen Englands zählt das Eton College. Wie wird eine solche Privatschule in England genannt?**

- Grammar School
- Public School
- Highschool
- College

36 **Auf welchen Philosophen geht die Idee der Teilung der Staatsgewalt in Legislative, Exekutive und Judikative zurück?**

- Rousseau
- Locke
- Descartes
- Montesquieu

31 Der letzte Ministerpräsident der DDR war von April bis Oktober 1990 **Lothar de Maizière.** **Hans Modrow** war von November 1989 bis April 1990 Vorsitzender des Ministerrats, **Egon Krenz** von Oktober bis Dezember 1990 Staatsratsvorsitzender der DDR. **Erich Honecker** trat im Oktober 1989 von seinen Ämtern als Staatsratsvorsitzender und Generalsekretär der SED zurück.

32 Sirimavo Bandaraneike wurde 1960 Ministerpräsidentin von **Ceylon,** dem heutigen Sri Lanka, und war damit die erste gewählte Regierungschefin der Welt. **Großbritannien** hatte von 1979 bis 1990 mit Margaret Thatcher erstmals eine Frau als Premierminister. Golda Meir war von 1969 bis 1974 Ministerpräsidentin von **Israel.** Benazir Bhutto wurde 1988 Ministerpräsidentin von **Pakistan;** sie war der erste weibliche Regierungschef in einem islamischen Land.

33 Die **Kraftfahrzeugsteuer** ist eine direkte Steuer. Ihr Aufkommen fließt den Ländern zu.
Die indirekten Steuern sind Verbrauchsteuern, so die **Versicherungssteuer** und die **Mineralölsteuer,** die dem Bund zufließen. Die **Biersteuer** ist eine der ältesten Verbrauchsteuern, ihre Einnahmen stehen den Ländern zu.

34 Der Bundespräsident wird von der **Bundesversammlung** gewählt. Sie besteht aus den Mitgliedern des Bundestags und einer gleichen Anzahl von Ländervertretern.
Die **Bundesregierung** beschließt grundlegende politische Fragen, insbesondere Gesetzesvorlagen. Im **Bundesrat** wirken die Länder bei Gesetzgebung und Verwaltung des Bundes mit. Der **Bundestag** beschließt die Bundesgesetze und wählt den Bundeskanzler.

35 Privatschulen werden in England allgemein **Public Schools** genannt. Die englische **Grammar School** ist dem deutschen Gymnasium vergleichbar. Die amerikanische **Highschool** ist eine weiterführende allgemein bildende Schule. In Großbritannien ist **College** ein gemeinsames akademisches Studienhaus für Dozenten und Studenten, in den USA eine auf der Highschool aufbauende Hochschuleinrichtung.

36 Die Idee der Teilung der Staatsgewalten geht auf Charles Baron de **Montesquieu** zurück. Mit seiner staatsphilosophischen Lehre übte er großen Einfluss auf die Französische Revolution und die Verfassung der USA aus.
Jean-Jacques **Rousseau** war ein Philosoph der Aufklärung; John **Locke** und René **Descartes** waren Vertreter des philosophischen Empirismus bzw. des Rationalismus.

37 **Welcher der genannten Mitgliedstaaten der Arabischen Liga ist keine Monarchie?**

- Jordanien
- Marokko
- Jemen
- Oman

38 **In welchem Staat war Martin van Buren Mitte des 19. Jahrhunderts Präsident und damit Staatsoberhaupt?**

- Niederlande
- Luxemburg
- Südafrika
- USA

39 **Welcher SED-Politiker war der erste Ministerpräsident der DDR?**

- Otto Grotewohl
- Erich Honecker
- Wilhelm Pieck
- Walter Ulbricht

40 **Welcher Politiker ist kein ehemaliger Ministerpräsident des Bundeslandes Rheinland-Pfalz?**

- Helmut Kohl
- Oskar Lafontaine
- Rudolf Scharping
- Bernhard Vogel

41 **Welche Organisation ist keine Vorläuferorganisation der Europäischen Union?**

- EWG
- EGKS
- EFTA
- EG

42 **Welches deutsche Bundesland wird von einem Ersten Bürgermeister regiert?**

- Berlin
- Bremen
- Hamburg
- Mecklenburg-Vorpommern

37 Seit der Vereinigung beider Landesteile 1990 ist der **Jemen** Islamische Republik.
Jordanien und **Marokko** sind konstitutionelle Erbmonarchien. In beiden Ländern ist der König Staatsoberhaupt. Der **Oman** ist ein Sultanat in Form einer absoluten Monarchie, Staatsoberhaupt und Regierungschef ist der ohne Parlament herrschende Sultan.

38 Martin van Buren (* 1782, † 1862) war von 1837 bis 1841 der achte Präsident der **USA.**
Die **Niederlande** sind ein Königreich, **Luxemburg** ist ein Großherzogtum – Staatsoberhaupt ist dort jeweils der regierende Monarch. Der Staat **Südafrika** existierte im 19 Jahrhundert noch nicht und hatte somit auch noch kein Staatsoberhaupt.

39 Der erste Ministerpräsident seit 1949 bzw. ab 1954 Vorsitzender des Ministerrats der DDR war **Otto Grotewohl.**
Wilhelm Pieck war von 1949 bis 1960 Staatspräsident und damit faktisch Staatsoberhaupt. Ihm folgte **Walter Ulbricht** als Vorsitzender des Staatsrates nach, der das Amt bis 1973 innehatte.
Erich Honecker war von 1976 bis 1989 Staatsratsvorsitzender.

40 **Oskar Lafontaine** (SPD) zählt nicht zu den ehemaligen Ministerpräsidenten von Rheinland-Pfalz; er war von 1985 bis 1998 Ministerpräsident des Saarlandes.
Helmut Kohl (CDU) war Ministerpräsident von 1969 bis 1976, sein Nachfolger bis 1988 war **Bernhard Vogel** (CDU). Von 1991 bis 1994 hatte **Rudolf Scharping** (SPD) das Amt des rheinland-pfälzischen Regierungschefs inne.

41 Die **EFTA,** die 1960 gegründete Europäische Freihandelsassoziation, ist keine Vorläuferorganisation der Europäischen Union.
EWG (Europäische Wirtschaftsgemeinschaft) und **EGKS** (Europäische Gemeinschaft für Kohle und Stahl) gingen 1967 in der EG, der Europäischen Gemeinschaft, auf. Die Mitgliedstaaten der **EG** schlossen sich 1993 zur Europäischen Union zusammen.

42 Im Stadtstaat **Hamburg** regiert ein Erster Bürgermeister.
Einen Regierenden Bürgermeister hat **Berlin,** das sowohl Hauptstadt als auch Bundesland ist. **Bremen,** das kleinste Bundesland, wird von einem Bürgermeister regiert. In **Mecklenburg-Vorpommern** steht ein Ministerpräsident der Landesregierung vor.

43 **Aus welchem lateinamerikanischen Land stammte der Revolutionär Che Guevara?**

- Argentinien
- Bolivien
- Kuba
- Mexiko

44 **Welche innenpolitische Krise zwang Franz Josef Strauß zum Rücktritt von Amt eines Bundesministers?**

- Guillaume-Affäre
- Spiegel-Affäre
- Starfighter-Affäre
- Parteispendenaffäre

45 **In welcher Stadt wurde die erste internationale Börse eröffnet, in ...**

- Augsburg
- London
- Paris
- Antwerpen

46 **Wie bezeichnet man in den politischen Wissenschaften den Rechts- und Herrschaftsanspruch eines Staates?**

- Legitimation
- Legitimität
- Legalität
- Legislative

47 **Das Aufkommen welcher Steuer steht Bund und Ländern jeweils zur Hälfte zu?**

- Grundsteuer
- Stromsteuer
- Erbschaftsteuer
- Körperschaftsteuer

48 **Welcher Güterstand wird in Deutschland automatisch zum gesetzlichen Güterstand, wenn Eheleute keinen Ehevertrag schließen?**

- Zugewinngemeinschaft
- Gütergemeinschaft
- Gütertrennung
- Errungenschaftsbeteiligung

43 Che Guevara wurde 1928 als Ernesto Guevara Serna in **Argentinien** geboren.
In den 1950er-Jahren schloss er sich in **Mexiko** Fidel Castro an, an dessen Kampf gegen die Batista-Diktatur auf **Kuba** er als Guerillaführer maßgeblich beteiligt war. 1967 wurde Che Guevara in **Bolivien**, wo er eine Guerillaorganisation aufzubauen versuchte, bei einem Gefecht mit der Armee getötet.

44 Durch die von der **Spiegel-Affäre** ausgelöste Regierungskrise wurde Bundesverteidigungsminister Franz Josef Strauß 1962 zum Rücktritt gezwungen.
Die **Guillaume-Affäre** führte 1974 zum Rücktritt von Bundeskanzler Brandt, Wirtschaftsminister Graf Lambsdorff gab 1984 wegen seiner Verwicklung in die **Parteispendenaffäre** sein Amt auf. Die **Starfighter-Affäre** löste 1966 eine schwere Krise in der Führung der Bundeswehr aus.

45 Die Börse von **Antwerpen** ist die älteste der Welt. Sie wurde im Jahr 1531 eröffnet.
Neun Jahre später entstand die erste deutsche Börse in **Augsburg**, die heute nicht mehr. Im Jahr 1566 wurde die Royal Exchange in **London** gegründet. **Paris** erhielt erst 1724 eine gesetzliche Börse.

46 Der Rechts- und Herrschaftsanspruch eines Staates und dessen Rechtfertigung wird als **Legitimität** bezeichnet.
Demgegenüber ist **Legalität** die rein formelle Gesetzmäßigkeit. **Legitimation** ist eine Beglaubigung oder Berechtigung, **Legislative** bezeichnet die gesetzgebende Gewalt oder eine gesetzgebende Körperschaft.

47 Das Aufkommen der **Körperschaftsteuer** teilen sich Bund und Länder jeweils zur Hälfte.
Die **Grundsteuer** wird von den Gemeinden erhoben, ist jedoch bundeseinheitlich geregelt. Die **Stromsteuer** ist eine Bundessteuer, das Aufkommen der **Erbschaftsteuer** fließt den Ländern zu.

48 Wenn kein Ehevertrag geschlossen wird, gilt in Deutschland der gesetzliche Güterstand der **Zugewinngemeinschaft.**
Daneben sind nur noch die **Gütergemeinschaft** oder die **Gütertrennung** als gesetzliche Güterstände möglich; sie müssen durch einen Ehevertrag vor einem Notar vereinbart werden. Die **Errungenschaftsbeteiligung** ist ein gesetzlicher Güterstand in der Schweiz.

49 **Welcher Politiker war nicht Bundespräsident der Bundesrepublik Deutschland?**

- Karl Carstens
- Kurt Georg Kiesinger
- Heinrich Lübke
- Walter Scheel

50 **Was versteht man unter einer Hypothek?**

- ein Darlehen
- ein Kredit
- ein Grundpfandrecht
- eine Anleihe

51 **Welches juristische Prinzip ist kein gültiger Grundsatz in einem Rechtsstaat?**

- In dubio pro reo
- Princeps legibus solutus
- Ne bis in idem
- Audiatur et altera pars

52 **Wie nennt man eine Maßnahme zum wirtschaftlichen Nachteil eines Staates, etwa um Völkerrechtsnormen durchzusetzen?**

- Sanktion
- Boykott
- Embargo
- Sequestration

53 **Unter den G-7-Staaten werden die sieben führenden Industriestaaten verstanden. Welches Land gehört nicht dazu?**

- Russland
- Italien
- Kanada
- Japan

54 **Welcher deutsche Bundeskanzler wurde bei Parlamentswahlen abgewählt?**

- Konrad Adenauer
- Willy Brandt
- Helmut Kohl
- Helmut Schmidt

49 **Kurt Georg Kiesinger** (CDU) war nicht deutscher Bundespräsident, von 1966 bis 1969 Bundeskanzler. Während Kiesingers Regierungszeit war **Heinrich Lübke** (CDU) Bundespräsident. Er wurde 1969 nach zehnjähriger Amtszeit von **Gustav Heinemann** (SPD) abgelöst, dem wiederum 1974 **Walter Scheel** (FDP) nachfolgte. Scheel hatte das Amt bis 1979 inne.

50 Eine Hypothek ist ein in das Grundbuch eingetragenes **Grundpfandrecht** zur Sicherung einer Forderung.
Ein **Darlehen** ist die Überlassung von Geld oder Sachwerten mit der Verpflichtung, das Empfangene in gleicher Art, Güte und Menge zurückzuerstatten. Im Gegensatz zum **Kredit** kann ein Darlehen auch ohne Entgelt gewährt werden. Eine **Anleihe** ist eine langfristige Kreditaufnahme am Kapitalmarkt

51 **Princeps legibus solutus** („der Fürst ist den Gesetzen nicht unterworfen“) ist ein im Rechtsstaat nicht gültiger Grundsatz.
In dubio pro reo („im Zweifel für den Angeklagten“), **Ne bis in idem** („nicht zweimal in derselben Sache“) und **Audiatur et altera pars** („es möge auch der andere Teil gehört werden“) sind Grundsätze eines rechtsstaatlichen Straf- und Zivilprozessrechts.

52 Eine wirtschaftliche Maßnahme zur Durchsetzung des Völkerrechts oder anderer außenpolitischer Ziele wird **Embargo** genannt.
Unter **Sanktion** werden Zwangsmaßnahmen allgemeiner Art zur Sicherung völkerrechtlicher Verpflichtungen verstanden. **Boykott** ist eine Ächtungsmaßnahme durch politische, soziale oder wirtschaftliche Druckmittel. **Sequestration** ist die Zwangsverwaltung eines Staates.

53 **Russland** gehört nicht zu den G-7-Staaten, nimmt seit 1994 jedoch an den Beratungen zu politischen Fragen teil.
G-7-Staaten, die sich seit 1975 jährlich zum Weltwirtschaftsgipfel treffen, sind Deutschland, Frankreich, Großbritannien, **Italien, Japan, Kanada** und die USA; seit 1977 nimmt auch der Präsident der EU-Kommission an den Treffen teil.

54 **Helmut Kohl** (CDU) war 1998 der erste Bundeskanzler in der Geschichte der Bundesrepublik, der durch ein Wählervotum sein Amt verlor.
Konrad Adenauer (CDU) trat 1963 aus Altersgründen zurück. **Willy Brandt** (SPD) erklärte 1974 seinen Rücktritt, nachdem sein Mitarbeiter Günter Guillaume als Agent der DDR enttarnt worden war. Sein Nachfolger **Helmut Schmidt** (SPD) wurde 1982 durch ein konstruktives Misstrauensvotum gestürzt.

55 **In welchem Land tagt das älteste noch existierende Parlament der Welt, in ...**

- England
- Polen
- San Marino
- Island

56 **An welchem Tag fand die Wiedervereinigung Deutschlands statt?**

- am 7. Oktober 1989
- am 9. November 1989
- am 3. Oktober 1990
- am 2. Dezember 1990

57 **Erst seit Anfang des 20. Jahrhunderts dürfen Frauen in Europa zur Wahl gehen. Welches europäische Land führte als erstes das allgemeine Wahlrecht für Frauen ein?**

- Deutschland
- Finnland
- Großbritannien
- Schweiz

58 **Wirtschaftstätigkeiten, die nicht im Sozialprodukt erfasst werden, nennt man „Schattenwirtschaft". Welche Tätigkeit gehört nicht dazu?**

- Heimarbeit
- Schwarzarbeit
- Nachbarschaftshilfe
- Eigenarbeit

59 **Welcher Tatbestand ist in Deutschland nicht ausdrücklich unter Strafe gestellt?**

- Wählertäuschung
- Amtsanmaßung
- Kinderhandel
- Polygamie

60 **In welchem Jahr wurde auf welcher Konferenz das Umweltprogramm der Vereinten Nationen ins Leben gerufen, in ...**

- Stockholm 1972
- Rio de Janeiro 1992
- Maastricht 1992
- Kyoto 1997

55 Das älteste noch existierende Parlament der Welt ist das „Althing" in **Island.** Es wurde im Jahr 930 in Anlehnung an die norwegische Thingverfassung gegründet.
In **England** entwickelte sich das Parlament erst im 13. Jahrhundert. Der Sejm wurde 1493 in **Polen** oberstes gesetzgebendes Organ. Das seit dem 13./14.Jahrhundert unabhängige **San Marino** ist die älteste Republik der Welt.

56 Die Wiedervereinigung Deutschlands wurde am **3. Oktober 1990** mit dem Beitritt der DDR zur Bundesrepublik vollzogen.
Begleitet von Demonstrationen in zahlreichen Städten, beging die DDR am **7. Oktober 1989** den 40. Jahrestag ihrer Gründung. Am **9. November 1989** öffnete die DDR ihre Grenzen zur Bundesrepublik und zu West-Berlin. Die ersten gesamtdeutschen Bundestagswahlen fanden am **2. Dezember 1990** statt.

57 Das erste Land Europas, das nach einer Parlamentsreform im Jahr 1906 Frauen das aktive und passive Wahlrecht zugestand, war **Finnland.**
In **Deutschland** wurde das allgemeine Wahlrecht für Frauen 1919, in **Großbritannien** erst 1928 eingeführt. Seit einer Volksabstimmung im Jahr 1971 dürfen Frauen auch in der **Schweiz** auf Bundesebene wählen.

58 **Heimarbeit,** sofern für ihre Entlohnung Steuern und Sozialversicherungsbeiträge abgeführt werden, gehört nicht zur Schattenwirtschaft. Andernfalls zählt sie zur **Schwarzarbeit,** die wie die unentgeltliche **Nachbarschaftshilfe** und die **Eigenarbeit** zur Schattenwirtschaft gerechnet wird, da ihr Beitrag zur gesamtwirtschaftlichen Wertschöpfung statistisch nicht erfassbar ist.

59 **Polygamie** ist in Deutschland nicht ausdrücklich strafbar, jedoch stellt § 172 des Strafgesetzbuchs die Doppelehe, die Bigamie, und damit implizit auch die Polygamie unter Strafe.
Wählertäuschung und **Amtsanmaßung** werden nach § 108a bzw. § 132 mit Freiheitsstrafen bis zu zwei Jahren bestraft. **Kinderhandel** kann nach § 236 in bestimmten Fällen mit Freiheitsstrafe bis zu zehn Jahren geahndet werden.

60 Das UN-Umweltprogramm wurde auf der Konferenz von **Stockholm 1972** von 113 teilnehmenden Nationen ins Leben gerufen.
Der Umweltgipfel in **Rio de Janeiro 1992** beschloss die Konzepte einer globalen Umweltpolitik. In **Maastricht 1992** wurde der Vertrag zur Bildung der EU unterzeichnet, das Protokoll zum Klimaschutz wurde auf der Klimakonferenz in **Kyoto 1997** verabschiedet.

KUNST

Die Anfänge der bildenden Kunst reichen weit in vorgeschichtliche Zeit zurück. Sie diente anfangs vor allem kultischen Zwecken. Noch im Mittelalter wurde Kunst als rein handwerkliche Fertigkeit angesehen. Der Gegensatz der Kunst zum Handwerk sowie das moderne Bild vom Künstler, der Werke schafft, die von Zwecken des Kultes und der Repräsentation frei sind, bildete sich erst im Übergang vom 18. zum 19. Jahrhundert aus. Nach heutigem Verständnis zählen zur bildenden Kunst Bildhauerei, Malerei, Grafik, Kunstgewerbe, Architektur und künstlerische Fotografie.

1 **Welcher der genannten Künstler oder Kunsthandwerker war kein Vertreter des Jugendstils?**

- Joseph Maria Olbrich
- Gustav Klimt
- Josiah Wedgwood
- Louis C. Tiffany

2 **Welches ist die Komplementärfarbe von Blau?**

- Orange
- Rot
- Gelb
- Rosa

3 **Welcher der folgenden Begriffe bezeichnet keinen Kunststil?**

- Fauvismus
- Determinismus
- Konstruktivismus
- Futurismus

4 **Wie nennt man eine Sammlung von Skulpturen?**

- Pinakothek
- Lipsanothek
- Glyptothek
- Staurothek

5 **Welche 1995 entdeckte Höhle beherbergt die ältesten steinzeitlichen Felsmalereien Europas?**

- Altamira
- Lascaux
- La Mouthe
- Chauvet

6 **Welcher Renaissancemaler schuf den Isenheimer Altar?**

- Lucas Cranach
- Matthias Grünewald
- Stephan Lochner
- Tilman Riemenschneider

1 Der englische Kunsthandwerker **Josiah Wedgwood** stellte im 18. Jahrhundert keramische Erzeugnisse im klassizistischen Stil her. Der Österreicher **Joseph Maria Olbrich** gehörte zu den produktivsten Architekten des Jugendstils. Der Maler **Gustav Klimt** war die zentrale Figur des Jugendstils in Wien. Die Arbeiten des amerikanischen Designers und Kunsthandwerker **Louis C. Tiffany** sind stilistisch dem Jugendstil zuzurechnen.

2 Die Komplementärfarbe von Blau ist **Orange** – Blau und Orange ergänzen sich bei der additiven Farbmischung zu Weiß.
Die Komplementärfarbe von **Rot** ist Grün, jene von **Gelb** Violett. Als **Rosa** bezeichnet man einen roten Farbton geringer Sättigung oder Helligkeit.

3 **Determinismus** ist die philosophische Lehre von der eindeutigen Bestimmtheit allen Geschehens durch Ursachen.
Fauvismus ist ein dem Expressionismus verwandter Kunststil der französischen Malerei. Die Stilrichtung des **Konstruktivismus** beschränkte sich auf einfache geometrische Formen, der **Futurismus** suchte neue Wege der Darstellung von Bewegungen.

4 Ursprünglich eine Sammlung von Gemmen, wird die Bezeichnung **Glyptothek** heute allgemein für eine Skulpturensammlung verwendet. Unter einer **Pinakothek** versteht man eine Bildersammlung oder Gemäldegalerie. **Lipsanothek** bezeichnet einen Reliquienkasten aus frühchristlicher Zeit, eine **Staurothek** ist ein Reliquiar zur Aufnahme einer Kreuzesreliquie.

5 Die ältesten Felsmalereien Europas finden sich in der nach ihrem Entdecker benannten **Chauvet**-Höhle im Ardèchetal in Südfrankreich. Sie sind rund 30 000 Jahre alt.
Die jüngeren Höhlenmalereien von **Altamira** (Nordspanien) sowie von **Lascaux** und **La Mouthe** (Südfrankreich) haben ein Alter zwischen 18 000 und 12 000 Jahren.

6 Der Isenheimer Altar entstand zwischen 1512 und 1516 im Antoniterkloster in Isenheim, Elsass.
Er ist das Hauptwerk von **Matthias Grünewald.**
Von **Lucas Cranach** d. Ä. stammt der Torgauer Altar. **Stephan Lochner** war Maler der Gotik und Schöpfer des Dreikönigsaltars im Kölner Dom. **Tilman Riemenschneider,** ein spätgotischer Bildhauer, schuf den Creglinger Altar.

7 **Welcher Architekt baute das Haus der Kunst in München?**

- Walter Gropius
- Albert Speer
- Le Corbusier
- Ludwig Mies van der Rohe

8 **Wofür ist der Kupferstecher Matthäus Merian d. Ä. bekannt, für seine ...**

- Stadtpläne
- Porträts
- Insektenbilder
- Stadtansichten

9 **Der Tadsch Mahal in der indischen Stadt Agra ist eines der bedeutendsten Werke indoislamischer Architektur. Welchen ursprünglichen Zweck hatte das Gebäude?**

- Mausoleum
- Moschee
- Medrese
- Mastaba

10 **Welcher der genannten Maler war kein Zeitgenosse Rembrandts?**

- Peter Paul Rubens
- Frans Hals
- Anthonis van Dyck
- Hieronymus Bosch

11 **Welches Bauwerk gehört nicht zu den klassischen sieben Weltwundern der Antike?**

- Der Koloss von Rhodos
- Das Mausoleum in Halikarnassos
- Das Labyrinth von Knossos
- Der Leuchtturm von Pharos

12 **Welches Gemälde von Picasso erinnert an den spanischen Bürgerkrieg?**

- Minotauromachie
- Guernica
- Das Leben
- Friedenstaube

7 Das Haus der Kunst entstand unter **Albert Speer,** der für Hitler zahlreiche monumentale Repräsentationsbauten in Berlin, München und Nürnberg errichtete.
Walter Gropius baute die Siedlung „Siemensstadt" in Berlin. Eines der bekanntesten Werke von **Le Corbusier** ist die Wallfahrtskirche in Ronchamp. Von **Ludwig Mies van der Rohe** stammt das Seagram Building in New York.

8 Matthäus Merian d. Ä. ist für seine exakten **Stadtansichten** zu Martin Zeilers „Topographia" bekannt. Daneben gestaltete er auch **Stadtpläne,** u. a. von Basel, Köln und Frankfurt am Main.
Sein Sohn Matthäus Merian d. J. schuf zahlreiche **Porträts,** seine Tochter Maria Sibylla Merian veröffentlichte naturwissenschaftliche Werke mit naturgetreuen Blumen- und **Insektenbildern.**

9 Der von der UNESCO zum Weltkulturerbe erklärte Tadsch Mahal ist ein **Mausoleum,** das der Großmogul Shah Jahan seiner 1631 verstorbenen Lieblingsfrau Mumtaz-Mahal errichten ließ.
Auch wenn er mit seiner Zwiebelkuppel und den vier Minaretten so aussehen mag - eine **Moschee** war der Tasch Mahal nicht, genauso wenig wie eine **Medrese,** eine traditionelle islamische Hochschule. Unter einer **Mastaba** versteht man einen altägyptischen Grabhügel.

10 **Hieronymus Bosch** (*um 1450, †1516) war kein Zeitgenosse Rembrandts. Mit seinen fantastisch-grotesken Bildern ist er einer der bedeutendsten niederländischen Renaissancemaler.
Die Maler der Barockepoche **Peter Paul Rubens** (* 1577, †1640), **Frans Hals** (*um 1580, †1666) und **Anthonis van Dyck** (* 1599, †1641) dagegen waren Zeitgenossen Rembrandts (* 1606, †1669).

11 Das **Labyrinth von Knossos,** der Hauptstadt des minoischen Kreta, gehörte nicht zu den sieben antiken Weltwundern. Es ist zudem fraglich, ob es dieses Labyrinth je gegeben hat.
Der **Koloss von Rhodos** war eine Statue des Sonnengottes Helios am Hafen von Rhodos, das **Mausoleum in Halikarnassos** das Grabmal des Satrapen Mausolos. Der **Leuchtturm von Pharos** stand an der Hafeneinfahrt von Alexandria.

12 Aus Erschütterung über die Zerstörung der baskischen Stadt **Guernica** durch die deutsche Legion Condor malte Picasso 1937 das gleichnamige Bild.
Die Radierung **Minotauromachie** entstand 1925. Das Figurenbild **Das Leben** schuf Picasso 1903 während seiner blauen Periode. Für die Kommunistische Partei Frankreichs entwarf er 1949 das Plakat mit dem Symbol der **Friedenstaube.**

13 **Welche Sprache bzw. Schrift findet sich nicht auf dem „dreisprachigen“ Stein von Rosette?**

- Griechisch
- Demotisch
- Hieroglyphen
- Phönizisch

14 **Ein Meisterwerk der italienischen Renaissancemalerei ist die um 1485 entstandene „Geburt der Venus“. Von welchem Künstler stammt dieses Gemälde?**

- Sandro Botticelli
- Michelangelo da Caravaggio
- Guido Reni
- Giotto di Bondone

15 **Wie nennt man in der Bau- und Bildhauerkunst eine kraftvolle männliche Gestalt, die anstelle einer Säule ein Gebälk trägt oder stützt?**

- Karyatide
- Atlant
- Entasis
- Kapitell

16 **In welchem Land wurde der Maler Marc Chagall geboren?**

- Frankreich
- USA
- Russland
- Schweiz

17 **Wie heißt die weltberühmte Gemäldegalerie von Sankt Petersburg?**

- Eremitage
- Uffizien
- Prado
- Louvre

18 **Wie heißt die zum UNESCO-Weltkulturerbe erklärte Ruinenstätte der Tempelanlage im Nordwesten von Kambodscha?**

- Prambanan
- Chichén Itza
- Machu Picchu
- Angkor Vat

13 Keine der Inschriften auf dem 1799 gefundenen Stein von Rosette ist **Phönizisch.**
Mithilfe seiner in **Griechisch** und **Demotisch,** einer Form der ägyptischen Schrift, sowie in **Hieroglyphen** abgefassten Inschriften gelang es dem französischen Ägyptologen Jean François Champollion 1822, die Hieroglyphen zu entziffern.

14 Das Gemälde „Geburt der Venus", das die Göttin der Liebe in einer Muschel stehend darstellt, wurde von **Sandro Botticelli** geschaffen. **Michelangelo da Caravaggio** und **Guido Reni** waren Maler der Barockepoche. **Giotto di Bondone,** ein Maler der Gotik, gilt mit seinen Bildern und Fresken als der Begründer der abendländischen Malerei.

15 Eine männliche Gestalt, die anstelle einer Säule ein Gebälk trägt oder stützt, ist ein **Atlant.** Die Bezeichnung leitet sich von Atlas ab, der das Himmelsgewölbe auf seinen Schultern trug.
Das weibliche Gegenstück eines Atlanten ist die **Karyatide. Entasis** ist die Schwellung oder Ausbauchung am Schaft einer Säule, **Kapitell** das Kopfstück einer Säule oder eines Pfeilers.

16 Der Maler Marc Chagall wurde 1887 im damals zu **Russland,** heute zu Weißrussland gehörenden Liosno geboren.
1910 kam er nach **Frankreich,** ging 1914 aber nach Russland zurück. 1923 kehrte er Russland endgültig den Rücken und ließ sich in Frankreich nieder. 1941 bis 1947 hielt er sich in den **USA** auf. Dem Staat **Israel** war Chagall, der jüdischer Herkunft war, seit den 1930er-Jahren besonders verbunden.

17 Die Gemäldegalerie von Sankt Petersburg mit über 5000 Werken ist die **Eremitage,** benannt nach dem 1764 bis 1767 für Zarin Katharina II. erbauten Schloss.
Das Kunstmuseum in Florenz ist unter dem Namen **Uffizien** bekannt. Der **Prado** ist das spanische Nationalmuseum in Madrid. Der **Louvre** in Paris beherbergt eine der bedeutendsten Kunstsammlungen der Welt.

18 Die Ruinenstätte der Tempelanlage in Kambodscha heißt **Angkor Vat.** Die im 12. Jahrhundert erbaute Anlage wurde 1431 durch die Thai zerstört.
Prambanan auf Java ist der größte Hindutempel Indonesiens, **Chichén Itzá** eine Siedlungsstätte der Maya in Mexiko. Die festungsartige Stadtanlage **Machu Picchu** in den peruanischen Anden stammt aus der Zeit der Inkakultur.

19 **Actionpainting bezeichnet im abstrakten Expressionismus eine prozesshafte Malmethode. Welcher Künstler war der Hauptvertreter dieser Stilrichtung?**

- Jackson Pollock
- Roy Lichtenstein
- Victor de Vasarély
- Joseph Beuys

20 **Welcher Kunstepoche ist die Stilrichtung des Manierismus zuzuordnen?**

- Klassizismus
- Romantik
- Renaissance
- Barock

21 **Welchen niederländischen Maler könnte man als den Urvater des Surrealismus bezeichnen?**

- Adriaen Brouwer
- Pieter Bruegel d. Ä.
- Hieronymus Bosch
- Pieter Bruegel d. J.

22 **Grundfarben sind die Ausgangsfarben, mit denen sich alle anderen Farben subtraktiv ermischen lassen. Welche Farbe gehört nicht dazu?**

- Cyan
- Magenta
- Gelb
- Grün

23 **Im Jahr 1947 erblickte Dagobert Duck das Licht der Comicwelt. Welcher Comickünstler erschuf den reichsten aller Geizhälse?**

- Charles M. Schulz
- Carl Barks
- Walt Disney
- Georges Remi

24 **Welche der in der bildenden Kunst verwendeten grafischen Drucktechniken ist ein Flachdruckverfahren?**

- Lithographie
- Radierung
- Xylographie
- Seriegraphie

19 **Jackson Pollock** gilt als der bedeutendste Vertreter des Actionpainting, bei dem der Vorgang des Malens zum Bildinhalt wird.
Roy Lichtenstein war einer der Hauptvertreter der Pop-Art in den USA. Der französische Maler **Victor de Vasarély** trug entscheidend zur Entwicklung der Op-Art bei. **Joseph Beuys** war ein Vertreter der Konzeptkunst, bei der herkömmliche Malerei immer weniger im Mittelpunkt steht.

20 In seiner ursprünglichen Bedeutung ist Manierismus ein Stilbegriff für die Spätphase der **Renaissance** zwischen 1520 und 1600.
In der Kunstwissenschaft des 20. Jahrhunderts wird der Begriff allgemein als kennzeichnend für die Endphase jeder Kunstepoche – und damit auch des **Klassizismus**, der **Romantik** und des **Barocks** – angesehen.

21 Die grausam-satirischen Bilder von **Hieronymus Bosch** mit ihren absonderlichen, oft rätselhaften Fabelwesen können als Vorläufer des Surrealismus des 20. Jahrhunderts gelten.
Adriaen Brouwer war ein bedeutender Genremaler des Bauern- und Volkslebens, ebenso Pieter **Bruegel d. Ä.**, „Bauernbruegel" genannt. Sein Sohn **Pieter Bruegel d. J.**, der „Höllenbruegel", malte spukhafte Szenen und Höllendarstellungen.

22 Die Farbe **Grün** gehört nicht zu den drei Grundfarben.
Die in der Malerei und in der Drucktechnik beim Mehrfarbendruck verwendeten Grundfarben bzw. Normdruckfarben sind **Cyan**, ein leicht grünstichiges Blau, die purpurrote Farbe **Magenta** und **Gelb.**

23 Der im Geld badende Multimilliardär Scrooge McDuck – wie Onkel Dagobert im Original heißt – wurde von dem Comiczeichner **Carl Barks** dem geizigen Ebenezer Scrooge aus Charles Dickens' Weihnachtsmärchen nachempfunden.
Charles M. Schulz war der Schöpfer der Peanuts, **Walt Disney** der Erfinder von Mickymaus. **Georges Remi**, bekannt als Hergé, schuf die Comics um Tim und Struppi.

24 Die **Lithographie** oder der Steindruck ist ein Flachdruckverfahren, bei dem druckende und nicht druckende Bildpartien in einer Ebene einer Kalksteinplatte liegen.
Die **Radierung** ist ein Tiefdruckverfahren, die **Xylographie**, der Holzschnitt, ein Hochdruckverfahren. Bei diesen drucken die vertieften bzw. die erhabenen Stellen. Die **Seriegraphie** oder der Siebdruck ist ein Durchdruckverfahren, bei dem die Druckfarbe durch ein Sieb gestrichen wird.

25 **Der Kölner Dom ist die größte gotische Kirche Deutschlands. Wann wurde er fertig gestellt?**

- 1248
- 1322
- 1880
- 1944

26 **Der bulgarische Künstler Christo wurde durch das „Verpacken“ von Gebäuden bekannt. Mit welchem Projekt machte er 1985 Schlagzeilen?**

- Running Fence
- Pont Neuf wrapped
- Wrapped Reichstag
- Wrapped Trees

27 **Welcher der genannten Künstler zählt nicht zu den bildenden Künstlern des Dadaismus?**

- Hans Arp
- Max Ernst
- George Grosz
- Hugo Ball

28 **Welcher französische Maler begründete mit Georges Braque zusammen den Kubismus?**

- Georges Seurat
- Pablo Picasso
- André Masson
- Henri Matisse

29 **Welcher Maler ist für seine Bilder von Sonnenblumen bekannt?**

- Vincent van Gogh
- Claude Monet
- Edgar Degas
- Paul Signac

30 **Der Maler Franz Marc war Mitbegründer einer Künstlervereinigung. Wie hieß diese Künstlergemeinschaft?**

- Die Brücke
- De Stijl
- Der Blaue Reiter
- Wiener Sezession

(25) Nach den ursprünglichen Bauplänen endgültig fertig gestellt wurde der Kölner Dom im Jahr **1880.** Begonnen wurde mit dem Bau **1248**, der Chor der fünfschiffigen Basilika mit dreischiffigem Querhaus und Kapellenkranz wurde **1322** geweiht. **1944** wurde der Kölner Dom bei alliierten Bombenangriffen schwer beschädigt, nach dem Zweiten Weltkrieg dann wiederhergestellt.

(26) Im Jahr 1985 machte Christo mit dem Projekt **Pont Neuf wrapped** – der Verhüllung des Pont Neuf in Paris – Schlagzeilen.
1976 errichtete er in Kalifornien den **Running Fence**, den „laufenden Zaun“. Bei seinem größten Verpackungsprojekt **Wrapped Reichstag** verhüllte er 1995 den Reichstag in Berlin. Beim Projekt **Wrapped Trees** verpackte Christo 1998 im schweizerischen Riehen Bäume.

(27) **Hugo Ball,** Literat und geistiger Vater des Dadaismus, war kein bildender Künstler.
Die späteren Surrealisten, der Maler und Bildhauer **Hans Arp** sowie der Maler **Max Ernst**, gründeten 1919 die Kölner Dada-Gruppe. Der Maler und Grafiker **George Grosz** war 1918 Mitbegründer der Berliner Dada-Gruppe.

(28) Mitbegründer des Kubismus war **Pablo Picasso.** Neben zahlreichen Gemälden schuf er auch kubistische Plastiken.
Georges Seurat begründete den auch Pointilismus genannten Neoimpressionismus. **André Masson** war ein surrealistischer Maler und **Henri Matisse** ein Vertreter des dem deutschen Expressionismus verwandten Fauvismus.

(29) Sonnenblumen sind das häufigste Motiv der Stillleben von **Vincent van Gogh.** In den Jahren 1888/89 malte er insgesamt sieben Bilder mit Sonnenblumen in der Vase.
Eines der Hauptmotive von **Claude Monet** waren die Seerosen im Teich seines Garten in Giverny. Lieblingsmotiv von **Edgar Degas** waren Tänzerinnen, **Paul Signac** malte vor allem Häfen und Flusslandschaften.

(30) Die 1911 in München von Franz Marc und Wassily Kandinsky gegründete Künstlervereinigung war **Der Blaue Reiter.**
Die Brücke wurde 1905 in Dresden von Ernst Ludwig Kirchner, Erich Heckel, Karl Schmidt-Rottluff und Fritz Bleyl ins Leben gerufen. Piet Mondrian und Theo van Doesburg schufen 1917 in Leiden die Gruppe **De Stijl.** Die **Wiener Sezession** war eine 1897 gegründete Künstlervereinigung um Gustav Klimt.

31 **Wie nennt man in der bildenden Kunst eine flächengebundene dreidimensionale Darstellung?**

- Collage
- Skulptur
- Plastik
- Relief

32 **Jugendstil ist die deutsche Bezeichnung für eine Stilrichtung der Kunst. Wie wurde diese Kunstrichtung in Frankreich genannt?**

- Belle Époque
- Fin de Siècle
- Art nouveau
- Modern Style

33 **Welcher amerikanische Maler ist für seine Motive aus Comicstrips bekannt?**

- Andy Warhol
- Roy Lichtenstein
- Edward Hopper
- Man Ray

34 **Wie nennt man in der Architektur einen frei stehenden Glockenturm?**

- Kampanile
- Kemenate
- Kandelaber
- Kolonnade

35 **Welcher der genannten Maler wird dem Biedermeier zugerechnet?**

- Carl Spitzweg
- Caspar David Friedrich
- Wilhelm Tischbein
- Adolph Menzel

36 **Von welchem Maler stammt das 1910 gemalte Bild, auf das die Bezeichnung der gegenstandslosen Malerei als „abstrakte Kunst" zurückgeht?**

- Pablo Picasso
- Wassily Kandinsky
- Georges Braque
- Claude Monet

31 Eine flächengebundene dreidimensionale, das heißt plastische Darstellung wird **Relief** genannt. Eine **Collage** ist ein Bild aus aufgeklebten Stücken von Papier, Stoff oder anderen Materialien. Eine **Skulptur** ist ein gemeißeltes Werk in Stein oder eine Bildschnitzerei. Unter **Plastik** werden Werke aus modellierbaren Stoffen wie Ton oder Gips und aus gegossenem Material wie Metall verstanden.

32 Der Jugendstil hieß in Frankreich **Art nouveau.**
Die Art nouveau als Kunststil fällt in die Zeit der **Belle Époque** von 1890 bis 1914, die in ihrer Spätzeit typisch dekadente Erscheinungsformen aufwies und daher auch als **Fin de Siècle** bezeichnet wird. **Modern Style** ist der dem Jugendstil entsprechende Kunststil in England.

33 Die der Drucktechnik entstammenden Rasterpunkte auf Comicstrips wurden zum Markenzeichen des Malers und Grafikers **Roy Lichtenstein.**
Zu **Andy Warhols** bekanntesten Werken zählen die Seriegraphien von Filmstars und Suppendosen. **Edward Hopper** malte typische amerikanische Landschaften und Städte in stilisiert-realistischer Manier. Der Maler und Fotograf **Man Ray** erschloss mit Fotomontagen und Fotogrammen neue Ausdrucksmittel.

34 Ein frei neben der Kirche stehender Glockenturm wird **Kampanile** oder Campanile genannt. Bekanntestes Beispiel für einen Kampanile ist der Schiefe Turm von Pisa.
Eine **Kemenate** ist ein heizbarer Raum in einer Burg, ein **Kandelaber** ein Kerzenständer. Unter **Kolonnade** versteht man einen Säulengang mit geradem Gebälk im Unterschied zur Arkade.

35 **Carl Spitzweg** schilderte in seinen Bildern humorvoll Szenen aus dem Leben von Kleinbürgern und Sonderlingen in der Zeit von Biedermeier und Restauration.
Caspar David Friedrich gilt als der Hauptmeister der Malerei der deutschen Romantik, **Wilhelm Tischbein** ist dem Klassizismus zuzurechnen. **Adolph Menzel** war ein Vertreter des gegen Romantik und Klassizismus gerichteten Realismus.

36 Der Begriff „abstrakt“ für gegenstandslose Malerei geht auf das „Erste abstrakte Aquarell“ von **Wassily Kandinsky** zurück.
Nahezu gleichzeitig entwickelte sich der von **Pablo Picasso** und **Georges Braque** begründete Kubismus zu einer weiteren Stilrichtung der abstrakten Kunst.
Das Bild „Impression, soleil levant“ von **Claude Monet** wurde namengebend für den Impressionismus.

37 **Welches Gebäude stammt nicht von dem Architekten Karl Friedrich Schinkel?**

- Neue Wache in Berlin
- Brandenburger Tor
- Nikolaikirche in Potsdam
- Altes Museum in Berlin

38 **Wer gründete 1919 in Weimar das Bauhaus?**

- Paul Klee
- Ludwig Mies van der Rohe
- László Moholy-Nagy
- Walter Gropius

39 **Die „Sixtinische Madonna“ zählt zu den Hauptwerken des italienischen Malers ...**

- Raffael
- Tizian
- Michelangelo
- Leonardo da Vinci

40 **Wie nennt man eine Ausstellung, die rückblickend das Werk eines Künstlers zeigt?**

- Vernissage
- Matinée
- Œuvre
- Retrospektive

41 **Welcher der folgenden Begriffe bezeichnet keinen Grabbau?**

- Kurgan
- Kenotaph
- Pantheon
- Tumulus

42 **Zum Œuvre Rembrandts werden unter anderem auch mehr als 500 Gemälde gerechnet. Welches Bild stammt nicht von ihm?**

- Der Turmbau zu Babel
- Die Anatomie des Dr. Tulp
- Die Nachtwache
- Der Mann mit dem Goldhelm

37 Das **Brandenburger Tor** stammt nicht von Schinkel. Der frühklassizistische Bau wurde von Carl Gotthard Langhans errichtet.
Die **Neue Wache in Berlin**, die **Nikolaikirche in Potsdam** und das **Alte Museum in Berlin**, alle aus der ersten Hälfte des 19. Jahrhunderts, zählen zu den Hauptwerken von Karl Friedrich Schinkel, dem bedeutendsten Baumeister des deutschen Klassizismus.

38 Das Bauhaus in Weimar wurde von dem Architekten **Walter Gropius** als Schule für gestaltendes Handwerk, Architektur und bildende Künste gegründet.
Der Maler **Paul Klee** war Lehrer am Bauhaus, der Architekt **Ludwig Mies van der Rohe** übernahm 1930 seine Leitung. Der Maler und Grafiker **László Moholy-Nagy** war 1937 Mitbegründer des New Bauhaus in Chicago.

39 Die 1516 entstandene „Sixtinische Madonna" (Dresden, Gemäldegalerie) ist eines der bekanntesten Werke von **Raffael.**
Die „Pesaro-Madonna" zählt zu den Hauptwerken **Tizians.** Zentrum des malerischen Schaffens von **Michelangelo** sind die Deckenfresken in der Sixtinischen Kapelle des Vatikans. Das berühmteste Gemälde von **Leonardo da Vinci** ist die „Mona Lisa".

40 Eine Rückschau auf das Gesamtwerk oder eine Epoche eines Künstlers nennt man **Retrospektive.**
Eine **Vernissage** ist die Eröffnung einer Ausstellung, bei der Werke eines lebenden bildenden Künstlers vorgestellt werden. **Matinée** ist eine am Vormittag stattfindende künstlerische Veranstaltung. Das Gesamtwerk eines Künstlers wird als **Œuvre** bezeichnet.

41 Ein **Pantheon** ist kein Grabbau, sondern ein der Gesamtheit der in einer polytheistischen Religion verehrten Götter geweihtes Heiligtum. **Kurgane** sind Hügelgräber in den eurasischen Steppen, insbesondere die der skythischen Reiternomaden. Unter **Kenotaph** versteht man ein „leeres" Grab oder ein Scheingrab. Ein **Tumulus** ist ein in Mitteleuropa in Jungsteinzeit und Bronzezeit verbreitetes Hügelgrab.

42 **Der Turmbau zu Babel** ist kein Gemälde Rembrandts. Es wurde 1563 von Pieter Bruegel d. Ä. gemalt.
Die Gruppenbilder **Die Anatomie des Dr. Tulp** (1632) und **Die Nachtwache** (1642) waren Auftragsarbeiten Rembrandts. Zahlreiche Rembrandt zugeschriebene Gemälde stammen indes nicht von seiner Hand, sondern sind Arbeiten seiner Schüler, so vermutlich auch der **Mann mit dem Goldhelm.**

43 **Welchen bedeutenden archäologischen Fund verdankt die Wissenschaft Heinrich Schliemann, dem Entdecker des antiken Troja?**

- Nike von Samothrake
- Pergamonaltar
- Büste der Nofretete
- Maske des Agamemnon

44 **Der Pariser Louvre beherbergt mehrere der nicht allzu zahlreichen Gemälde Leonardo da Vincis. Welches zählt nicht dazu?**

- Felsgrottenmadonna
- Heilige Anna selbdritt
- Mona Lisa
- Madonna mit Nelke

45 **Welche der folgenden bildnerischen Frauendarstellungen ist die älteste?**

- Venus von Milo
- Venus von Willendorf
- Mediceische Venus
- Venus von Urbino

46 **„Die Erschießung der Aufständischen vom 3. Mai 1808" ist eines der eindrucksvollsten Gemälde der europäischen Malerei. Von welchem Maler stammt es?**

- Picasso
- Manet
- Goya
- Delacroix

47 **Wie heißt die antike Maltechnik, bei der die Farbpigmente mit Wachs verschmolzen und heiß aufgetragen werden?**

- Gouachemalerei
- Enkaustik
- Frescomalerei
- Grattage

48 **Welches ist kein typisches Merkmal des gotischen Baustils?**

- Würfelkapitell
- Spitzbogen
- Kreuzrippengewölbe
- Strebepfeiler

43 Die **Maske des Agamemnon,** Teil des reichen Goldschmucks der Königsgräber von Mykene, wurde 1876 von Heinrich Schliemann ausgegraben.
Die **Nike von Samothrake** wurde 1863 von dem Franzosen Champoiseau gefunden. Ausgräber des 1878 entdeckten **Pergamonaltars** war Carl Humann. Die **Büste der Nofretete** wurde 1912 bei Ausgrabungen von Ludwig Borchardt gefunden.

44 Die um 1475 entstandene **Madonna mit Nelke** befindet sich nicht im Louvre; sie hängt in der Alten Pinakothek in München.
Leonardos **Felsgrottenmadonna** und die **Heilige Anna selbdritt** gehören zum Bestand des Louvre, zu dessen Hauptattraktionen aber zweifellos die **Mona Lisa** zählt. Das Gemälde wurde 1911 aus dem Museum gestohlen und erst 1913 in einem Antiquariat wieder entdeckt.

45 Die **Venus von Willendorf** ist eine altsteinzeitliche Frauenstatuette. Die 11 cm große Kalksteinfigur wurde 1908 bei Willendorf in der Wachau gefunden.
Die **Venus von Milo** ist eine Marmorstatue aus dem späten 2. Jahrhundert v. Chr., die Marmorstatue der **Mediceischen Venus** stammt aus der römischen Kaiserzeit. Die **Venus von Urbino** ist ein 1538 entstandenes Gemälde von Tizian.

46 Das Bild, das die Exekution von Teilnehmern am spanischen Aufstand gegen die französische Besatzung zeigt, stammt von Francisco **Goya.** In der Tradition des Bildes von Goya malte **Pablo Picasso** 1951 sein „Massaker in Korea". Ein ähnliches Sujet wählte Edouard **Manet** 1868 mit „Die Erschießung Kaiser Maximilians von Mexiko". Von Eugène **Delacroix** stammt das 1830 entstandene Revolutionsbild „Die Freiheit führt das Volk an".

47 Das in der griechischen und römischen Antike häufig angewandte Malverfahren, bei dem die Farben mit heißem Wachs gebunden werden, ist die **Enkaustik.**
Gouachemalerei ist im Unterschied zur lasierenden Aquarellmalerei die Malerei mit deckenden Wasserfarben. **Frescomalerei** ist eine auf noch feuchtem Kalkputz ausgeführte Wandmalerei. Bei der Maltechnik der **Grattage** wird die dick aufgetragene Farbe wieder abgeschabt.

48 Das **Würfelkapitell** ist ein kennzeichnendes Stilelement für die Architektur der Romanik; in der Gotik wird es durch Kelchknospen- und Blattkapitelle abgelöst.
Daneben sind der **Spitzbogen,** das **Kreuzrippengewölbe** und **Strebebögen** sowie Strebepfeiler an den Außenwänden typische Stilmerkmale gotischer Bauwerke.

MUSIK

Die Wurzeln der Musik liegen im Kult und in religiös-rituellen Handlungen. Vor allem Rhythmus und Gesang sollten die Geister in ihren Bann zwingen, die Götter beschwören und ihnen Ehre erweisen. In der Antike begann die Entwicklung der Musik als Kunstform. Der große Sammelbegriff wird nach verschiedenen Gesichtspunkten unterteilt in Volks-, Kunst- und Unterhaltungsmusik.

1 **Welches der genannten Instrumente ist ein Blasinstrument?**

- Balalaika
- Okarina
- Ukulele
- Bandoneon

2 **Wie heißt die einzige Oper des Komponisten Jacques Offenbach?**

- Blaubart
- Orpheus in der Unterwelt
- Die schöne Helena
- Hoffmanns Erzählungen

3 **Wer ging als Walzerkönig in die Musikgeschichte ein?**

- Johann Strauß
- Richard Strauß
- Oscar Straus
- Botho Strauß

4 **Die Beatles waren eine der populärsten und musikalisch einflussreichsten Musikgruppen des 20. Jahrhunderts. Welcher der Beatles spielte die Bassgitarre?**

- John Lennon
- George Harrison
- Paul McCartney
- Bill Wyman

5 **Welches der Ballette stammt nicht von Peter Tschaikowsky?**

- Schwanensee
- Dornröschen
- Der Nußknacker
- Der Feuervogel

6 **Wie nennt man das Textbuch für eine Oper, eine Operette oder ein Ballett?**

- Libretto
- Notation
- Partitur
- Manual

1 Die **Okarina** ist ein Blasinstrument. Es ist eine kugel- oder eiförmige Gefäßflöte aus Ton oder Porzellan mit einem Schnabelmundstück und acht bis zehn Grifflöchern.
Die **Balalaika** ist ein dreisaitiges russisches Zupfinstrument mit dreieckigem Schallkörper, die **Ukulele** eine kleine Gitarre mit vier Stahlsaiten. Das **Bandoneon** ist ein Harmonikainstrument.

2 **Hoffmanns Erzählungen** war die einzige Oper, die Jacques Offenbach komponierte.
Die erst nach dem Tod des Komponisten uraufgeführte Oper war das erfolgreichste seiner mehr als 100 Bühnenwerke, zu denen auch die Operetten **Blaubart, Orpheus in der Unterwelt** und **Die schöne Helena** zählen.

3 Den Beinamen „Walzerkönig" trug **Johann Strauß** (Sohn), der mehr als 170 Walzer komponierte , darunter „An der schönen blauen Donau" und „Wiener Blut".
Oscar Straus wurde durch seine Operetten wie „Ein Walzertraum" bekannt, **Richard Strauss** komponierte die Oper „Der Rosenkavalier". **Botho Strauß** ist seit Mitte der 1970er-Jahre einer der meistgespielten deutschsprachigen Bühnenautoren.

4 **Paul McCartney** war der Bassgitarrist der Beatles, für die er zusammen mit **John Lennon,** der die Rhythmusgitarre spielte, zahlreiche Songs schrieb und arrangierte.
George Harrison spielte die Melodiegitarre, der vierte Beatle war Schlagzeuger Ringo Starr. **Bill Wyman** war kein Mitglied der Beatles, sondern der Bassgitarrist der Rolling Stones.

5 Mit der Uraufführung des Balletts **Der Feuervogel** 1910 in Paris wurde der russische Komponist Igor Strawinsky weltbekannt.
Sein Landsmann Peter Tschaikowsky komponierte die Ballette **Schwanensee** (1877), **Dornröschen** (1890) und **Der Nußknacker** (1892), die noch heute zum Standardrepertoire des Tanztheaters zählen.

6 Das Textbuch zu einem musikalischen Bühnenwerk oder einem Ballett und im übertragenen Sinn der Text selbst werden **Libretto** (italienisch „Büchlein") genannt.
Notation oder Notenschrift ist das Zeichensystem zur schriftlichen Darstellung von Musikwerken, **Partitur** deren in allen Einzelheiten ausgearbeitete Aufzeichnung.
Manual ist die mit den Händen zu spielende Klaviatur von Tasteninstrumenten.

7 **Welcher der bedeutenden zeitgenössischen Interpreten klassischer Musik war kein Pianist?**

- Vladimir Horowitz
- Artur Rubinstein
- Pablo Casals
- Glenn Gould

8 **Unter welchem Namen ist die 6. Sinfonie von Ludwig van Beethoven auch bekannt?**

- Eroica
- Appassionata
- Pastorale
- Fidelio

9 **Welches der genannten Zupfinstrumente hat die meisten Saiten?**

- Banjo
- Gitarre
- Laute
- Mandoline

10 **Die berühmtesten Geigen wurden von drei italienischen Familien hervorgebracht. Welche war keine Geigenbauerfamilie?**

- Amati
- Gabrieli
- Guarneri
- Stradivari

11 **Welches Musical stammt nicht von Andrew Lloyd Webber?**

- West Side Story
- Starlight Express
- Das Phantom der Oper
- Evita

12 **Die Orchestersuite „Karelia“ zählt zu den Meilensteinen der Musikgeschichte. Von welchem finnischen Komponisten wurde sie geschrieben?**

- Edward Elgar
- Jean Sibelius
- Edvard Grieg
- Friedrich Smetana

7 Der Spanier **Pablo Casals** war kein Pianist; er gilt als der beste Cellist des 20. Jahrhunderts.
Der amerikanische Pianist **Vladimir Horowitz** hatte vor allem als Interpret von Liszt, Rachmaninow und Tschaikowsky sensationelle Erfolge, sein Landsmann **Artur Rubinstein** war einer der besten Interpreten der Musik Chopins. Der Kanadier **Glenn Gould** wurde durch seine eigenwilligen Interpretationen der Klavierwerke Bachs und Beethovens berühmt.

8 Die 6. Sinfonie in F-Dur von Ludwig van Beethoven (op. 68) wird auch die **Pastorale** genannt. Sie inspirierte den französischen Schriftsteller André Gide zu seinem Roman „Symphonie pastorale“.
Die **Eroica** ist Beethovens 3. Sinfonie in Es-Dur (op. 55), die **Appassionata** (op. 57) eine Klaviersonate in F-Moll. **Fidelio** (op. 72) ist die einzige Oper Beethovens.

9 Eine **Laute** hat bis zu elf Saiten, besondere Formen wie die Basslaute können mehr als zwanzig haben.
Ein **Banjo** hat neun Saiten, das Tenorbanjo nur vier. Eine **Gitarre** ist üblicherweise mit sechs Saiten bespannt. Die **Mandoline** hat vier Doppelsaiten.

10 Andrea **Gabrieli** und sein Neffe Giovanni gehörten zu den bahnbrechenden Komponisten der venezianischen Kirchenmusik des 16. Jahrhunderts.
Amati war eine italienische Geigenbauerfamilie in Cremona. Ihr bedeutendster Vertreter war Nicola Amati, der Lehrer von Andrea **Guarneri** und Antonio **Stradivari,** die ihrerseits die Stammväter der gleichnamigen Geigenbauerfamilien waren.

11 In der **West Side Story** aktualisierte Leonard Bernstein Shakespeares tragische Liebesgeschichte von Romeo und Julia.
Die **Musicals Starlight Express** und **Das Phantom der Oper** sowie die Rockoper **Evita** wurden dagegen von Andrew Lloyd Webber komponiert und geschrieben.

12 Die „Karelia“-Suite aus dem Jahr 1893 stammt von dem bedeutendsten Komponisten Finnlands, **Jean Sibelius.**
Edward Elgar war ein englischer Komponist; er schrieb den berühmten Orchestermarsch „Pomp and circumstance“. Bekannteste Werke des Norwegers **Edvard Grieg** sind die Suiten zu Ibsens „Peer Gynt“. Vom tschechischen Komponisten **Friedrich Smetana** stammt unter anderem die Oper „Die verkaufte Braut“.

13 **Die Oper „Eugen Onegin“ ist das Werk welches russischen Komponisten?**

- Puschkin
- Mussorgskij
- Borodin
- Tschaikowsky

14 **Wie nennt man eine in der Regel mehrsätzige Instrumentalkomposition für kleine, meist solistische Besetzung?**

- Sonate
- Motette
- Kantate
- Sinfonie

15 **Die Panflöte gehört zu den ältesten Musikinstrumenten und ist weltweit verbreitet. Unter welchem Namen ist sie noch bekannt?**

- Barbiton
- Syrinx
- Cimbalom
- Domra

16 **Welcher italienische Violinist ging als Teufelsgeiger in die Geschichte ein?**

- Amilcare Ponchielli
- Giovanni Piranesi
- Pier Paolo Pasolini
- Niccolò Paganini

17 **Wie wird eine Rhythmusverschiebung in der Musik genannt?**

- Synapse
- Synode
- Synkope
- Synopse

18 **Welche der folgend genannten Opern wurde nicht von Giuseppe Verdi komponiert?**

- Tosca
- Rigoletto
- La Traviata
- Aida

13 „Eugen Onegin“ ist eine der zwölf Opern von Peter **Tschaikowsky.** Alexander **Puschkin** war Dichter, kein Komponist. Er schrieb den Versroman „Eugen Onegin“, die literarische Vorlage für die Oper Tschaikowskys. Die Oper „Boris Godunow“, das Hauptwerk von Modest **Mussorgskij,** basiert ebenfalls auf einem Stoff Puschkins. Von Alexander **Borodin** stammt unter anderem die Open „Fürst Igor“.

14 Eine Instrumentalkomposition aus drei oder vier Sätzen, meist für Klavier oder Violine, ist eine **Sonate.** Unter **Motette** versteht man eine Gattung mehrstimmiger Vokalmusik. Eine **Kantate** ist eine Vokalkomposition mit Instrumentalbegleitung, eine **Sinfonie** eine größere, mehrsätzige Orchesterkomposition.

15 Die Panflöte wird auch **Syrinx** genannt. Im griechischen Mythos war Syrinx eine Nymphe, die sich, von Pan verfolgt, in einen Fluss stürzte und in ein Schilfrohr verwandelt wurde, aus dem Pan eine Flöte fertigte.
Ein **Barbiton** ist eine der Lyra ähnliche antike Leier. Das zitherartige **Cimbalom** wird auch Hackbrett genannt. **Domra,** ein altes russisches Zupfinstrument, ist eine meist dreisaitige Langhalslaute.

16 Der Violinvirtuose und Komponist **Niccolò Paganini** feierte wegen seines als dämonisch empfundenen Spiels und seiner geheimnisvoll-diabolischen Erscheinung im 19. Jahrhundert als Teufelsgeiger Triumphe in ganz Europa.
Amilcare **Ponchielli** war Komponist, u. a. der Oper „La Gioconda“. Giovanni **Piranesi** schuf als Kupferstecher bedeutende Ansichten antiker und barocker Baudenkmäler Roms. Pier Paolo **Pasolini** war Schriftsteller und Filmregisseur.

17 Eine Rhythmusverschiebung gegenüber der regulären Taktordnung durch Bindung eines unbetonten an den folgenden betonten Taktwert heißt **Synkope.**
Eine **Synapse** ist eine Kontaktstelle im Nervensystem. **Synode** ist eine Versammlung von kirchlichen Repräsentanten. **Synopse** ist eine knappe Zusammenfassung oder eine vergleichende Gegenüberstellung.

18 **Tosca** stammt von Verdis Komponistenkollegen Giacomo Puccini, dem Hauptvertreter der italienischen Oper nach Verdi.
Rigoletto und **La Traviata** gehören zu den bekanntesten und noch heute meistgespielten Opern Verdis. Seine vielleicht berühmteste Oper ist jedoch die zur Eröffnung des Suezkanals komponierte und 1871 uraufgeführte **Aida.**

19 **Welcher Musiker trat nicht beim legendären Rockfestival 1969 in Woodstock auf?**

- Joe Cocker
- Carlos Santana
- Jimi Hendrix
- Eric Clapton

20 **Der 1941 erstmals vom Soldatensender Belgrad ausgestrahlte Schlager „Lili Marleen" wurde weltweit bekannt. Vom wem wurde er gesungen?**

- Hildegard Knef
- Lale Andersen
- Zarah Leander
- Marlene Dietrich

21 **Der Nationaltanz in Polen heißt ...**

- Csardas
- Polka
- Mazurka
- Polonäse

22 **Welches der folgenden Blasinstrumente gehört nicht in die Gruppe der Holzblasinstrumente?**

- Englischhorn
- Flügelhorn
- Fagott
- Saxophon

23 **Welches bekannte Musical geht auf das Drama „Pygmalion" von George Bernard Shaw zurück?**

- Kiss Me, Kate
- West Side Story
- My Fair Lady
- Das Phantom der Oper

24 **Wie heißt das traditionelle Blasinstrument der australischen Ureinwohner?**

- Corroborree
- Wallaby
- Wombat
- Didjeridu

19 **Eric Clapton,** schon damals einer der bekanntesten und einflussreichsten Rockgitarristen, trat 1969 in Woodstock nicht auf.
Für den Rocksänger **Joe Cocker** und den Gitarristen **Carlos Santana** stand das Woodstock-Festival dagegen am Beginn ihrer internationalen Karrieren. Der Auftritt von **Jimi Hendrix,** seit 1966 eine Symbolfigur des Rock-Undergrounds, war einer der Höhepunkt des Festivals.

20 Der Schlager „Lili Marleen" wurde von der Chansonsängerin und Schauspielerin **Lale Andersen** gesungen.
Von **Hildegard Knef** stammt das Chanson „Für mich soll's rote Rosen regnen", ein bekanntes Stück von **Zarah Leander** ist „Kann denn Liebe Sünde sein".
Marlene Dietrich sang „Ich bin von Kopf bis Fuß auf Liebe eingestellt" aus dem Film „Der Blaue Engel", mit dem ihre Weltkarriere begann.

21 Der polnische Nationaltanz ist der „masurische Tanz", die **Mazurka.** Der Volkstanz in lebhaftem 3/4- oder 3/8-Takt wurde im 18. Jahrhundert Gesellschaftstanz und fand Eingang in die Kunstmusik.
Der **Csardas** ist der Nationaltanz Ungarns, die **Polka** tschechischer Nationaltanz. Die **Polonäse** ist ein im 16. Jahrhundert in Polen entstandener paarweiser Schreittanz.

22 Das **Flügelhorn** gehört aufgrund seines Kesselmundstücks zu den herkömmlich auch Blechblasinstrumente genannten Trompeteninstrumenten.
Das **Englischhorn,** das **Fagott** und das **Saxophon** sind Rohrblattinstrumente, die zusammen mit den Flöten als Holzblasinstrumente bezeichnet werden.

23 Frederick Loewes Welterfolg **My Fair Lady** hat George Bernard Shaws Drama „Pygmalion" zum literarischen Vorbild.
Kiss me, Kate von Cole Porter und **West Side Story** von Leonard Bernstein gehen auf die Shakespeare-Dramen „Der Widerspenstigen Zähmung" und „Romeo und Julia" zurück. **Das Phantom der Oper** basiert auf einem Roman von Gaston Leroux.

24 Das traditionelle Blasinstrument der Aborigines ist das **Didjeridu,** eine aus Bambus oder einem ausgehöhlten Baumstamm gefertigte Holztrompete.
Es begleitet die religiösen und sozialen Gesänge und Tänze, die **Corroborree** genannt werden. Mit **Wallaby** bezeichnen die Aborigines das Känguru, **Wombat** ist die aus der Eingeborenensprache stammende Bezeichnung für eine Beuteltierart.

25 **Wie hieß die Sängerin von Jefferson Airplane, der Kultband aus den 1970er-Jahren?**

- Grace Slick
- Chrissie Hynde
- Annie Lennox
- Pattie Smith

26 **Unter welchem Namen ist das führende amerikanische Opernhaus in New York bekannt?**

- Carnegie Hall
- Met
- Scala
- Covent Garden

27 **Wer war der Komponist der „Dreigroschenoper“?**

- Bertolt Brecht
- Paul Dessau
- Hanns Eisler
- Kurt Weill

28 **Wie wird der Übergang von einer Tonart in eine andere genannt?**

- Modulation
- Fermate
- Dissonanz
- Reprise

29 **In welchem Takt wird der aus Argentinien stammende Tango getanzt?**

- $^{3}/_{8}$-Takt
- $^{2}/_{4}$-Takt
- $^{3}/_{4}$-Takt
- $^{4}/_{4}$-Takt

30 **Wie heißt das Verzeichnis, in dem sämtliche Tonwerke Mozarts aufgeführt sind?**

- B-W-Verzeichnis
- Hobokenverzeichnis
- Köchelverzeichnis
- Kinsky-Halm-Verzeichnis

25 Sängerin der legendären Gruppe Jefferson Airplane aus San Francisco, die von 1965 bis 1974 existierte, war **Grace Slick.**
Die Sängerin der Pretenders heißt **Chrissie Hynde. Annie Lennox** war der weibliche Part des Duos Eurythmics, **Pattie Smith** war Frontfrau der Band Pattie Smith Group.

26 Das bedeutendste amerikanische Opernhaus ist die Metropolitan Opera in New York, kurz **Met** genannt.
Die **Carnegie Hall** ist die weltberühmte New Yorker Konzerthalle. Das Teatro alla **Scala** ist das Opernhaus in Mailand, das führende englische Opernhaus ist das Royal Opera House **Covent Garden** in London.

27 Der Komponist der „Dreigroschenoper" war **Kurt Weill.**
Er schrieb die Musik zu dem Stück, der Text – eine freie Nachdichtung der „Bettleroper" von John Gay und Johann Christopher Pepusch – stammt von **Bertolt Brecht. Paul Dessau** und **Hanns Eisler** komponierten Opern bzw. Bühnenmusiken nach Werken von Brecht.

28 Der Übergang von einer Tonart in eine andere, eines der wichtigsten musikalischen Gestaltungs- und Ausdrucksmittel, ist die **Modulation.**
Eine **Fermate** ist ein Ruhezeichen in der Notenschrift. **Dissonanz** bezeichnet einen Zusammenklang von Tönen, der nach der Harmonielehre eine Auflösung fordert. **Reprise** ist die Wiederaufnahme eines Satzteils innerhalb einer Komposition.

29 Der in Europa seit etwa 1910 bekannte Tango argentino wird im **2/4-Takt** getanzt, der jüngere Tango milonga im schnelleren 4/8-Takt.
Der **3/8-Takt** findet sich bei zahlreichen Volkstänzen wie Fandango, Mazurka oder Tarantella. Beispiel für einen Tanz im **3/4-Takt** ist der Walzer, die Rumba ist ein Tanz im **4/4-Takt.**

30 Das chronologisch-thematische Verzeichnis der Werke Mozarts ist das von Ludwig Ritter von Köchel herausgegebene **Köchelverzeichnis.**
Das **B-W-Verzeichnis** enthält die Werke von Bach, das **Hobokenverzeichnis** ist ein Werkverzeichnis von Haydn. Im **Kinsky-Halm-Verzeichnis** sind die vollendeten Kompositionen Beethovens aufgeführt.

31 **Welcher Kapellmeister war kein leitender Dirigent des Berliner Philharmonischen Orchesters?**

- Hans von Bülow
- Arturo Toscanini
- Wilhelm Furtwängler
- Herbert von Karajan

32 **Von welchem Komponisten stammt die Melodie der deutschen Nationalhymne?**

- Claude-Joseph Rouget
- Hanns Eisler
- Joseph Haydn
- Wolfgang Amadeus Mozart

33 **Wie hieß die Gruppe um den Gitarristen Eric Clapton aus den 1960er-Jahren, die mit ihren Rock- und Blueselementen stilbildend für zahlreiche Rockbands wurde?**

- Pink Floyd
- Led Zeppelin
- Dire Straits
- Cream

34 **Welche Vortragsbezeichnung steht für ein langsames Ansteigen der Tonstärke?**

- crescendo
- allegro
- andante
- largando

35 **Zu welcher Gattung der Musikinstrumente gehört das Cembalo, zu den …**

- Chordophonen
- Membranophonen
- Idiophonen
- Aerophonen

36 **Die so genannte Wiener Klassik ist eine Stilperiode der europäischen Musik. Welcher Komponist zählt nicht dazu?**

- Haydn
- Schubert
- Mozart
- Beethoven

31 **Arturo Toscanini** zählt nicht zu den Dirigenten der Berliner Philharmoniker. Er war u. a. Kapellmeister an der Scala in Mailand und an der Metropolitan Opera in New York. **Hans von Bülow** leitete von 1887 bis 1894 das 1881 begründete Orchester. **Wilhelm Furtwängler** war mit einer Unterbrechung von 1922 bis 1954 Dirigent der Berliner Philharmoniker, sein Nachfolger **Herbert von Karajan** war bis 1989 Chefdirigent.

32 Die Melodie des Deutschlandlieds, offizielle deutsche Nationalhymne seit 1922, wurde 1797 von **Joseph Haydn** als Kaiserhymne „Gott erhalte Franz den Kaiser" komponiert. **Claude-Joseph Rouget** war der Komponist der Marseillaise, der französischen Nationalhymne.
Die Hymne der DDR stammt vom **Hanns Eisler,** die Melodie der Nationalhymne Österreichs wird **Wolfgang Amadeus Mozart** zugeschrieben.

33 Das von Eric Clapton, dem Bassgitarristen Jack Bruce und dem Schlagzeuger Ginger Baker 1966 gegründete Trio war **Cream.** Gitarrist von **Pink Floyd** war seit 1968 David Gilmour, im selben Jahr wurde die Hardrockgruppe **Led Zeppelin** um den Gitarristen Jimmy Page gegründet. Die Rockgruppe **Dire Straits** mit dem Gitarristen Mark Knopfler debütierte erst im Jahr 1978.

34 An Tonstärke zunehmend oder lauter werdend wird mit der Vortragsanweisung **crescendo** bezeichnet. **allegro** und **andante** sind Tempobezeichnungen für schnelle Zeitmaße, **largando** ist die Vortragsbezeichnung für langsamer werdend.

35 Beim klavierähnlichen Cembalo werden über eine Tastenmechanik Saiten angezupft; es zählt somit wie die Geige oder die Gitarre zu den **Chordophonen** oder Saitenklingern.
Zu den **Membranophonen** gehören die meisten Schlaginstrumente wie die Trommel; das Becken gehört jedoch zu den **Idiophonen** oder Selbstklingern. Blas- und Orgelinstrumente sind **Aerophone** oder Luftklinger.

36 Zur Zeit der Wiener Klassik zwischen etwa 1770 und 1827 wirkte und lebte Franz **Schubert** in Wien; er wird jedoch nicht der Klassik, sondern der Frühromantik zugerechnet.
Unter Wiener Klassik wird vielmehr das auf diese Zeit auf Wien konzentrierte Schaffen von Joseph **Haydn,** Wolfgang Amadeus **Mozart** und Ludwig van **Beethoven** verstanden.

37 **Welcher Komponist entwickelte die Zwölftonmusik?**

- Arnold Schönberg
- Alban Berg
- Anton von Webern
- Karlheinz Stockhausen

38 **Im April 1970 gaben die Beatles ihre Auflösung bekannt. Wie hieß ihr letztes Album?**

- Help!
- Abbey Road
- Let It Bleed
- Let It Be

39 **Aus welcher Oper stammt der zum geflügelten Wort gewordene Satz „Nie sollst du mich befragen"?**

- Lohengrin
- Tosca
- Rigoletto
- Carmen

40 **Welcher Begriff hat nichts mit Musik zu tun?**

- Bassschlüssel
- Altschlüssel
- Violinschlüssel
- Ringschlüssel

41 **Wer schrieb den Text zu Richard Wagners Oper „Der fliegende Holländer"?**

- Hugo von Hofmannsthal
- Stefan Zweig
- Richard Wagner
- Oscar Wilde

42 **Wie nennt man ein Musikwerk meist religiösen Themas für Orchester, Chor und Solisten?**

- Oratorium
- Kantate
- Oper
- Sinfonie

37 Die Zwölftonmusik oder Dodekaphonie, eine Kompositionstechnik mit zwölf nur aufeinander bezogenen Tönen, wurde um 1920 von dem österreichischen Komponisten **Arnold Schönberg** entwickelt. Seine Schüler **Alban Berg** und **Anton von Webern** waren ebenfalls Vertreter der Zwölftonmusik. Der mit elektronischen Techniken arbeitende **Karlheinz Stockhausen** gilt als führender deutscher Komponist der Avantgarde.

38 Das letzte Album der Beatles aus dem Jahr 1970 war **Let It Be.** Mit ihm ging eine musikalische Ära zu Ende.
Help! erschien im Jahr 1965, **Abbey Road** stammt aus dem Jahr 1969. Die ebenfalls 1969 erschienene Langspielplatte **Let It Bleed** ist nicht von den Beatles, sondern von den Rolling Stones.

39 Titelheld **Lohengrin** der Oper von Richard Wagner verbietet mit besagten Worten Elsa von Brabant, nach seinem Namen und seiner Herkunft zu fragen.
Gleichfalls zu geflügelten Worten wurden die Sentenzen „Wie sich die Bilder gleichen" aus Puccinis **Tosca,** „O wie so trügerisch sind Weiberherzen" aus Verdis **Rigoletto** und „Auf in den Kampf, Torero" aus Bizets Oper **Carmen.**

40 Ein **Ringschlüssel** ist ein Schraubenschlüssel mit ringförmigem Kopf zum Anziehen und Lösen von Schrauben.
Bassschlüssel, Altschlüssel und **Violinschlüssel** sind Notenschlüssel, in der Notenschrift von den Tonbuchstaben abgeleitete Zeichen zu Beginn eines Liniensystems, die die Tonhöhe der aufgezeichneten Musik festlegen.

41 Das Libretto zu „Der fliegende Holländer" wurde - wie die Libretti seiner sämtlichen anderen Werke - von **Richard Wagner** selbst verfasst. **Hugo von Hofmannsthal** war der Verfasser des Librettos zum „Rosenkavalier" sowie zu zahlreichen weiteren Opern von Richard Strauss. Texte für Strauss-Opern schrieben auch **Stefan Zweig** („Die schweigsame Frau") und **Oscar Wilde** („Salome").

42 Eine Komposition mit geistlichem Inhalt für Orchester, Chor und Solisten ist ein **Oratorium.**
Von der **Kantate** unterscheidet sich das Oratorium durch größeren Umfang und komplexere Struktur, von der **Oper** durch die epische Grundhaltung und die fehlende szenische Anlage. Eine **Sinfonie** ist eine Komposition nur für Orchester.

43 **Welcher amerikanische Jazzmusiker galt als der „King of Swing“?**

- Count Basie
- Benny Goodman
- Glenn Miller
- Duke Ellington

44 **Welcher Komponist war kein Österreicher?**

- Mozart
- Schubert
- Haydn
- Brahms

45 **Giuseppe Verdi schrieb drei Opern, die auf Dramen von Shakespeare basieren. Welche zählt nicht dazu?**

- Macbeth
- Otello
- Don Carlos
- Falstaff

46 **Welcher Musiker spielte nicht bei den Rolling Stones?**

- Brian Jones
- Pete Best
- Mick Taylor
- Ron Wood

47 **Welches Instrument wird normalerweise in einem klassischen Orchester nicht eingesetzt?**

- Pikkoloflöte
- Basstuba
- Saxophon
- Englischhorn

48 **Der berühmte Triumphmarsch ist einer der Höhepunkte der Oper ...**

- Aida
- Der fliegende Holländer
- Nabucco
- Boris Godunow

43 Der Klarinettist **Benny Goodman** wird als der „King of Swing“ bezeichnet. Seine 1934 gegründete Bigband wurde zum erfolgreichsten Orchester in den USA und verhalf dem Jazz zu großer Popularität.
Der Pianist **Count Basie**, der Posaunist **Glenn Miller** und der Pianist **Duke Ellington** waren ebenfalls bedeutende Jazzmusiker und Bandleader der Swing-Ära.

44 Johannes **Brahms** wurde 1833 in Hamburg geboren, siedelte aber 1862 nach Wien über, wo er als freischaffender Komponist lebte.
Wolfgang Amadeus **Mozart** wurde in Salzburg, Franz **Schubert** in Lichtental bei Wien geboren. Joseph **Haydn** stammte aus Rohrau in Niederösterreich. Gestorben sind alle vier Komponisten in Wien.

45 Mit **Don Carlos** griff Verdi 1867 den Stoff des gleichnamigen Schauspiels von Friedrich Schiller auf.
Macbeth (1847) und **Otello** (1887) liegen die gleichnamigen Dramen von William Shakespeare zugrunde, die Oper **Falstaff** (1893) basiert auf der komischen Figur des Sir John Falstaff aus Shakespeares „Heinrich IV.“ und „Die lustigen Weibern von Windsor“.

46 **Pete Best** war kein Mitglied der Rolling Stones. Er war Schlagzeuger bei den Beatles, bis diese 1962 mit der Aufnahme von Richard Starkey alias Ringo Starr ihre endgültige Besetzung gefunden hatten.
Brian Jones war Gitarrist bei den Rolling Stones. Nach seinem Tod 1969 übernahm **Mick Taylor** seinen Part, der 1975 seinerseits von **Ron Wood** abgelöst wurde.

47 In einem klassischen Orchester nicht eingesetzt wird üblicherweise das **Saxophon.** Es spielt jedoch eine bedeutende Rolle im Jazz sowie in der Tanz- und Unterhaltungsmusik.
Zur Besetzung eines klassischen Orchesters gehören im Normalfall jeweils eine **Pikkoloflöte**, eine **Basstuba** und ein **Englischhorn.**

48 Mit dem Triumphmarsch werden in Verdis Oper **Aida** die siegreichen Truppen des Pharaos begrüßt.
Einer der Höhepunkte der Wagner-Oper **Der fliegende Holländer** ist der Matrosenchor, jener der ebenfalls von Verdi komponierten Oper **Nabucco** ist zweifellos der Gefangenenchor. Ein musikalisches Glanzlicht der Oper **Boris Godunow** von Mussorgskij ist die Zarenhymne.

SPRACHE UND LITERATUR

Die Sprache ist ein Mittel der Verständigung, der Kommunikation. Forscher schätzen, dass die menschliche Sprachfähigkeit etwa 40 000 Jahre alt ist; die Entstehung von Sprache ist aber bis heute wissenschaftlich nicht geklärt. Die Literatur entstand in den frühen Hochkulturen, etwa im 3. Jahrtausend v. Chr. in Babylonien und Ägypten. Im wörtlichen Sinn bezeichnet der Begriff zunächst einmal alles Geschriebene, im Wesentlichen wird Literatur aber als die „schöne“ Literatur, die Belletristik, begriffen.

1 **Wie wird ein Gedicht genannt, das aus zwei Vier- und zwei Dreizeilern besteht?**

- Sonett
- Terzine
- Limerick
- Ballade

2 **Mit welchen Worten beginnt die Ballade „Der Taucher“ von Friedrich Schiller?**

- Wer reitet so spät ...
- In einem kühlen Grunde ...
- Wer wagt es ...
- Es stand in alten Zeiten ...

3 **Welche der genannten Personen war kein Literat oder Schriftsteller?**

- E. T. A. Hoffmann
- Friedrich Hoffmann
- Hugo von Hofmannsthal
- Hoffmann von Fallersleben

4 **Welches literarische Werk stammt nicht von Fjodor Dostojewskij?**

- Krieg und Frieden
- Schuld und Sühne
- Der Idiot
- Die Brüder Karamasow

5 **Neben Goethe ist Schiller der wohl bedeutendeste deutsche Dichter. Welches war sein literarisches Erstlingswerk?**

- Kabale und Liebe
- Wilhelm Tell
- Demetrius
- Die Räuber

6 **Der Privatdetektiv Sam Spade ist eine literarische Erfindung von ...**

- Philip Marlowe
- Dashiell Hammett
- Raymond Chandler
- Eric Ambler

1 Die aus 14 Versen bestehende Gedichtform, die in zwei vier- und zwei dreizeilige Strophen gegliedert sind, wird **Sonett** genannt.
Eine **Terzine** ist ein Versmaß, ursprünglich eine Strophenform aus je drei elfsilbigen Versen. Ein **Limerick** ist ein englisches Versgedicht in fünf Zeilen komisch-grotesken Inhalts. In einer **Ballade** verbinden sich lyrische mit epischen und dramatischen Elementen.

2 **„Wer wagt es,** Rittersmann oder Knapp“ ist die erste Zeile von Schillers Ballade „Der Taucher“. Mit „**Wer reitet so spät** durch Nacht und Wind?“ beginnt Goethes „Erlkönig“. „**In einem kühlen Grunde**“ ist der Anfang von Eichendorffs „Das zerbrochene Ringlein“. Uhlands Ballade „Des Sängers Fluch“ beginnt mit „**Es stand in alten Zeiten** ein Schloss so hoch und hehr“.

3 **Friedrich Hoffmann** war Arzt und Chemiker. Auf ihn gehen die aus einem Teil Äther und drei Teilen Alkohol bestehenden Hoffmannstropfen zurück.
E. T. A. Hoffmann beeinflusste mit seinen fantastischen Novellen die Weltliteratur. **Hugo von Hofmannsthal** zählt als Lyriker und Dramatiker zu den bedeutendsten Vertretern des österreichischen Symbolismus. **Hoffmann von Fallersleben** dichtete den Text des Deutschlandlieds.

4 Der sechsbändige historische und geschichtsphilosophische Roman **Krieg und Frieden** über das Schicksal dreier Familien vor dem Hintergrund der Napoleonischen Kriege stammt von Lew Tolstoi.
Mit seinen psychologischen Romanen wie **Schuld und Sühne** oder **Der Idiot** hatte Fjodor Dostojewskij bedeutenden Einfluss auf die Weltliteratur. **Die Brüder Karamasow** ist sein letztes, die großen Themen seines Lebens zusammenfassendes Werk.

5 Schillers Erstlingswerk war **Die Räuber.** Es löste bei seiner Uraufführung in Mannheim 1782 Begeisterung und Tumulte aus.
Ebenfalls in Schillers Sturm-und-Drang-Zeit entstand das Drama **Kabale und Liebe. Wilhelm Tell** entstammt der Zeit der so genannten Weimarer Klassik. Schillers letztes Drama **Demetrius** blieb unvollendet.

6 Der Schöpfer der „hartgesottenen“ Detektivfigur Sam Spade war **Dashiell Hammett,** der Begründer eines durch harten Realismus gekennzeichneten Genres des Kriminalromans.
Der Privatdetektiv **Philip Marlowe** ist eine Erfindung von **Raymond Chandler,** der in der Nachfolge Hammetts psychologisch motivierte Kriminalgeschichten schrieb. **Eric Ambler** verfasste spannungsreiche Kriminal- und Spionageromane.

7 **Wie nennt man einen Beisatz oder eine Beiordnung eines erläuternden Satzgliedes?**

- Attribut
- Adjektiv
- Apposition
- Adverb

8 **Wer schrieb den Roman „Frankenstein"?**

- Bram Stoker
- Robert Stevenson
- Stephen King
- Mary Shelley

9 **Wie heißt die Muse der Komödiendichtung?**

- Kalliope
- Melpomene
- Thalia
- Euterpe

10 **Welcher Schriftsteller zählt nicht zu den Klassikern der Science-Fiction-Literatur?**

- Jules Verne
- J. R. R. Tolkien
- H. G. Wells
- Stanislaw Lem

11 **Ein weltberühmt gewordener Roman des irischen Schriftstellers James Joyce spielt am 16. Juni 1904 in Dublin. Wie heißt dieser Roman?**

- Der Einzelgänger
- Das Bildnis des Dorian Gray
- Ulysses
- Die Nacht nach dem Verrat

12 **Außer in Deutschland ist Deutsch in sechs anderen europäischen Ländern Amtssprache. Welches Land gehört nicht dazu?**

- Italien
- Luxemburg
- Belgien
- Frankreich

7 Ein Beisatz oder eine Beiordnung eines erläuternden Satzgliedes ist eine **Apposition.** Sie steht als Attribut im gleichen Kasus wie das Substantiv oder Pronomen, zu dem sie gehört („Adam, der erste Mensch").
Ein **Attribut** ist eine nähere Bestimmung, die einem Substantiv, einem **Adjektiv** (Eigenschaftswort) oder einem **Adverb** (Umstandswort) beigefügt ist.

8 Der 1818 erschienene dreibändige Schauerroman „Frankenstein, oder der moderne Prometheus" stammt aus der Feder der englischen Schriftstellerin **Mary Shelley.**
Der irische Schriftsteller **Bram Stoker** schrieb den Vampirroman „Dracula", der Schotte **Robert Stevenson** die Erzählung „Der seltsame Fall des Doktor Jekyll und des Herrn Hyde". Der amerikanische Schriftsteller **Stephen King** ist Verfasser zahlreicher fantastischer Horrorgeschichten.

9 Die Muse **Thalia** ist die Beschützerin der Komödiendichtung. Sie wird mit einer komischen Maske in der Hand dargestellt.
Kalliope ist die Muse des Epos und der Elegie, ihr Attribut ist die Schriftrolle. **Melpomene,** dargestellt mit tragischer Theatermaske und Keule, wacht über die Tragödie. **Euterpe** ist die Schutzherrin der lyrischen Dichtung; ihr Attribut ist die Doppelflöte.

10 **J. R. R. Tolkien** schrieb keine Science-Fiction. Sein „Herr der Ringe" wird dem Genre der Fantasyliteratur zugerechnet.
Die utopisch-technischen Abenteuerromane von **Jules Verne** („20 000 Meilen unterm Meer") stehen am Beginn der Science-Fiction, die von **H. G. Wells** („Der Krieg der Welten") maßgeblich beeinflusst wurde. Zu den bedeutendsten Science-Fiction-Autoren zählt auch **Stanislaw Lem** („Solaris").

11 Der Roman **Ulysses** von James Joyce umfasst neunzehn Stunden des 16. Juni 1904. In 18 Episoden erzählt Joyce die Erlebnisse und Gedanken des irischen Juden Leopold Bloom.
Die Romane **Der Einzelgänger, Das Bildnis des Dorian Gray** und **Die Nacht nach dem Verrat** stammen von Christopher Isherwood, Oscar Wilde und Liam O'Flaherty.

12 Auch wenn in **Frankreich** von rund einer Million Menschen Deutsch gesprochen wird, ist es dort keine Amtssprache.
In **Italien,** in der Provinz Bozen, ist Deutsch neben Italienisch Amtssprache, ebenso in **Luxemburg** neben Französisch und Luxemburgisch. In **Belgien** ist Deutsch neben Französisch und Niederländisch die dritte Amtssprache.

13 **„Die menschliche Komödie“ ist das Monumentalwerk der abendländischen Literatur. Wer war der Verfasser dieses Werks?**

- Dante Alighieri
- Honoré de Balzac
- William Saroyan
- John Galsworthy

14 **Die Familie Mann brachte bedeutende Schriftsteller hervor. Wer gehört nicht dazu?**

- Manfred Mann
- Thomas Mann
- Heinrich Mann
- Klaus Mann

15 **Welcher der folgenden in der Mathematik gängigen Begriffe hat in der Literatur- oder Sprachwissenschaft keine Bedeutung?**

- Parabel
- Ellipse
- Hyperbel
- Tangente

16 **Welche der genannten Personen zählt nicht zu den drei großen griechischen Tragödiendichtern?**

- Aristophanes
- Aischylos
- Sophokles
- Euripides

17 **Wie nennt man ein Kurzwort aus den Anfangsbuchstaben mehrerer Wörter, das zu einem eigenen Wort wird?**

- Anagramm
- Antonym
- Akronym
- Palindrom

18 **Welches Werk stammt nicht von dem französischen Komödiendichter Molière?**

- Tartuffe
- Der eingebildete Kranke
- Der Menschenfeind
- Cyrano de Bergerac

13 Der 91 Romane umfassende Zyklus „Die menschliche Komödie“ ist das Hauptwerk des französischen Schriftstellers **Honoré de Balzac.** **Dante Alighieri** war der Schöpfer der „Göttlichen Komödie“; ein ebenfalls mit „Menschliche Komödie“ betitelter Roman stammt aus der Feder des amerikanischen Schriftstellers **William Saroyan.** Der englische Schriftsteller **John Galsworthy** schrieb die „Moderne Komödie“.

14 **Manfred Mann,** aus Südafrika stammender Rockmusiker, wirkte mit seiner Gruppe „Manfred Mann's Earthband“ stilbildend auf die Rockmusik der 1970er-Jahre. Zum Hauptwerk des Literaturnobelpreisträgers **Thomas Mann** zählt der Roman „Die Buddenbrooks“, von seinem Bruder **Heinrich Mann** stammt der Roman „Professor Unrat“. **Klaus Mann,** Sohn von Thomas Mann, schrieb den Schlüsselroman „Mephisto“.

15 In der Geometrie ist eine **Tangente** eine Gerade, die eine Kurve in einem Punkt berührt. In der Literatur- oder Sprachwissenschaft hat der Begriff keine spezielle Bedeutung. In der Literatur ist eine **Parabel** eine bestimmte Form der Gleichniserzählung. Mit **Ellipse** wird in der Sprachwissenschaft das Weglassen eines Satzgliedes bezeichnet, eine **Hyperbel** ist die Übertreibung eines Ausdrucks.

16 **Aristophanes** war keiner der drei großen griechischen Tragiker. Er feierte vielmehr als Dichter von Komödien wie „Lysistrate“ oder „Die Vögel“ Erfolge.
Von **Aischylos** stammt die Tragödie „Sieben gegen Theben“, sein jüngerer Konkurrent **Sophokles** schrieb „Antigone“. Der jüngste der drei Tragödiendichter war **Euripides.** Zu seinen erhaltenen Werken zählt die Tragödie „Elektra“.

17 Ein Kurzwort aus den Anfangsbuchstaben mehrerer Wörter ist ein **Akronym,** beispielsweise UNO als Abkürzung von United Nations Organisation.
Ein **Anagramm** wird durch Umstellen der Buchstaben eines anderen Wortes gebildet. Ein **Antonym** ist ein Wort mit entgegengesetzter Bedeutung zu einem anderen, ein **Palindrom** eine Buchstaben- oder Wortfolge, die von vorne und hinten gelesen (den gleichen) Sinn ergibt.

18 **Cyrano de Bergerac** war Schriftsteller und Zeitgenosse Molières, das gleichnamige Bühnenstück stammt von Edmond Rostand.
Mit seinen Komödien – die berühmtesten sind **Tartuffe, Der eingebildete Kranke** und **Der Menschenfeind** – wollte Molière Missstände und menschliche Schwächen, Bigotterie und religiöse Heuchelei aufdecken.

19 **Einer der folgenden Begriffe bezeichnet keine der drei literarischen Hauptgattungen. Welcher ist es?**

- Lyrik
- Epik
- Prosa
- Dramatik

20 **Wie nennt man in der Verslehre ein Versmaß mit einer kurzen (unbetonten) und einer langen (betonten) Silbe?**

- Jambus
- Daktylus
- Trochäus
- Spondeus

21 **Welcher deutschsprachige Dramatiker prägte den Begriff des epischen Theaters?**

- Bertolt Brecht
- Peter Weiss
- Max Frisch
- Friedrich Dürrenmatt

22 **Welche Figur der griechischen Mythologie kommt in den Schauspielen Goethes nicht vor?**

- Helena
- Antigone
- Chiron
- Iphigenie

23 **Wie wird in der Sprachwissenschaft ein Wort wie „Du“ oder „Ich“ bezeichnet?**

- Prolegomenon
- Prädikat
- Partizip
- Pronomen

24 **Welcher Begriff bezeichnet keine der auf bis zu 5000 geschätzten Sprachen, die auf der Erde gesprochen werden?**

- Kyrilliza
- Panjabi
- Kannada
- Bahasa

19 **Prosa** ist die freie, nicht durch die Gesetze des Verses gebundene Sprachform.
Lyrik ist neben der **Epik**, der erzählenden Dichtung, und der **Dramatik**, der Bühnendichtung, die dritte literarische Hauptgattung. Lyrik wird oft als Synonym für gereimte Gedichte verstanden, jedoch gibt es auch Prosagedichte, wie auch epische oder dramatische Werke nicht nur in Prosa, sondern auch in Reimform verfasst sein können.

20 Das ursprünglich griechische Versmaß mit einer kurzen und einer langen Silbe heißt **Jambus.**
Das Versmaß mit einer langen und einer kurzen Silbe ist der **Trochäus.** Wenn eine lange, betonte von zwei kurzen, unbetonten Silben gefolgt wird, spricht man von einem **Daktylus.** Der **Spondeus** besteht aus zwei langen Silben.

21 Das epische Theater als eine erzählende Sonderform der Dramatik wurde in den 1920er-Jahren von **Bertolt Brecht** entwickelt und begründete seinen Weltruhm.
Peter Weiss führte in seinen Werken die Tradition des epischen Theaters fort. Auch die frühen Dramen von **Max Frisch** und die Schauspiele **Friedrich Dürrenmatts** lassen die Einflüsse Brechts und des epischen Theaters erkennen.

22 Der antike Mythos von **Antigone** wurde literarisch vielfach bearbeitet, unter anderem von Sophokles, Brecht und Anouilh, jedoch nicht von Goethe.
Helena und **Chiron** treten in „Faust. Der Tragödie II. Teil“ auf, **Iphigenie** ist die Titelheldin des Schauspiels „Iphigenie auf Tauris“.

23 „Du“ oder „Ich“ sind **Pronomen** oder Fürwörter, genauer gesagt Personalpronomen. Sie stehen stellvertretend für einen Namen oder ein Substantiv.
Ein **Prolegomenon** ist eine Einleitung oder eine Vorbemerkung. Das **Prädikat** ist in der Sprachwissenschaft die Satzaussage, jener Satzteil, der die Aussage über das Subjekt enthält. Ein **Partizip** ist ein Mittelwort wie „schlafend“.

24 **Kyrilliza** oder kyrillische Schrift ist die aus der griechischen Unzialschrift entstandene Schriftform der griechisch-orthodoxen Slawen.
Panjabi ist eine zur indogermanischen Sprachfamilie gehörende Regionalsprache im Punjab im Westen Indiens, **Kannada** eine im Süden Indiens gesprochene dravidische Sprache. **Bahasa** gehört zu den malaiopolynesischen Sprachen und ist Amtssprache in Indonesien und Malaysia.

25 **Einer der berühmtesten literarischen Detektive ist Simenons Kommissar Maigret. Wie heißt Maigret mit Vornamen?**

- Guido
- Hercule
- Jules
- Nero

26 **Bei welchen alljährlichen Festspielen wird Hugo von Hofmannsthals „Jedermann“ aufgeführt?**

- Bayreuth
- Salzburg
- Oberammergau
- Stratford-upon-Avon

27 **Welcher Schriftsteller lehnte 1964 den ihm zuerkannten Literaturnobelpreis ab?**

- Boris Pasternak
- Aleksandr Solschenizyn
- Salvatore Quasimodo
- Jean Paul Sartre

28 **Von welchem Dichter stammt das Schauspiel „Miß Sara Sampson“?**

- Ibsen
- Lessing
- Dickens
- Hugo

29 **Welcher Schriftsteller wird nicht zur Stilepoche der Romantik gerechnet?**

- E. T. A. Hoffmann
- Joseph von Eichendorff
- Clemens Brentano
- Adalbert Stifter

30 **Welcher der Romane stammt nicht von dem französischen Schriftsteller Alexandre Dumas père?**

- Die drei Musketiere
- Der Graf von Monte Christo
- Die Kameliendame
- Das Halsband der Königin

25 Die 1929 entstandene Figur des Kommissar Maigret, die seinem Schöpfer Georges Simenon literarischen Weltruhm einbrachte, heißt mit Vorname **Jules.**
Der Commissario in den in Venedig spielenden Kriminalromanen von Donna Leon heißt **Guido** Brunetti. **Hercule** und **Nero** sind die Vornamen der von Agatha Christie bzw. Rex Stout erdachten Privatdetektive Poirot und Wolfe.

26 Die Aufführung des „Jedermann" von Hugo von Hofmannsthal ist der Höhepunkt der Festspiele von **Salzburg.**
Bei den alljährlichen Festspielen in **Bayreuth** werden die Musikdramen von Richard Wagner aufgeführt. **Oberammergau** ist für seine seit 1634 alle zehn Jahre durchgeführten Passionsspiele bekannt. In **Stratford-upon-Avon** finden die Shakespeare-Festspiele statt.

27 Der französische Schriftsteller und Philosoph **Jean Paul Sartre** lehnte 1964 die Annahme des Nobelpreises für Literatur als „Vereinnahmung" ab.
Der russische Schriftsteller **Boris Pasternak** musste den Nobelpreis 1958 ablehnen, auch sein Landsmann **Aleksandr Solschenizyn** durfte ihn 1970 nicht persönlich entgegennehmen. **Salvatore Quasimodo**, einer der bedeutendsten modernen Lyriker Italiens, erhielt den Literaturnobelpreis 1959.

28 Mit „Miß Sara Sampson" wurde Gotthold Ephraim **Lessing** zum Begründer des bürgerlichen Trauerspiels.
Bekanntestes Drama von Henrik **Ibsen** ist „Nora oder Ein Puppenheim". Charles **Dickens** war kein Dramatiker; bekannt sind seine Romane „Oliver Twist" oder „David Copperfield". Victor **Hugo** wurde mit dem Roman „Der Glöckner von Notre-Dame" berühmt.

29 **Adalbert Stifter** war kein „Romantiker". Seine Werke (u. a. „Bunte Steine") werden dem poetischen Realismus zugerechnet.
E. T. A. Hoffmann („Die Elixiere des Teufels") und **Joseph von Eichendorff** („Aus dem Leben eines Taugenichts") sind dagegen Schriftsteller der Epoche der Romantik. **Clemens Brentano**, Vertreter der Heidelberger Romantik, gab zusammen mit Achim von Arnim die Volksliedsammlung „Des Knaben Wunderhorn" heraus.

30 **Die Kameliendame** stammt nicht von Alexandre Dumas père. Der Verfasser des Romans, der zur Vorlage für Verdis Oper „La Traviata" wurde, war sein Sohn, Alexandre Dumas fils.
Themen seines Vater waren hauptsächlich Episoden der französischen Geschichte, so **Die drei Musketiere**, **Der Graf von Monte Christo** oder **Das Halsband der Königin.**

31 **In welchem dieser Länder ist die kyrillische Schrift konventionell nicht gebräuchlich?**

- Georgien
- Bulgarien
- Makedonien
- Ukraine

32 **Welches am Anfang der Weltliteratur stehende Werk entstand in Ägypten?**

- Veda
- Gilgameschepos
- Sinuhe
- Ilias

33 **Welcher Politiker bekam den Nobelpreis für Literatur verliehen?**

- Theodore Roosevelt
- Winston Churchill
- Woodrow Wilson
- Andrej Sacharow

34 **Welche der Sprachen gehört nicht zur germanischen Sprachfamilie der indogermanischen Sprachen?**

- Litauisch
- Färöisch
- Jiddisch
- Afrikaans

35 **Welcher Schriftsteller gilt als der Vater der modernen Kriminalerzählung?**

- G. K. Chesterton
- Arthur Conan Doyle
- Edgar Allan Poe
- Edgar Wallace

36 **Einen Ausdruck wie „ein weißer Schimmel“ – die Bezeichnung einer Sache durch mehrere gleichbedeutende Ausdrücke – nennt man ...**

- Pleonasmus
- Oxymoron
- Homonym
- Tautologie

31 Von den genannten Ländern wird einzig in **Georgien** nicht kyrillisch, sondern vorwiegend lateinisch geschrieben.
Außer in **Bulgarien, Makedonien** und der **Ukraine** wird die kyrillische Schrift in Russland sowie in Serbien, Weißrussland, den ehemaligen Sowjetrepubliken Mittelasiens und der Mongolei verwendet.

32 **Sinuhe** war der Held einer um die Mitte des 20. Jahrhunderts v. Chr. entstandenen altägyptischen Erzählung.
Das um 1300 v. Chr. entstandene **Gilgameschepos** gilt als größtes literarisches Werk der Babylonier. Der **Veda** ist die älteste religiöse Literatursammlung der Inder, deren früheste Schriften aus dem ersten vorchristlichen Jahrtausend stammen. Die **Ilias** Homers aus dem 8. Jahrhundert v. Chr. ist das älteste erhaltene Großepos der europäischen Literatur.

33 Der britische Premierminister **Winston Churchill** erhielt 1953 den Literaturnobelpreis für sein sechsbändiges Geschichtswerk „Der Zweite Weltkrieg".
Die amerikanischen Präsidenten **Theodore Roosevelt** und **Woodrow Wilson** erhielten 1906 bzw. 1919 jeweils den Friedensnobelpreis. Der russische Friedensnobelpreisträger von 1975, **Andrej Sacharow**, war kein Politiker, sondern Atomphysiker und Bürgerrechtler.

34 **Litauisch** ist keine germanische Sprache, sondern gehört zusammen mit dem Lettischen zur baltischen Sprachfamilie.
Färöisch ist eine dem Isländischen verwandte Sprache, die auf den Färöer-Inseln gesprochen wird. **Jiddisch** entwickelte sich aus dem mittelalterlichen Deutsch und hat noch heute etwa fünf Millionen Sprecher. **Afrikaans** entstand in Südafrika aus niederländischen Dialekten des 17. Jahrhunderts.

35 Mit Erzählungen wie „Die Morde in der Rue Morgue" begründete **Edgar Allan Poe** die moderne Kriminalliteratur.
Arthur Conan Doyle war der geistige Vater von Sherlock Holmes, dessen Name zum Synonym für den Detektiv schlechthin wurde. **G. K. Chesterton** erschuf die Figur des Kriminalfälle lösenden Geistlichen Pater Brown. **Edgar Wallace** schrieb 170 viel gelesene und teilweise verfilmte Kriminalromane.

36 Ein durch Wiederholung sinngleicher Wörter gebildeter Ausdruck wird in der sprachlichen Stilistik **Tautologie** genannt.
Dient eine solche Wendung der rhetorischen Veranschaulichung, ist es ein **Pleonasmus.** Ein **Oxymoron** ist eine Verbindung von sich widersprechenden Gegensätzen wie „beredtes Schweigen". **Homonyme** sind gleiche Wörter unterschiedlicher Bedeutung, etwa „kosten" für „schmecken" oder „wert sein".

37 **In einem Wolkenkuckucksheim leben bedeutet mangelnden Bezug zur Realität haben. Auf wen geht dieser Begriff zurück?**

- Aristophanes
- Jonathan Swift
- Miguel de Cervantes
- Lewis Carroll

38 **Wie nennt man eine Sammlung von Gedichten oder Erzählungen?**

- Amphibolie
- Anthologie
- Annuarium
- Agenda

39 **Welche literarische Stilepoche umfasste den Zeitraum von etwa 1830 bis 1880?**

- Naturalismus
- Symbolismus
- Realismus
- Dekadenz

40 **Der Schriftsteller Samuel Langhorne Clemens wurde unter einem Künstlernamen berühmt. Wie nannte er sich?**

- Mark Twain
- George Orwell
- Tennessee Williams
- George Sand

41 **Welche der literarischen Formen gehört nicht zur Gattung der Epik?**

- Saga
- Ballade
- Novelle
- Fabel

42 **Welche der vier genannten Sprachen wird als Muttersprache am wenigsten häufig gesprochen?**

- Portugiesisch
- Französisch
- Japanisch
- Deutsch

37 Der Ausdruck Wolkenkuckucksheim geht auf die Komödie „Die Vögel“ von **Aristophanes** zurück und bezeichnet eine von Vögeln in der Luft gebaute Stadt - ein unrealistisches Unterfangen.
Jonathan Swift war der Autor von „Gullivers Reisen“. **Miguel de Cervantes** verfasste „Don Quijote“, von **Lewis Carroll** stammt „Alice im Wunderland“.

38 Eine Sammlung ausgewählter Gedichte oder kürzerer Prosastücke nennt man **Anthologie** oder auch Chrestomathie, wenn die Auswahl der schriftstellerischen Werke Lehrzwecken dient.
Unter **Amphibolie** versteht man einen Doppelsinn bzw. eine Zwei- oder Mehrdeutigkeit. Ein **Annuarium** ist ein Jahrbuch oder ein Kalender, eine **Agenda** ein Notizbuch oder ein Terminkalender.

39 Der literarische **Realismus** umfasste den Zeitraum von etwa 1830 bis 1880.
Der Realismus wurde ab etwa 1870 von der bis 1900 dauernden Stilrichtung des **Naturalismus** abgelöst. Zur gleichen Zeit entwickelte sich der **Symbolismus,** der realistische und naturalistische Tendenzen in der Literatur ablehnte. Um 1880 entstand aus dem Bewusstsein des kulturellen Verfalls die Stilrichtung der **Dekadenz.**

40 Samuel Langhorne Clemens ist unter dem Pseudonym **Mark Twain** bekannt. Seinen Ruhm begründete er mit grotesken, trockenwitzigen Skizzen, Humor und Spottlust.
George Orwell hieß eigentlich Eric Arthur Blair, Thomas Lanier Williams nannte sich **Tennessee Williams.**
George Sand war das Pseudonym der französischen Schriftstellerin Aurore Dupin, verheiratete Baronin Dudevant.

41 Die **Ballade** gehört nicht zur Epik. Auch wenn sie eine epischlyrische Mischform darstellt, wird sie im Allgemeinen zur Lyrik gerechnet.
Zur Epik, der erzählenden Dichtung, zählen die **Saga,** eine skandinavische Prosaerzählung des Mittelalters, die **Anekdote,** eine skizzenhaft pointierte Erzählung, und die **Fabel,** eine meist kurze Erzählung, in der Tiere menschliche Verhaltensweisen und Eigenschaften verkörpern.

42 Als Muttersprache wird **Französisch** von etwa 100 Millionen Menschen gesprochen und ist damit die am wenigsten häufige der vier Sprachen.
Portugiesisch ist für insgesamt 140 Millionen Menschen Muttersprache, **Japanisch** sprechen 120 Millionen. **Deutsch** als Muttersprache wird von etwa 110 Millionen Menschen gesprochen.

43 **Aus welchem Schauspiel von Friedrich Schiller stammt das Zitat „Die Axt im Hause erspart den Zimmermann"?**

- Wallensteins Tod
- Die Jungfrau von Orleans
- Maria Stuart
- Wilhelm Tell

44 **Wie heißt in der Sprachwissenschaft der Bereich der Grammatik, der sich mit dem Bau und der Gliederung des Satzes beschäftigt?**

- Semiotik
- Phonemik
- Syntax
- Semantik

45 **Die in Estland gesprochene Sprache, das Estnische, gehört zu den ...**

- baltischen Sprachen
- slawischen Sprachen
- keltischen Sprachen
- finnougrischen Sprachen

46 **Wer schrieb den weltweit beachteten Roman „Doktor Schiwago"?**

- Lew Tolstoi
- Maxim Gorki
- Alexander Puschkin
- Boris Pasternak

47 **Welcher der folgenden Begriffe bezeichnet keine Welthilfssprache?**

- Volapük
- Ibo
- Esperanto
- Occidental

48 **Alphabete unterscheiden sich außer in den Buchstabensymbolen in der Anzahl der Schriftzeichen. Die meisten Schriftzeichen hat das ...**

- kyrillische Alphabet
- germanische Runenalphabet
- griechische Alphabet
- lateinische Alphabet

43 Mit den Worten „Die Axt im Hause erspart den Zimmermann“ (III. Aufzug, 1. Auftritt) beschließt **Wilhelm Tell** seine Arbeit am Hoftor.
Aus **Wallensteins Tod** stammt u. a. „Daran erkenn’ ich meine Pappenheimer“, „Mit der Dummheit kämpfen Götter selbst vergebens“ aus **Die Jungfrau von Orleans.** „Ich bin besser als mein Ruf“, sagt **Maria Stuart** in Schillers gleichnamigem Schauspiel.

44 Der Teil der Grammatik, der sich mit Bau und Gliederung des Satzes beschäftigt, heißt Satzlehre oder **Syntax.**
Die **Semiotik** untersucht den Zeichencharakter einer Sprache, die **Phonemik** befasst sich mit der Erforschung der Funktion der Sprachlaute. Die **Semantik** als Teilgebiet der Semiotik ist die Lehre von den Bedeutungen und von der Beziehung der Zeichen zum gemeinten Objekt.

45 Auch wenn Estland zum Baltikum zählt, gehört die estnische Sprache zu den **finnougrischen Sprachen;** sie ist mit dem Finnischen und Ungarischen verwandt.
Lettisch und Litauisch sind dagegen **baltische Sprachen. Slawische Sprachen** sind Russisch, Polnisch, Ukrainisch u. a., **keltische Sprachen** Bretonisch, Irisch, Walisisch und Gälisch.

46 Der Roman „Doktor Schiwago“ stammt von **Boris Pasternak,** der 1958 dafür den Literaturnobelpreis erhielt, diesen jedoch nicht annehmen durfte.
Bekanntestes Werk von **Lew Tolstoi** ist „Krieg und Frieden“, **Maxim Gorki** errang mit dem Drama „Nachtasyl“ Weltgeltung. **Alexander Puschkin** gilt als der Schöpfer der russischen Literatursprache, sein Hauptwerk ist der Versroman „Eugen Onegin“.

47 **Ibo** ist keine Welthilfssprache, sondern die zu den Kwa-Sprachen gehörende Sprache des im Südosten Nigerias lebenden Volkes gleichen Namens.
Ibo sollte nicht mit Ido verwechselt werden – Letztere ist eine der künstlichen Welthilfssprachen, zu denen auch **Volapük, Esperanto** und **Occidental** gehören.

48 Das russische oder **kyrillische Alphabet** hat 33 Schriftzeichen. Das **germanische Runenalphabet** und das **griechische Alphabet** bestehen aus jeweils 24 Schriftzeichen. Das **lateinische Alphabet** hat 26 Buchstaben, doch gibt es eine ganze Reihe landes- bzw. sprachtypischer Besonderheiten, die die jeweiligen Alphabete ergänzen.

49 **Welcher der folgenden Begriffe lässt sich nicht mit einem Kinderbuch von Astrid Lindgren in Verbindung bringen?**

- Blomquist
- Ronja
- Momo
- Saltkrokan

50 **Die Verslehre bezeichnet die Wiederkehr gleicher Anfangslaute aufeinander folgender Wörter in einem Vers als Stabreim oder ...**

- Alliteration
- Binnenreim
- Kehrreim
- Aphorismus

51 **Welcher der Romane stammt nicht von Heinrich Böll?**

- Haus ohne Hüter
- Deutschstunde
- Billard um halb zehn
- Gruppenbild mit Dame

52 **Welche Bedeutung hat der Begriff Idiom nicht?**

- Sprechweise
- Mundart
- Redewendung
- Wortschatz

53 **Wer schrieb das Revolutionsdrama „Dantons Tod“?**

- Pierre Corneille
- Eugène Ionesco
- Georg Büchner
- Samuel Beckett

54 **Giacomo Girolamo Casanova war schon zu Lebzeiten eine berühmte Persönlichkeit. Als was war er nicht bekannt, als ...**

- Schriftsteller
- Frauenheld
- Abenteurer
- Diplomat

49
Momo ist der Titel einer fantastischen Erzählung von Michael Ende. Der Meisterdetektiv Kalle **Blomquist** ist der Titelheld mehrerer Kinderbücher von Astrid Lindgren. Die Bücher „**Ronja** Räubertochter" und „Ferien auf **Saltkrokan**" sind ebenfalls Werke der schwedischen Schriftstellerin.

50
Der Stabreim wird in der Verslehre auch als **Alliteration** bezeichnet. Im Alliterationsvers der altgermanischen Sprachen ist er die älteste Form der Versbindung.
Unter **Binnenreim** versteht man den Gleichklang des Auslautes mehrerer Wörter innerhalb einer Verszeile, ein **Kehrreim** ist ein meist am Strophenende wiederkehrender Versteil. Ein **Aphorismus** ist ein prägnant formulierter Satz, der eine überraschende Erkenntnis vermittelt.

51
Der Roman **Deutschstunde** stammt von dem Schriftsteller Siegfried Lenz.
In **Haus ohne Hüter** schilderte Böll die soziale Not im Nachkriegsdeutschland, die Romane **Billard um halb zehn** und **Gruppenbild mit Dame** waren breiter angelegte Zeitdarstellungen der Bundesrepublik in den 1950er- und 1960er-Jahren.

52
Der **Wortschatz** einer Sprache ist die Lexik, der eines bestimmten Bereichs oder einer Person ist das Vokabular.
Idiom bezeichnet zum einen die einer sozialen oder landschaftlichen Gruppe eigentümliche **Sprechweise**, beispielsweise deren Jargon oder **Mundart**. Zum anderen wird eine zur **Redewendung** gewordene feststehende Wortverbindung Idiom genannt.

53
Der Autor der Tragödie über den Tod des französischen Revolutionärs Danton war **Georg Büchner**. **Pierre Corneille** schrieb das Drama über den spanischen Nationalhelden „Der Cid". Er war schon mehr als hundert Jahre tot, als Danton 1794 hingerichtet wurde. **Eugène Ionesco** und **Samuel Beckett** waren die Hauptvertreter des absurden Theaters.

54
Zur Legende als Liebhaber und **Frauenheld** wurde Casanova erst als Gestalt zahlreicher literarischer Werke, u. a. von Hugo von Hofmannsthal.
Seine berühmten Memoiren machten ihn schon zu seinen Lebzeiten als **Schriftsteller** bekannt. In Venedig eingekerkert, gelang dem **Abenteurer** als Erster die Flucht aus den berüchtigten Bleikammern. Als **Diplomat** bereiste Casanova ganz Europa.

55 **Welches literarische Werk stammt von dem französischen Schriftsteller Jules Verne, die ...**

- Reise zum Parnaß
- Reisen mit meiner Tante
- Reise Urians
- Reise um die Erde in 80 Tagen

56 **Aus welchem Schauspiel stammen die Worte „Der Rest ist Schweigen“?**

- Hamlet
- Die Jungfrau von Orleans
- Die Räuber
- Faust II

57 **Welcher der Begriffe hat nichts mit der Dramaturgie der griechischen Tragödie zu tun?**

- Teichoskopie
- Chor
- Liturgie
- Peripetie

58 **Die beiden Landstreicher in Samuel Becketts Theaterstück „Warten auf Godot“ heißen Wladimir und ...**

- Estragon
- Quendel
- Portulak
- Ysop

59 **Auf welcher griechischen Insel wirkte Sappho, die bedeutendste Lyrikerin der Antike?**

- Samos
- Lesbos
- Rhodos
- Paros

60 **Wie heißt das Werk von Friedrich Dürrenmatt, das sich mit der Verantwortung des Wissenschaftlers auseinander setzt?**

- Homo Faber
- Der Prozeß
- Die Zeitmaschine
- Die Physiker

55 **Die Reise um die Erde in 80 Tagen** ist einer der bekanntesten utopischen Abenteuerromane von Jules Verne.
Die **Reise zum Parnaß** ist ein episches Gedicht von Miguel de Cervantes Saavedra. Den ironischen Roman **Die Reisen mit meiner Tante** schrieb Graham Greene. Die **Reise Urians** ist ein fiktives Reisetagebuch von André Gide.

56 „Der Rest ist Schweigen“ sind die letzten Worte von **Hamlet** in Shakespeares gleichnamigem Drama.
Schillers **Die Jungfrau von Orleans** endet mit Johannas Worten „Kurz ist der Schmerz, und ewig ist die Freude“, Schillers **Die Räuber** mit Karl Mohrs „Dem Manne kann geholfen werden“. Der Chorus mysticus beschließt Goethes **Faust II** mit „Das Ewig-Weibliche zieht uns hinan“.

57 Mit **Liturgie** wird im christlichen Sprachgebrauch Form und Inhalt der gottesdienstlichen Feier bezeichnet.
Die **Teichoskopie** ist ein synchroner Bericht, mit dem im antiken Drama nicht sichtbare Szenen auf der Bühne vergegenwärtigt wurden.
Der **Chor** mit 12 bis 15 Sängern repräsentierte in der griechischen Tragödie das Volk als Ganzes.
Peripetie ist der Umschlag oder Wendepunkt der dramatischen Handlung.

58 Die beiden Landstreicher heißen Wladimir und **Estragon.** Der Titel von Becketts „Warten auf Godot“, einem der wichtigsten Stücke des absurden Theaters, wurde zum geflügelten Wort für das endlose und vergebliche Warten auf eine Begegnung, die nicht stattfindet.
Quendel, Portulak und **Ysop** sind Gewürzkräuter, genauso wie auch Estragon.

59 Sappho, die auf **Lesbos** lebte und wirkte, gilt mit ihrer in äolischem Dialekt geschriebenen Dichtung als die überragende Lyrikerin des Altertums.
Aus **Samos** stammt der Dichter Asklepiades, Verfasser meist erotischer Epigramme. Apollonios von **Rhodos** beeinflusste mit seinem Epos „Argonautika“ stark die römische Literatur. Archilochos, der älteste Lyriker der Griechen, lebte auf **Paros** und schrieb Spottverse und Gedichte.

60 Die Tragikomödie **Die Physiker** zeigt die Ausweglosigkeit des Wissenschaftlers, der sich weder seiner sittlichen Verantwortung entziehen noch den Missbrauch seiner Entdeckungen verhindern kann.
Homo Faber und **Der Prozeß** sind Romane von Max Frisch bzw. Franz Kafka. Der utopisch-fantastische Roman **Die Zeitmaschine** stammt von H. G. Wells.

FREMDWÖRTER, REDENSARTEN, ZITATE

Ein Fremdwort ist ein aus einer fremden Sprache übernommenes Wort, das sich in Schreibung, Lautung und Flexion der aufnehmenden Sprache nicht angepasst hat. An Fremdwörtern lassen sich kulturelle Einflüsse ablesen, die auf einen Sprachraum eingewirkt haben.
Jede Sprache besitzt ihre eigenen Redensarten. Viele sind schon sehr alt und gehen auf Bräuche und Vorstellungen zurück, die wir gar nicht mehr kennen. Wenn wir trotzdem verstehen, was damit gemeint ist, so deswegen, weil wir diese Redensarten als Teil unserer Muttersprache gelernt haben.
Ein Zitat – die wortwörtliche Ausführung einer Wendung, eines Satzes, Verses usw. – kann durch einen breiten Bekanntheitsgrad zu einem geflügelten Wort werden.

1 **Welche der sprichwörtlichen Passagen stammt nicht aus Schillers „Lied von der Glocke“?**

- Das Auge des Gesetzes
- Da werden Weiber zu Hyänen
- Die ich rief die Geister
- Doch der Segen kommt von oben

2 **Das aus dem Griechischen stammende Wort priapisch bedeutet ...**

- vorbereitend
- säulenförmig
- unzüchtig
- vorbeugend

3 **Von welchem antiken Feldherrn soll der zum geflügelten Wort gewordene Ausspruch „Vae victis!“ („Wehe den Besiegten!“) stammen?**

- Brennus
- Octavianus
- Caesar
- Martial

4 **Mit welchem Wort bezeichnet der Mediziner einen Gedächtnisverlust?**

- Anämie
- Anosmie
- Anamnese
- Amnesie

5 **Was hat jemand, der einen über den Durst getrunken hat, nicht notwendigerweise?**

- den Kanal voll
- einen Frosch im Hals
- schwer getankt
- einen Affen sitzen

6 **Wenn etwas transluzent ist, dann ist es ...**

- durchscheinend
- übersinnlich
- übertragbar
- vorübergehend

1

Die ich rief die Geister ist ein Zitat aus Goethes Ballade „Der Zauberlehrling". Es wird gebraucht, wenn eine Entwicklung, die man selbst eingeleitet hat, außer Kontrolle geraten ist.
Das Auge des Gesetzes als Bezeichnung für die Polizei sowie **Da werden Weiber zu Hyänen** und **Doch der Segen kommt von oben** sind aus Schillers „Lied von der Glocke".

2

Das sich von dem spätgriechisch-römischen Fruchtbarkeitsgott Priapus ableitende Wort priapisch oder priapeisch bedeutet **unzüchtig.**
Ein Fremdwort für **vorbereitend** ist propädeutisch, für **säulenförmig** prismatisch. Der Mediziner nennt **vorbeugend** oder verhütend prophylaktisch.

3

Der Satz „Vae victis!" wird **Brennus** zugeschrieben. Brennus war der Führer der keltischen Senonen, die 387 v. Chr. die Römer in der Schlacht von Allia vernichtend schlugen.
Von **Octavianus,** dem Adoptivsohn **Caesars** und späteren Kaiser Augustus, stammt der Ausspruch „Legiones redde" („Gib mir meine Legionen wieder"). **Martial** war seinem Namen zum Trotz kein Feldherr, sondern ein römischer Dichter.

4

Ein vorübergehender oder dauernder, partieller oder völliger Gedächtnisverlust wird in der Medizin **Amnesie** genannt.
Anämie ist die Blutarmut infolge einer Verminderung der roten Blutkörperchen oder des Blutfarbstoffs Hämoglobin. **Anosmie** ist der Verlust des Geruchsinns. Unter **Anamnese** versteht der Arzt die Vorgeschichte einer Krankheit.

5

Umgangssprachlich bedeutet **einen Frosch im Hals** haben heiser sein oder Sprechprobleme haben.
Der Volksmund nennt den Zustand der (Voll-)Trunkenheit **den Kanal voll** oder **schwer getankt haben,** und ein Betrunkener hat **einen Affen sitzen.**

6

Wenn etwas nicht völlig durchsichtig oder transparent ist, sondern nur **durchscheinend,** wird es als transluzent bezeichnet; jedoch wird zwischen transluzent und transparent nicht immer streng unterschieden.
Übersinnlich wird auch als transzendent, **übertragbar** oder umwechselbar als transferabel bezeichnet. Ein Fremdwort für **vorübergehend** ist transitorisch.

7 **In einer Hierarchie wird jeder so lange befördert, bis er das Niveau seiner Inkompetenz erreicht hat. Wie heißt diese Erkenntnis?**

- Joffes Theorem
- Murphys Gesetz
- Finagles Gesetz
- Peter-Prinzip

8 **Wie wird eine Ausstellungsstück in einem Museum genannt?**

- Exposition
- Exponat
- Exhibition
- Exponent

9 **Welcher der genannten Begriffe lässt sich im weiteren Sinne nicht mit „Verbindung“ übersetzen?**

- Korporation
- Junktim
- Konstitution
- Mesalliance

10 **Was verbirgt sich hinter dem Begriff Basilika, ein ...**

- Gewürzkraut
- Kirchenbau
- Fabeltier
- Reptil

11 **Einen Gegner oder Widersacher nennt man auch ...**

- Aggressor
- Agitator
- Autokrat
- Antagonist

12 **Welche Redensart steht nicht für „abhauen“ oder „die Flucht ergreifen“?**

- Fersengeld geben
- das Hasenpanier ergreifen
- flügge werden
- die Kurve kratzen

7 Die Erkenntnis, dass ein Mensch so weit aufsteigt, bis er sein Inkompetenzniveau erreicht hat, heißt **Peter-Prinzip.**
Joffes Theorem besagt, dass man sich das Bein stets auf der letzten Abfahrt bricht. **Finagles** Gesetz zufolge stimmt etwas nicht, wenn ein Experiment gelingt. **Murphys Gesetz** sagt, dass was schief gehen kann, auch schief geht.

8 Ein Schaustück in einem Museum oder bei einer Ausstellung ist ein **Exponat.**
Die Ausstellung selbst ist eine **Exposition,** doch kann das Wort auch Einleitung, Darlegung oder Erörterung bedeuten. **Exhibition** bedeutet Zurschaustellung und wird meist im Zusammenhang mit einer öffentlichen unzüchtigen Handlung gebraucht. Ein **Exponent** ist eine Hochzahl oder ein herausragender Vertreter einer Gruppe.

9 Der Begriff **Konstitution** hat auch im weiteren Sinne nichts mit „Verbindung“ zu tun, sondern bezeichnet eine körperliche bzw. gesetzliche Verfassung oder eine Satzung.
Eine **Korporation** ist eine Studentenverbindung, ein **Junktim** eine Verbindung zwischen Verträgen oder Gesetzesvorlagen. Eine nicht ebenbürtige Verbindung, etwa eine nicht standesgemäße Ehe, wird als **Mesalliance** bezeichnet.

10 In der Antike ursprünglich eine lang gestreckte Gerichts- oder Markthalle, wurde die Basilika die im Abendland vorherrschende Grundform des **Kirchenbaus.**
Ein ähnlich klingendes **Gewürzkraut** ist das Basilikum. Ein Basilisk ist ein mittelalterliches **Fabeltier,** ein Mischwesen aus Drache und Hahn mit tödlichem Blick, oder ein **Reptil** aus der zu den Leguanen gehörenden Gattung der Basilisken.

11 Ein **Antagonist** ist ein Feind oder Widersacher, in der Literatur oder im Film auch der Gegenspieler des Hauptthelden, des Protagonisten. **Aggressor** ist ein anderes Wort für Angreifer, ein **Agitator** ist ein meist politischer Propagandist oder Aufwiegler. Unter **Autokrat** versteht man einen diktatorischen Alleinherrscher oder – im übertragenen Sinn – einen selbstherrlichen Menschen.

12 Der Ausdruck **flügge werden** wird im Sinne von „anfangen, selbstständig zu werden“ gebraucht. Er leitet sich von den ersten Flugversuchen der Jungvögel ab.
Fersengeld geben oder **das Hasenpanier ergreifen** bedeutet die Flucht ergreifen, **die Kurve kratzen** wird häufig auch für „weggehen“ oder „verschwinden“ gebraucht.

13 **Welcher Begriff hat nichts mit Zweigeschlechtlichkeit oder Zwittrigkeit zu tun?**

- Aphrodisie
- Gynandrie
- Androgynie
- Hermaphroditismus

14 **Was bedeutet die auf das Lateinische zurückgehende Abkürzung „i. e."?**

- Beispielsweise
- das heißt
- und so weiter
- umgekehrt

15 **Bei welchem Begriff darf man nicht mit einem Preisnachlass rechnen?**

- Dekort
- Rabatt
- Skonto
- Disagio

16 **Wer etwas nicht begreift ...**

- steht im Nebel
- geht in die Binsen
- fällt auf den Bauch
- setzt sich in die Nesseln

17 **Welche auf den römischen Dichter Lukrez zurückgehende Redensart bedeutet sinngemäß „Von nichts kommt nichts"?**

- Cum tacent, clamant
- Ex nihilo nihil fit
- Aut Caesar aut nihil
- Manus manum lavat

18 **Unter dem Begriff Ambivalenz versteht man ...**

- Gleichwertigkeit
- Mehrdeutigkeit
- Zwiespältigkeit
- Gleichartigkeit

13 **Aphrodisie** ist die krankhaft gesteigerte geschlechtliche Erregbarkeit.
Die Scheinzwittrigkeit durch Auftreten von Merkmalen des anderen Geschlechts wird **Gynandrie** genannt. **Androgynie** ist das Auftreten männlicher und weiblicher Körpermerkmale bei einer Person. Beim **Hermaphroditismus** hat ein Mensch oder Tier Geschlechtsmerkmale beider Geschlechter.

14 „i. e.“, die Abkürzung von id est, ist gleichbedeutend mit „d. h.“, der deutschen Abkürzung von **das heißt.**
Beispielsweise heißt im Lateinischen exempli gratia, abgekürzt „e. g.“. Für die deutsche Abkürzung usw. - **und so weiter** - steht „etc.“ (et cetera). „v. v.“ für vice versa bedeutet **umgekehrt.**

15 **Disagio** bedeutet zwar Abschlag, ist jedoch kein Preisnachlass - im Gegenteil. So ist bei einem Darlehen das Disagio die Differenz zwischen (zurückzuzahlendem) Nennbetrag und Auszahlungsbetrag. **Dekort** ist ein Abzug vom Rechnungsbetrag aufgrund von Mängeln. **Rabatt** ist ganz allgemein ein Preisnachlass, ein Barzahlungsrabatt wird **Skonto** genannt.

16 Wer etwas nicht begreift oder etwas nicht durchschaut, **steht im Nebel.**
Etwas, das kaputt geht oder misslingt, **geht in die Binsen.** Wer in einer Angelegenheit scheitert, **fällt auf den Bauch,** und wer eine Taktlosigkeit, einen Fauxpas begeht, **setzt sich in die Nesseln.**

17 **Ex nihilo nihil fit** heißt frei übersetzt „Von nichts kommt nichts“. Der Ausspruch Ciceros **Cum tacent, clamant** heißt wörtlich „Indem sie schweigen, rufen sie laut“ und wird im Sinne von stillschweigendem Einverständnis verwendet. **Aut Caesar aut nihil** - Entweder Caesar oder nichts (d.h. alles oder nichts) - war die Maxime von Cesare Borgia. **Manus manum lavat** (Eine Hand wäscht die andere) geht auf den Philosophen Seneca zurück.

18 Ambivalenz ist die **Zwiespältigkeit,** häufig im Zusammenhang mit Gefühlen oder Bestrebungen gebraucht.
Gleichwertigkeit heißt Äquivalenz. Ein anderes für Wort für **Mehrdeutigkeit** bei Wörtern, Symbolen und Sachverhalten ist Ambiguität. Die **Gleichartigkeit,** Übereinstimmung oder auch Ähnlichkeit von Verhältnissen nennt man Analogie.

19 **Wem werden die letzten Worte „Welch ein Künstler geht mit mir zugrunde!“ zugeschrieben?**

- Caesar
- Picasso
- Goethe
- Nero

20 **Welche Wortfügung bezeichnet kein Ärgernis?**

- Faust aufs Auge
- Rotes Tuch
- Stein des Anstoßes
- Dorn im Auge

21 **Wie nennt man das Rückstrahlvermögen von nicht selbst leuchtenden, diffus reflektierenden Oberflächen?**

- Albion
- Albedo
- Albino
- Albumen

22 **Mit welchem der vier Paarbegriffe ist nichts Unvermeidliches gemeint?**

- weit und breit
- über kurz oder lang
- früher oder später
- wohl oder übel

23 **Die folgenden vier Begriffe bedeuten im weiteren Sinne „Vereinigung“. Welcher von ihnen wird in der Mathematik verwendet?**

- Assoziation
- Konföderation
- Adjunktion
- Kongregation

24 **Was kann man von einem bornierten Menschen nicht unbedingt sagen? Er hat …**

- Scheuklappen an
- Grillen im Kopf
- ein Brett vor dem Kopf
- einen Schlag weg

19
„Welch ein Künstler geht mit mir zugrunde!“ soll der römische Kaiser **Nero** gesagt haben, bevor er sich angesichts seiner drohenden Festnahme von seinem Sekretär töten ließ.
Caesars letzte Worte „Auch du, mein Sohn Brutus?“ sind historisch nicht zweifelsfrei verbürgt, ebenso jene von **Goethe** „Mehr Licht!“.
„Die Malerei muss erst noch erfunden werden“ waren die letzten Worte **Picassos.**

20
Wenn etwas passt wie die **Faust aufs Auge,** handelt es sich um etwas Widersprüchliches, Unpassendes oder Geschmackloses; ein Ärgernis muss es nicht notwendigerweise sein.
Ein **Rotes Tuch,** auf den Stierkampf zurückgehend, der **Stein des Anstoßes** und ein **Dorn im Auge,** beides Bilder aus der Bibel, bezeichnen Ursachen für Verärgerung oder Ärgernisse selbst.

21
Das Verhältnis von abgestrahltem zu einfallendem Licht von einer diffus reflektierenden, d. h. nicht spiegelnden Oberfläche ist die **Albedo.**
Albion ist ein meist dichterisch gebrauchter älterer Name für Britannien. Ein **Albino** ist ein Mensch oder ein Tier mit fehlenden Farbpigmenten. Mit **Albumen** wird in Biologie und Medizin allgemein ein Eiweißstoff bezeichnet.

22
Weit und breit bedeutet überall oder in einem weiten Umkreis.
Mit **über kurz oder lang** und **früher oder später** wird etwas zeitlich Ungewisses, aber Unvermeidliches ausgedrückt. **Wohl oder übel** bezeichnet etwas willentlich nicht Vermeidbares.

23
In der mathematischen Logik ist eine **Adjunktion** die Vereinigung oder Verknüpfung zweier oder mehrerer Aussagen.
Unter einer **Assoziation** versteht man ganz allgemein eine Vereinigung oder einen Zusammenschluss; der Begriff wird aber auch in der Statistik verwendet. Eine **Konföderation** ist eine Vereinigung oder ein Bündnis von Staaten, eine **Kongregation** eine kirchliche Vereinigung mit bestimmten Aufgaben.

24
Grillen im Kopf hat jemand mit abstrusen, unrealistischen Vorstellungen.
Von einem bornierten Menschen sagt man, er habe **Scheuklappen an** oder **ein Brett vor dem Kopf.** Wer **einen Schlag weg** hat, ist nicht nur borniert, sondern darüber hinaus nur mit einigermaßen beschränkten geistigen Fähigkeiten gesegnet.

25 **Welche Redewendung geht nicht auf Gaius Julius Caesar zurück?**

- Den Rubikon überschreiten
- Der Würfel ist gefallen
- Und sie bewegt sich doch
- Ich kam, ich sah, ich siegte

26 **Welche Wendung wird im Sinne von „seine Fähigkeiten gut nutzen“ gebraucht?**

- Mit den Wölfen heulen
- Mit dem Strom schwimmen
- Mit dem Wind segeln
- Mit seinen Pfunden wuchern

27 **Der Gegensatz von Altruismus ist ...**

- Egoismus
- Enthusiasmus
- Narzissmus
- Idealismus

28 **Wer nicht unter Geldmangel leidet, ist ...**

- blank
- klamm
- abgebrannt
- flüssig

29 **Welcher der folgenden Begriffe hat nicht die Bedeutung von „Satzung“?**

- Konstitution
- Konvent
- Statut
- Reglement

30 **Was bezeichnet der aus dem Japanischen stammende Ausdruck „Seppuku“?**

- Kniefall
- Tod durch Überarbeitung
- Teezeremonie
- Selbstmord

25 **Und sie bewegt sich doch** soll Galileo Galilei als trotziges Schlusswort nach dem Inquisitionsprozess gesagt haben, bei dem er dem heliozentrischen Weltbild abschwören musste.
Den Rubikon überschreiten geht auf Caesar zurück. Bevor er mit seinem Heer den Fluss in Oberitalien überschritt, sprach er die Worte **Der Würfel ist gefallen.** Mit **Ich kam, ich sah, ich siegte** beschrieb Caesar seinen Blitzsieg gegen Pharnakes II. bei Zela.

26 Die auf die Bibel zurückgehende Redensart **Mit seinen Pfunden wuchern** bedeutet seine Begabungen und Anlagen gut und erfolgreich einsetzen.
Die Wendungen **Mit den Wölfen heulen, Mit dem Strom schwimmen** und **Mit dem Wind segeln** haben im Wesentlichen die gleiche Bedeutung: sich anpassen.

27 Altruismus bedeutet Selbstlosigkeit oder Uneigennutz. Der Gegensatz davon ist **Egoismus** – Selbstsucht oder Eigennutz.
Enthusiasmus meint Begeisterung, Leidenschaft oder Schwärmerei, **Narzissmus** ist ein Ausdruck für Eigenliebe, Selbstbezogenheit oder Eitelkeit. **Idealismus** kann Selbstlosigkeit, aber auch Hingabe oder mangelnder Realismus bedeuten.

28 Wer nicht unter Geldmangel leidet, ist umgangssprachlich **flüssig.** Die Wendung lässt sich auf das Bankwesen zurückführen, wo liquide – flüssig – zahlungsfähig oder verfügbar bedeutet.
Wem das nötige Kleingeld fehlt, der ist **blank, klamm** oder **abgebrannt.**

29 Ein **Konvent** ist keine Satzung, sondern vielmehr eine Sitzung bzw. Versammlung, etwa der Mitglieder eines Klosters oder einer Studentenverbindung.
Eine **Konstitution** und ein **Statut** sind Satzungen, meist im Sinne einer Verfassung, ein **Reglement** als Gesamtheit von Bestimmungen kann ebenfalls als Satzung aufgefasst werden.

30 Seppuku, besser bekannt unter der Bezeichnung Harakiri, war eine dem japanischen Kriegerstand vorbehaltene Art des rituellen **Selbstmords.**
Einen **Kniefall** oder einen Kotau machen war ein Begrüßungszeremoniell am kaiserlichen Hof in China. Den **Tod durch Überarbeitung** nennt der Japaner Karoshi, die traditionelle japanische **Teezeremonie** heißt Chanoyu.

31 **Der spielende und dadurch schöpferische Mensch ist der ...**

- Homo faber
- Homo homini lupus
- Homo ludens
- Homo habilis

32 **Was macht jemand nicht, wenn er aufgibt?**

- das Handtuch werfen
- die Platte putzen
- die Segel streichen
- die Waffen strecken

33 **Der Ausdruck „Nullachtfünfzehn“ für etwas gänzlich Unoriginelles geht auf einen Kriegsroman zurück. Von wem stammt das Werk „08/15“?**

- Hans Helmut Kirst
- Erich Maria Remarque
- Ernst Jünger
- Hans Carossa

34 **Mit „Es gibt viel zu tun“ begann ein Werbeslogan der ESSO AG aus dem Jahr 1974. Wie geht er weiter?**

- Packen wir's ein
- Fangt schon mal an
- Lassen wir's sein
- Packen wir's an

35 **Was macht man normalerweise mit jemanden nicht, wenn man ihn zurechtweisen will?**

- den Kopf waschen
- eine Zigarre verpassen
- die Klingen kreuzen
- den Marsch blasen

36 **Eine falsche zeitliche Einordnung von Gegenständen oder Personen ist ein ...**

- Anachronismus
- Atavismus
- Anabolismus
- Algorithmus

31 Der Begriff **Homo ludens,** der spielende Mensch, geht auf den niederländischen Kulturhistoriker Huizinga zurück, der im Spiel eine Grundkategorie menschlichen Verhaltens sieht.
Homo faber – der Mensch als Verfertiger – ist ein Terminus der philosophischen Anthropologie. Der Ausdruck des englischen Philosophen Hobbes **Homo homini lupus** bedeutet „Der Mensch ist dem Menschen ein Wolf". Der **Homo habilis,** der geschickte Mensch, steht am Anfang der Entwicklung der Gattung Mensch.

32 **Die Platte putzen** wird im Sinnen von Verschwinden oder Weggehen verwendet.
Das Handtuch werfen ist das Zeichen für Aufgeben beim Boxen. **Die Segel streichen** und **die Waffen strecken,** ursprünglich militärische Begriffe für Kapitulation, bedeuten gleichfalls Aufgabe.

33 Die Bezeichnung „Nullachtfünfzehn" geht auf die Romantrilogie „08/15" von **Hans Helmut Kirst** zurück. Der in die Umgangssprache eingegangenen Zahlenkombination liegt die militärische Bezeichnung LMG08/15 für ein Maschinengewehr zugrunde.
Erich Maria Remarque schrieb „Im Westen nichts Neues", **Ernst Jünger** „In Stahlgewittern".
Von **Hans Carossa** stammt das „Rumänische Tagebuch".

34 Der Werbeslogan „Es gibt viel zu tun. **Packen wir's an!**" fand in den 1970er-Jahren eine weite Verbreitung.
Die Abwandlung **Packen wir's ein** kritisierte die Preispolitik der Mineralölkonzerne. Nicht zuletzt durch Verballhornungen wie **Fangt schon mal** an oder **Lassen wir's sein** wurde diese Aufforderung zur stehenden Redewendung.

35 Will man mit jemandem **die Klingen kreuzen,** möchte man sich mit ihm auseinander setzen. Der Begriff leitet sich vom Fechten ab und meint eine sportliche oder feindselige Auseinandersetzung.
Will man jemanden zurechtweisen, tadeln oder ihm die Meinung sagen, kann man ihm **den Kopf waschen, eine Zigarre verpassen** oder **den Marsch blasen.**

36 Eine falsche zeitliche Einordnung von Gegenständen oder Personen ist ein **Anachronismus.** Der Begriff bezeichnet darüber hinaus eine durch den Fortschritt überholte oder nicht mehr zeitgemäße Erscheinung.
Atavismus ist das Wiederauftreten von Eigenschaften entfernter Vorfahren, **Anabolismus** meint den Aufbau körpereigener Stoffe durch den Stoffwechsel. Ein **Algorithmus** ist eine Folge von Anweisungen zum Lösen einer Rechenaufgabe

37 **Welche aus dem Griechischen stammende Vorsilbe bedeutet „schlecht" oder „übel"?**

- Meso...
- Peri...
- Proto...
- Kako...

38 **Unter Jamboree versteht man ...**

- ein antikes Versmaß
- ein Pfadfindertreffen
- eine Jazzdarbietung
- eine exotische Frucht

39 **Welche Wendung steht nicht für eine hohe Geschwindigkeit?**

- Strohfeuer
- Affenzahn
- geölter Blitz
- volle Pulle

40 **Mit Danaergeschenk bezeichnet man ein fragwürdiges oder unheilvolles Geschenk. Auf welches antike Werk geht dieser Ausdruck zurück?**

- Senecas „Agamemnon"
- Homers „Ilias"
- Vergils „Aeneis"
- Homers „Odyssee"

41 **Einer der vier folgenden Begriffe bezeichnet nicht notwendigerweise einen Feinschmecker. Welcher ist es?**

- Lukullus
- Gourmand
- Gourmet
- Epikureer

42 **Welcher der zu festen Redewendungen gewordenen Aussprüche stammt nicht von Winston Churchill?**

- Business as usual
- Blut, Schweiß und Tränen
- Der Kalte Krieg
- Der Eiserne Vorhang

37 Die griechische Vorsilbe bzw. das Vorwort **Kako...** steht für „schlecht" oder „übel". So ist Kakophonie ein Missklang, Kakostomie ein übler Mundgeruch.
Die Vorsilbe **Meso...** bedeutet „in der Mitte" oder „zwischen" (Mesozoikum - Erdmittelalter), **Peri...** meint „herum" oder „ringsum" (Peripherie - Umkreis, Randgebiet). Proto... steht für „erster" oder „ur..." (Prototyp - Erstausführung, Urform).

38 Unter Jamboree, in der ursprünglichen Bedeutung ein wildes Trinkgelage, versteht man ein internationales **Pfadfindertreffen.**
Ein aus einem Jambus und einem halben Hexameter bestehendes **antikes Versmaß** ist der Jambelegus. Eine **Jazzdarbietung**, bei der improvisiert wird, ist eine Jamsession, die Jambuse oder Rosenapfel ist eine **exotische Frucht.**

39 **Strohfeuer** steht für eine kurzzeitig intensive, aber schnell wieder abflauende Begebenheit oder Aktivität.
Dagegen ist Lauffeuer ein umgangssprachliches Bild für Schnelligkeit oder hohe Geschwindigkeit, ebenso wie die Wendungen mit einem **Affenzahn**, wie ein **geölter Blitz** oder **volle Pulle.**

40 Der Begriff Danaergeschenk bezieht sich auf das Trojanische Pferd, das die Danaer (= die Griechen) am Strand vor Troja zurückließen und das den Fall der Stadt einleitete.
Er geht auf eine Stelle in **Vergils „Aeneis"** zurück.
In **Senecas „Agamemnon"** findet sich eine ähnliche Formulierung. **Homers „Ilias"** endet mit Hektors Tod und Bestattung vor dem Fall Trojas, **Homers „Odyssee"** beginnt erst danach.

41 Ein **Gourmand** ist jemand, der gern viel isst, um nicht zu sagen ein Vielfraß; er kann, muss aber nicht unbedingt ein Feinschmecker sein.
Lukullus oder **Gourmet** bezeichnen einen Genießer oder Feinschmecker. Ein **Epikureer** ist ein Genussmensch im Allgemeinen; häufig wird der Begriff auch im engeren Sinn für einen Feinschmecker verwendet.

42 **Der Kalte Krieg** geht nicht auf Winston Churchill zurück. Der Begriff wurde 1947 zuerst von dem amerikanischen Präsidentenberater Bernard M. Baruch gebraucht.
Business as usual („Alle Geschäfte gehen ihren gewohnten Gang") sagte Churchill 1914 nach Ausbruch des Ersten Weltkriegs. **Blut, Schweiß und Tränen** stammt aus einer 1940 vor dem Unterhaus gehaltenen Rede, das Schlagwort **Der Eiserne Vorhang** prägte er 1946.

43 **Womit lässt sich etwas Rätselhaftes oder Mysteriöses nicht bezeichnen, mit ...**

- änigmatisch
- delphisch
- sibyllinisch
- aporematisch

44 **Welcher der vier Begriffe ist nicht sinnverwandt mit „Hoffnung"?**

- Morgenluft
- Glanzlicht
- Silberstreifen
- Strohhalm

45 **Welcher Begriff bezeichnet im eigentlichen Sinn keine Anlage?**

- Investition
- Disposition
- Obligation
- Installation

46 **Der Ausspruch „Nach uns die Sintflut" stammt von ...**

- Marquise de Pompadour
- Marie Antoinette
- Madame Bovary
- Gräfin Dubarry

47 **Welcher Begriff ist ein deutsches Wort sowohl für Reduzierung und Desensibilisierung als auch für Diskriminierung?**

- Ermäßigung
- Verringerung
- Schmähung
- Herabsetzung

48 **Das Wort „Umschlag" hat mehrere Bedeutungen. Welche gehört nicht dazu?**

- Pelerine
- Kompresse
- Kuvert
- Revers

43 Mit **aporematisch** wird in der Philosophie etwas Unlösbares oder schwer zu Entscheidendes bezeichnet.
Änigmatisch bedeutet rätselhaft. Der Ausdruck **delphisch** geht auf das griechische Orakel von Delphi zurück, dessen mysteriöse Sprüche oft doppelsinnig waren. **Sibyllinisch** leitet sich von Sibylle ab, dem Namen rätselhaft-geheimnisvoller Wahrsagerinnen in der Antike.

44 Ein **Glanzlicht** ist ein Höhepunkt oder ein Prachtstück. Im 19. Jahrhundert wird es zu einem Fachausdruck in der Malerei.
Wenn jemand **Morgenluft** wittert oder einen **Silberstreifen** am Horizont erblickt, schöpft er neue Hoffnung. Der rettende **Strohhalm** steht für einen letzten Rettungsversuch und ist häufig die letzte Hoffnung.

45 Eine **Obligation** ist eine Verpflichtung oder eine Verbindlichkeit, in der Wirtschaft ist es eine Schuldverschreibung.
Eine **Investition** ist eine Kapitalanlage, die durchaus auch durch den Kauf von Obligationen erfolgen kann. **Disposition** ist eine Anlage im Sinne von Veranlagung oder Empfänglichkeit, etwa für Krankheiten. Eine technische Anlage ist eine **Installation.**

46 Der Ausspruch „Nach uns die Sintflut“ stammt von der **Marquise de Pompadour,** der Mätresse Ludwigs XV.
Königin **Marie Antoinette,** Gemahlin Ludwigs XVI., soll gesagt haben: „Wenn sie kein Brot haben, sollen sie doch Kuchen essen.“
Madame Bovary ist die Titelheldin eines Romans von Gustave Flaubert. Von **Gräfin Dubarry,** ebenfalls Geliebte von Ludwig XV., sind keine merkenswerten Zitate überliefert.

47 **Herabsetzung** kann sowohl Reduzierung und Desensibilisierung als auch Diskriminierung bedeuten.
Im Sinne von **Ermäßigung** bedeutet es Reduzierung. Desensibilisierung als medizinischer oder technischer Begriff ist die Herabsetzung oder **Verringerung** der Empfindlichkeit. Diskriminierung ist eine Herabsetzung im Sinne von **Schmähung** oder Herabwürdigung.

48 Eine **Pelerine** ist kein Umschlag, sondern vielmehr ein über dem Mantel getragener Umhang oder auch ein Regencape.
Eine **Kompresse** ist eine feuchter Umschlag oder ein Mullstück für Druckverbände. Ein **Kuvert** ist ein Briefumschlag, unter **Revers** versteht man einen Umschlag oder Aufschlag an Kleidungsstücken.

49
Einer der Begriff passt nicht zu den anderen drei. Welcher ist es?

- Jägerlatein
- Bauernregel
- Seemannsgarn
- Anglerlatein

50
Welcher der folgenden Begriffe bezeichnet keine Nachahmung?

- Replik
- Simili
- Plagiat
- Attrappe

51
Hinter dem Ausdruck „Die Nagelprobe machen“ verbirgt sich ...

- eine Überprüfung
- ein Handwerksbrauch
- eine Trinksitte
- eine Bewährungsprobe

52
Eine Notlage, eine missliche Situation oder eine Verlegenheit ist keine ...

- Bredouille
- Bagatelle
- Kalamität
- Misere

53
Etwas eher Belangloses bezeichnet man auch als ...

- des Pudels Kern
- den springenden Punkt
- den Dreh- und Angelpunkt
- des Kaisers Bart

54
Einen herausragenden Fachmann nennt man auch ...

- Konfiseur
- Karnivore
- Koryphäe
- Konifere

49 Eine **Bauernregel** ist ein volkstümlicher, oft gereimter Merkspruch zur oft langfristigen Vorhersage von Wetter und Ernte.
Unter **Jägerlatein, Seemannsgarn** und **Anglerlatein** versteht man die übertriebenen Erzählungen, Flunkereien oder Lügengeschichten über fantastische Jagderfolge, mysteriöse Seefahrtserlebnisse und angebliches Anglerglück.

50 Eine **Replik** ist eine vom Künstler selbst hergestellte Wiederholung seines Werkes. Im Unterschied zu der von anderer Hand hergestellten Kopie ist sie keine Nachahmung. Unter **Simili** versteht man eine Nachahmung bzw. Imitation von Edelsteinen. Ein **Plagiat** ist eine Nachahmung unter teilweise oder vollständiger Übernahme eines fremden geistigen Werkes. Eine **Attrappe** ist eine meist täuschend ähnliche Nachbildung insbesondere für Ausstellungszwecke.

51 Die Nagelprobe machen bedeutet **eine Überprüfung** einer Sache, bei der sich erweisen muss, ob sie stimmt oder nicht.
Die Redensart war ursprünglich **eine Trinksitte,** bei der ein ausgetrunkenes Glas über den linken Daumennagel gehalten werden musste, um festzustellen, ob es auch wirklich geleert worden war. **Ein Handwerksbrauch** ist mit dem Ausdruck nicht gemeint. Für **eine Bewährungsprobe** steht oft auch der Begriff Feuerprobe.

52 Eine **Bagatelle** ist eine Geringfügigkeit oder eine Nebensache.
In der **Bredouille** – in Bedrängnis oder Schwierigkeiten – sein bedeutet im französischen Ursprung „in der Tinte sitzen“. Unter **Kalamität** versteht man eine missliche Lage oder ernste Verlegenheit. **Misere** bedeutet ursprünglich Elend und bezeichnet einen Missstand, eine bedauernswerte Situation oder eine unglückliche Notlage.

53 Wer sich um des **Kaisers Bart** streitet, streitet überflüssigerweise um etwas Belangloses.
Mit **des Pudels Kern,** einer Wendung aus Goethes Faust, **dem springenden Punkt,** einem auf Aristoteles zurückgehenden Begriff, und **dem Dreh- und Angelpunkt** wird dagegen das Wesentliche bzw. der entscheidende Umstand umschrieben.

54 Einen hervorragenden Fachmann, führenden Wissenschaftler oder Künstler bezeichnet man auch als eine **Koryphäe.** Ursprünglich war der Koryphäe ein politischer oder militärischer Führer im alten Griechenland, später der Chorführer in der Tragödie.
Ein **Konfiseur** ist ein Feinbäcker oder Konditor, ein **Karnivore** ein Fleischfresser oder auch eine Fleisch fressende Pflanze. Eine **Konifere** ist ein Nadelbaum.

55 **Wer redensartlich die Nase hoch trägt, ist ...**

- neugierig
- schadenfroh
- wortkarg
- dünkelhaft

56 **Ein Synonym für das deutsche Wort „Abendgebet“ ist ...**

- Brunch
- Vesper
- Dinner
- Souper

57 **„Ein Sturm im Wasserglas“ ist gleichbedeutend mit der Redensart ...**

- Potemkinsche Dörfer bauen
- Mit Windmühlen kämpfen
- Eulen nach Athen tragen
- Viel Lärm um nichts machen

58 **Die Mediävistik als Wissenschaft befasst sich mit ...**

- Medien
- Siegeln
- Mittelalter
- Sprache

59 **Wer „ad calendas graecas“ seine Schulden begleicht, bezahlt ...**

- am Monatsersten
- niemals
- am Monatsende
- jährlich

60 **Welcher der zu geflügelten Worten gewordenen Werbesprüche stammt nicht aus einer Spirituosenwerbung?**

- Für harte Männer
- Der große Klare aus dem Norden
- Von höchster Reinheit
- Man gönnt sich ja sonst nichts

55 „Die Nase hoch tragen“ steht umgangssprachlich für eingebildet, arrogant oder **dünkelhaft** sein. Wer **neugierig** ist, steckt seine Nase in alles, und wer einem anderen eine lange Nase macht, ist **schadenfroh.** Muss man jemandem die Würmer aus der Nase ziehen, ist der Betreffende zurückhaltend und **wortkarg.**

56 Die **Vesper** ist das vorletzte abendliche Gebet des Stundengebets oder ein Gottesdienst am frühen Abend.
Die oder das Vesper ist aber auch eine kleinere Zwischenmahlzeit. Der **Brunch** ist ein spätes reichliches Frühstück, der das Mittagessen ersetzt. Das **Dinner** ist die abendliche Hauptmahlzeit in angelsächsischen Ländern, im Deutschen - gleichbedeutend mit **Souper** - ein festliches Abendessen.

57 Der auf eine Shakespeare-Komödie zurückgehende Ausdruck **Viel Lärm um nichts** machen bedeutet das Gleiche wie „ein Sturm im Wasserglas“: eine große Aufregung um Kleinigkeiten.
Potemkinsche Dörfer bauen heißt eine bloße Fassade errichten, um etwas vorzutäuschen. **Eulen nach Athen tragen** bedeutet etwas vollkommen Überflüssiges tun, **Mit Windmühlen kämpfen** meint einen aussichtslosen Kampf gegen einen eingebildeten Gegner führen.

58 Mediävistik ist die Sammelbezeichnung für die wissenschaftlichen Disziplinen, die sich mit der Geschichte, der Kunst, der Literatur oder Ähnlichem des **Mittelalters** befassen.
Die Wissenschaft von den **Medien** - Buch, Presse, Rundfunk, Film, Fernsehen - ist die Publizistik. Mit **Siegeln** beschäftigt sich die Sphragistik, die Siegelkunde. Die Wissenschaft von der **Sprache** im weiteren Sinn ist die Linguistik.

59 Der Ausdruck „ad calendas graecas“ geht auf den römischen Schriftsteller Sueton zurück und bedeutet **„niemals“**.
Die Kalenden, die **Monatsersten,** die in Rom als Zahltage galten, gab es bei den Griechen nicht. Wer **am Monatsende** oder **jährlich** seine Rechnungen begleicht, bezahlt per Ultimo bzw. per Anno.

60 Mit **Von höchster Reinheit** warb der Tabakkonzern Reemtsma für die Zigarettenmarke Ernte 23.
Der Wodka Puschkin wurde in den 1960er-Jahren mit **Für harte Männer** beworben. Zur gleichen Zeit wurde Bommerlunder Aquavit als **Der große Klare aus dem Norden** bekannt. Durch die Werbekampagne des Schauspielers Günter Strack für Malteserkreuz Aquavit wurde in den 1980er-Jahre **Man gönnt sich ja sonst nichts** zum geflügelten Wort.

RELIGION, PHILOSOPHIE, MYTHOLOGIE

Das Bedürfnis nach Religion ist so alt wie die Menschheit selbst. Bis heute haben sich neben den großen Weltreligionen Tausende religiöser Bewegungen entwickelt. Allen Religionen gemeinsam ist der Bezug auf eine transzendente Macht, die rational nicht begreifbar und auch nicht verfügbar ist.
Die abendländische Philosophie hat ihren Ursprung in der griechischen Philosophie, die etwa 600 v. Chr. entstand. Bedeutende philosophische Systeme unabhängig von der abendländischen Tradition entwickelten sich u. a. in China und Indien.
Die Mythologie ist die Gesamtheit der mythischen Überlieferungen. Mythen gibt es in allen Völkern und Kulturen; ihr Ursprung liegt meist im Dunkeln.

1 **Welcher der vier Evangelisten zählt nicht zu den Synoptikern?**

- Matthäus
- Markus
- Lukas
- Johannes

2 **Herakles musste als Sühne dafür, dass er seine Kinder tötete, zwölf Arbeiten verrichten. Welcher Begriff hat mit diesen zwölf Arbeiten nichts zu tun?**

- Erymanthischer Eber
- Ställe des Augias
- Goldenes Vlies
- Äpfel der Hesperiden

3 **Welche christliche Religionsgemeinschaft wurde im 17. Jahrhundert von George Fox gegründet?**

- Baptisten
- Mormonen
- Zeugen Jehovas
- Quäker

4 **Welches der folgenden Fachgebiete gehört nicht zu den fünf klassischen Disziplinen der Philosophie?**

- Logik
- Kosmologie
- Metaphysik
- Ästhetik

5 **Wie nennt man die Gesamtheit der Götter einer Religion?**

- Pantheon
- Olymp
- Odeon
- Pankration

6 **Wer bewachte den Eingang zur Unterwelt der griechischen Mythologie?**

- Hades
- Kerberos
- Pluton
- Charon

1

Der Evangelist **Johannes** zählt nicht zu den Synoptikern. **Matthäus, Markus** und **Lukas** bzw. deren drei Evangelien werden wegen ihrer Übereinstimmungen und Ähnlichkeiten in Inhalt und Aufbau als Synoptiker bezeichnet. Das Problem ihrer gegenseitigen literarischen Abhängigkeit - wer hat vom wem abgeschrieben? - ist die synoptische Frage.

2

Das **Goldene Vlies** wurde von Jason und den Argonauten - unter denen sich allerdings auch Herakles befand - von Kolchis nach Griechenland geholt.
Den **Erymanthischen Eber** zu fangen war Herakles' vierte Arbeit, als fünfte Arbeit musste er die **Ställe des Augias,** des Königs von Elis, innerhalb eines Tages ausmisten. Zum Raub der goldenen **Äpfel der Hesperiden,** seiner elften Arbeit, überredete Herakles den Titanen Atlas.

3

Die **Quäker,** ursprünglich ein Spottname, wurden als Religionsgemeinschaft im 17. Jahrhundert von dem englischen Laienprediger George Fox gegründet.
Ebenfalls im England des 17. Jahrhunderts entstand die Gemeinschaft der **Baptisten,** die sich vor allem in Nordamerika verbreitete. Die **Mormonen** oder Heiligen der letzten Tage wurden 1830 von Joseph Smith, die **Zeugen Jehovas** 1874 von Charles Taze Russell gegründet.

4

Die **Kosmologie,** heute als Teilgebiet der Physik die Wissenschaft von Aufbau und Entstehung des Weltalls, war ursprünglich eine philosophische Disziplin, gehörte jedoch nicht zu den fünf klassischen Disziplinen.
Zu diesen zählen die **Metaphysik** (oder Ontologie), die **Logik,** die Ethik, die **Ästhetik** und die Erkenntnistheorie.

5

Das **Pantheon** ist die Gesamtheit der in einer polytheistischen Religion verehrten Gottheiten; auch ein allen Göttern geweihtes Heiligtum wird Pantheon genannt.
Der **Olymp** ist das höchste griechische Gebirgsmassiv. Er galt in der Antike als Sitz der Götter. Ein **Odeon** oder Odeum war in der Antike ein Gebäude für musikalische Aufführungen. **Pankration** war in der altgriechischen Athletik eine Mischung aus Faust- und Ringkampf.

6

Der Eingang zur Unterwelt wurde vom Höllenhund **Kerberos,** lateinisch Zerberus, bewacht. Er ließ jeden hinein, aber niemanden wieder hinaus. Ihn zu bezwingen war eine der Arbeiten des Herakles. **Hades** war der Gott der Unterwelt; als Herr über die unterirdischen Reichtümer hieß er **Pluton. Charon** war der Fährmann der Toten über den Styx, den Grenzfluss der Unterwelt.

7 **Wie wurden seit dem 16. Jahrhundert die kalvinistischen Protestanten in Frankreich genannt?**

- Katharer
- Albigenser
- Hugenotten
- Waldenser

8 **Die „Säulen des Islam“ sind die fünf Hauptpflichten, die jedem Muslim vorgeschrieben sind. Welche gehört nicht dazu?**

- Tägliches fünfmaliges Gebet
- Fasten während des Ramadan
- Wallfahrt nach Mekka
- Verzicht auf Schweinefleisch

9 **Welcher Begriff bezeichnet keine philosophische Richtung oder Lehre?**

- Paralogismus
- Materialismus
- Pragmatismus
- Empirismus

10 **Mit welchen Attributen wird der Heilige Christophorus in bildnerischen Darstellungen abgebildet?**

- Haut und Messer
- Jesuskind und Stab
- Lanze und Drachen
- Glocke und Stab mit Kreuz

11 **Die Grazien, in der griechischen Mythologie Chariten genannt, waren Göttinnen der Anmut. Wer war keine der drei Grazien?**

- Tisiphone
- Euphrosyne
- Aglaia
- Thaleia

12 **Abraham gilt als der Stammvater dreier Religionen. Welche Religion lässt sich nicht auf ihn zurückführen?**

- Islam
- Judentum
- Christentum
- Parsismus

7 Die französischen kalvinistischen Protestanten wurden **Hugenotten** genannt.
Die **Katharer** oder **Albigenser** waren im 12. und 13. Jahrhundert eine kirchenkritische religiöse Bewegung vor allem in Südfrankreich. Die **Waldenser** waren eine um 1170 in Südfrankreich entstandene Buß- und Armutsbewegung. Beide Gemeinschaften wurden von der Kirche als ketzerisch verfolgt.

8 Der **Verzicht auf Schweinefleisch** gehört nicht zu den fünf „Säulen des Islam".
Diese sind das täglich zu sprechende Glaubensbekenntnis (Shahada), das **tägliche fünfmalige Gebet** (Salat), das Almosengeben (Zakat), das **Fasten während des Ramadan,** des Fastenmonats (Saum), und die allen Muslimen vorgeschriebene **Wallfahrt nach Mekka** (Hadsch).

9 Unter **Paralogismus** versteht man in der Logik einen auf Denkfehlern beruhenden Trug- oder Fehlschluss. Der **Materialismus** ist die Grundrichtung der Philosophie, die die Materie als die eigentliche Realität ansieht. Der **Pragmatismus** als philosophische Richtung betrachtet das Handeln als Voraussetzung oder Ziel des Erkennens. Der **Empirismus** ist die Lehre, dass alle Erkenntnis nur auf Erfahrung gegründet sei.

10 Der Heilige Christophorus, einer der 14 Nothelfer der katholischen Kirche und Schutzpatron der Reisenden, wird als Riese mit **Jesuskind und Stab** dargestellt. **Haut und Messer** sind die Attribute von Sankt Bartholomäus, einem der Apostel Jesu, der den Märtyrertod starb, indem er zu Tode geschunden wurde. Der Heilige Georg wird mit **Lanze und Drachen** abgebildet. Die Kennzeichen von Sankt Antonius sind **Glocke und Stab mit Kreuz,** dem Antoniuskreuz.

11 **Tisiphone** war keine der Grazien, sondern eine der drei Furien (griechisch Erinnyen), der Rachegöttinnen. Tisiphone war die „Rächerin des Mordes".
Die drei Grazien oder Chariten, Töchter des Zeus und der Eurynome, waren **Euphrosyne,** Göttin des Frohsinns, **Aglaia,** Göttin des Glanzes, und **Thaleia,** Göttin des Glücks.

12 Der **Parsismus,** nach seinem Begründer auch Zoroastrismus genannt, geht auf den altiranischen Religionsstifter Zarathustra zurück. Mit heute nur etwa 150 000 Anhängern zählt der Parsismus nicht zu den Weltreligionen, im Gegensatz zu **Islam, Judentum** und **Christentum.** In den Überlieferungen dieser drei Religionen hat Abraham eine herausragende Bedeutung.

13 **Welcher Begriff bezeichnet kein Buch aus dem Alten Testament der Bibel?**

- Levitikus
- Numeri
- Leviathan
- Deuteronomium

14 **Von welchem Philosophen und Begründer des neuzeitlichen Rationalismus stammt der Grundsatz „Cogito ergo sum“?**

- Voltaire
- Rousseau
- Montesquieu
- Descartes

15 **Die altrömischen Priester, die den Willen der Götter deuteten, waren die ...**

- Tribunen
- Auguren
- Liktoren
- Druiden

16 **Welche Gruppe mythologischer Wesen war nicht Teil der germanischen Götterwelt?**

- Asen
- Wanen
- Titanen
- Nornen

17 **Welche der rituellen Handlungen zählt in der katholischen Theologie nicht zu den Sakramenten?**

- Totenamt
- Taufe
- Krankensalbung
- Ehe

18 **Göttervater Zeus ist für zahlreiche außereheliche Beziehungen bekannt. Mit welcher Dame hatte Zeus kein Verhältnis?**

- Pasiphae
- Europa
- Leda
- Io

13 **Leviathan,** als schlangen- oder drachenähnliches Meeresungeheuer im Alten Testament die Personifikation der gottesfeindlichen Mächte, war das staatsphilosophische Hauptwerk des englischen Philosophen Thomas Hobbes.
Levitikus, Numeri und **Deuteronomium** sind die Bezeichnungen für das dritte, vierte und fünfte Buch Mose und damit Teil des alttestamentlichen Kanons.

14 „Cogito ergo sum" („Ich denke, also bin ich") wurde von dem französischen Philosophen, Mathematiker und Physiker René **Descartes** geprägt, der als erster systematischer Denker der Neuzeit gilt.
Die Philosophen **Voltaire** und Jean-Jacques **Rousseau** waren bedeutende Vertreter und geistige Führer der Aufklärung, Charles de **Montesquieu** war ein ebenfalls der Aufklärung nahe stehender Staatsphilosoph.

15 Die altrömischen Priester, die aus Vorzeichen, insbesondere aus der Beobachtung von Vögeln, den göttlichen Willen zu erforschen hatten, waren die **Auguren.**
Tribunen waren im antiken Rom hohe Beamte, Stabsoffiziere oder Volksvertreter, **Liktoren** die Amtsdiener höherer römischer Magistrate und Priester. **Druiden** wurden die Angehörigen der Priesterkaste der keltischen Völker in Britannien und Gallien genannt.

16 Die **Titanen,** die sechs Söhne und sechs Töchter des Uranos und der Gaia, waren das zweite Göttergeschlecht der griechischen Mythologie.
Die **Asen** waren das germanische Göttergeschlecht; sie bewohnten das im Himmel gedachte Reich Asgard. Ihnen gegenüber stand das Göttergeschlecht der **Wanen,** das die Tiefen der Erde und des Meeres bewohnte. Die **Nornen** waren die germanischen Schicksalsgöttinnen.

17 Das **Totenamt** gehört nicht zu den nach christlichem Glauben von Christus eingesetzten heiligen Handlungen, den Sakramenten.
Zu den sieben Sakramenten der katholischen Kirche zählen die **Taufe,** die Firmung, die Eucharistie oder Abendmahlsfeier, die Buße, die **Krankensalbung** oder Heilige Ölung, die Priesterweihe und die **Ehe,** die beiden Sakramente der evangelischen Theologie sind die Taufe und das Abendmahl.

18 Von den vier mythologischen Gestalten – allesamt namengebend für Monde des Jupiter – war **Pasiphae** keine Geliebte des Zeus. Pasiphae war die Gattin des Königs Minos von Kreta.
Dieser entspross der Beziehung zwischen Zeus und **Europa. Leda** näherte sich Zeus in Gestalt eines Schwans, **Io** gebar ihm den Sohn Epaphos.

19 **Göttliche oder heilige Gestalten werden häufig mit einem Heiligenschein dargestellt. Was ist kein Heiligenschein?**

- Nimbus
- Gloriette
- Aureole
- Mandorla

20 **Die Lehre welches Philosophen war bis 1912 chinesische Staatsreligion?**

- Mengzi
- Laozi
- Konfuzius
- Zhuangzi

21 **Die Versammlung der Kardinäle zur Wahl eines Papstes nennt man ...**

- Konsistorium
- Konklave
- Konkordat
- Konsekration

22 **Die Sieben Weisen waren griechische Staatsmänner und Philosophen des 7. und 6. Jahrhunderts v. Chr. Wer zählt nicht dazu?**

- Bias
- Kleobulos
- Chilon
- Euklid

23 **Welche Gestalt aus der griechischen Mythologie starb, weil sie der Sonne zu nahe kam?**

- Daidalos
- Sisyphos
- Ikaros
- Tantalos

24 **Wer begründete im 16. Jahrhundert die anglikanische Staatskirche?**

- Thomas More
- Maria I. Tudor
- Heinrich VIII.
- Oliver Cromwell

19 Eine **Gloriette** ist ein meist offener Pavillon oder Rundtempel auf einer Anhöhe barocker und klassizistischer Parkanlagen.
Zu den Heiligenscheinen oder Gloriolen zählen dagegen der **Nimbus,** ein Strahlenkranz hinter dem Haupt, die **Aureole,** die die gesamte Figur kreisförmig umgibt, und die **Mandorla,** ein mandelförmiger Strahlenschein.

20 Die auf **Konfuzius** zurückgehende philosophische Richtung des Konfuzianismus war in China seit der Han-Dynastie (um 200 v. Chr.) bis zum Ende des Kaisertums 1912 verbindliche Staatsreligion.
Mengzi entwickelte die konfuzianische Lehre weiter. **Laozi** (Lao-tse) war ein nur legendenhaft fassbarer chinesischer Philosoph und Begründer des philosophischen Daoismus, **Zhuangzi** einer von dessen bedeutendesten Vertretern.

21 Die Kardinalsversammlung zur Papstwahl sowie der von der Außenwelt abgeschlossene Versammlungsort der Kardinäle bei dieser Wahl wird **Konklave** genannt.
Das **Konsistorium** ist die Plenarversammlung der Kardinäle unter Vorsitz des Papstes. Ein **Konkordat** ist eine Vertrag zwischen einem Staat und dem Vatikan. **Konsekration** bezeichnet in der katholischen Kirche die liturgische Weihe einer Sache oder einer Person.

22 Der griechische Mathematiker **Euklid,** der die Grundlagen der Geometrie schuf, lebte im 4. Jahrhundert v. Chr. und gehört nicht zu den Sieben Weisen.
Zu den von Platon in Protagoras 343a erwähnten Sieben Weisen zählen Thales, **Bias,** Solon, **Kleobulos,** Pittakos, **Chilon** und Myson. Gelegentlich wird ihnen auch anstelle von Myson Periander zugerechnet.

23 **Ikaros** kam mit seinen durch Wachs zusammengehaltenen Flügeln der Sonne zu nah und stürzte ins Meer, als er mit seinem Vater **Daidalos** aus dem Labyrinth des kretischen Königs Minos zu fliehen versuchte.
Sisyphos musste als Strafe in der Unterwelt ein Felsstück einen Berg hinauf wälzen, von dem es immer wieder herabrollte. **Tantalos** stand in der Unterwelt durstend im Wasser, das zurückwich, wenn er davon trinken wollte.

24 Der Gründer der anglikanischen Kirche war König **Heinrich VIII.** Sein Lordkanzler **Thomas More** lehnte die Trennung der englischen Kirche von Rom ab und wurde aus diesem Grund wegen Hochverrats zum Tode verurteilt. **Maria I. Tudor,** Tochter Heinrichs VIII., betrieb als Königin eine Politik der Rekatholisierung Englands. Der Puritaner **Oliver Cromwell** war nach dem Bürgerkrieg im 17. Jahrhundert Lord Protektor der englischen Republik.

25 **Wie heißt das religiöse Hauptwerk des Judentums?**

- Talmud
- Mischna
- Thora
- Kabbala

26 **Welches geflügelte Wort geht nicht auf den Philosophen Friedrich Nietzsche zurück?**

- Gott ist tot
- Gelobt sei, was hart macht
- Wissen ist Macht
- Jenseits von gut und böse

27 **Welche Schrift gehört zu den Apokryphen, den verborgenen Büchern der Bibel?**

- Buch Zefanja
- Evangelium nach Thomas
- Buch Sacharja
- Brief an die Galater

28 **Welches Riesengeschlecht konnte Göttervater Zeus erst mit der Hilfe von Herakles besiegen?**

- die Giganten
- die Titanen
- die Kyklopen
- die Jöten

29 **Wie heißt das in der chinesischen Naturphilosophie dem Yin entgegengesetzte Prinzip?**

- Yuan
- Yoga
- Yen
- Yang

30 **Ein Anhänger oder Angehöriger der von Mohammed gestifteten Religion des Islam ist ein ...**

- Muselman
- Mohammedaner
- Muslim
- Islamist

25 Der **Talmud** ist neben der hebräischen Bibel das Hauptwerk des Judentums.
Er besteht aus der **Mischna,** dem thematisch geordneten jüdischen Religionsgesetz, und der Gemara, ihrer Kommentierung. Mit **Thora** werden im Judentum die fünf Bücher Mose bezeichnet. **Kabbala** ist die im 13. Jahrhundert aufgekommene Bezeichnung der jüdischen Mystik und religionsphilosophischen Geheimlehre.

26 (26) Das Schlagwort „**Wissen ist Macht**" stammt aus den „Essays" des englischen Philosophen Francis Bacon.
„**Gott ist tot**" ist ein Zitat aus Nietzsches „Fröhlicher Wissenschaft", „**Gelobt sei, was hart macht**" stammt aus dem dritten Band seines „Also sprach Zarathustra". „**Jenseits von gut und böse.** Vorspiel einer Philosophie der Zukunft" ist der Titel einer seiner Schriften.

27 Apokryphen sind die nicht zum Kanon gerechneten Zusatzschriften zum Alten oder Neuen Testament. Zu ihnen zählt das **Evangelium nach Thomas,** ein erst 1945 in Nag Hammadi gefundener Text. Das **Buch Zefanja** und das **Buch Sacharja** gehören zu den alttestamentarischen Büchern der Propheten, der **Brief an die Galater** ist einer der Paulus-Briefe.

28 Um die **Giganten,** ein Riesengeschlecht mit schlangenartigen Beinen, in der Schlacht auf den Feldern von Phlegra besiegen zu können, benötigte Zeus die Hilfe seines Sohnes Herakles.
Die **Titanen** waren ein Göttergeschlecht; sie wurden von Zeus in den Tartaros geworfen. Von den **Kyklopen,** einäugigen Riesen, erhielt Zeus Donner und Blitz. Die **Jöten,** Riesen der nordischen Mythologie, lebten in ewiger Feindschaft mit den Asen.

29 Yin und **Yang** sind die beiden polaren Grundprinzipien, aus deren Wechselspiel alles Geschehen im Universum entsteht und von dem es bestimmt wird.
Yuan ist eine chinesische Dynastie, die auf den mongolischen Großkhan Kubilai zurückgeht. **Yoga** ist eine philosophisch-religiöse Meditationslehre Indiens. **Yen** ist die japanische Währungseinheit.

30 Ein Anhänger oder Angehöriger des Islam ist ein **Muslim.**
Muselman ist eine veraltete Bezeichnung für Muslim, ebenso wie der früher im Abendland gebräuchliche Begriff **Mohammedaner,** der von den Muslimen als beleidigend abgelehnt wird. Unter **Islamist** wird heute ein strenggläubiger, manchmal fundamentalistischer und militanter Muslim verstanden.

31 **Auch wenn die folgenden Namen etwas gemeinsam haben, bezeichnet einer davon keine Gestalt aus der griechischen Mythologie. Welcher ist es?**

- Deimos
- Ariel
- Tethys
- Triton

32 **Welcher Heilige wird auch als Apostel der Deutschen bezeichnet?**

- Columban
- Burkhard
- Gallus
- Bonifatius

33 **Wer begründete mit seinem staatsphilosophischen Werk „Utopia“ das literarische Genre der Utopie?**

- Thomas More
- Adam Smith
- John Locke
- Thomas Hobbes

34 **Welche Gruppe ist keine konfessionelle Gemeinschaft innerhalb des Islam?**

- Sunniten
- Wahhabiten
- Kopten
- Schiiten

35 **Welche Heimsuchung zählt nicht zu den zehn Plagen, die Jahwe über Ägypten hereinbrechen ließ, ehe der Pharao die Kinder Israels ziehen ließ?**

- Frösche
- Hagel
- Finsternis
- Ratten

36 **Mit welcher mythologischen Gestalt mussten Odysseus und seine Gefährten auf ihren zehnjährigen Irrfahrten kein Abenteuer bestehen?**

- Riese Polyphem
- Schlange Hydra
- Zauberin Kirke
- Ungeheuer Skylla

31
Gemeinsam ist den Namen, dass sie Monde im Planetensystem bezeichnen. Von diesen ist **Ariel** eine literarische „Erfindung“, ein Luftgeist in Shakespeares „Sturm“, nach dem ein Uranusmond benannt ist.
Der Marsmond **Deimos** erhielt seinen Namen vom Begleiter des Kriegsgottes Ares. **Tethys,** eine Göttin aus dem Geschlecht der **Titanen,** stand für einen Saturnmond Pate, der Neptunmond Triton ist nach einem Meeresgott benannt.

32
Der Heilige **Bonifatius,** der Apostel der Deutschen, war der bedeutendste christliche Missionar in Deutschland, der zahlreiche Klöster und Bistümer gründete.
Der Heilige **Burkhard** war eine Gefährte von Bonifatius und wie dieser ein angelsächsischer Benediktinermönch. **Columban** der Jüngere war ein irischer Missionar, auf seinen Schüler **Gallus** geht das Kloster Sankt Gallen zurück.

33
Mit dem Staatsroman „Utopia“, dem Entwurf einer idealen Gesellschaft, begründete der Staatsmann und Humanist **Thomas More** die Utopie als literarische Gattung.
Der Moralphilosoph und Volkswirtschaftler **Adam Smith** gilt als Vater der sozialen Marktwirtschaft. **John Locke** begründete die Erkenntniskritik der Aufklärung, **Thomas Hobbes** war einer der großen Systematiker des Rationalismus.

34
Die **Kopten** sind die arabisch sprechenden christlichen Nachkommen der alten Ägypter.
Den **Sunniten** als der größeren Hauptgruppe des Islam gehören etwa 90 % der Muslime an. Zu ihnen zählen auch die **Wahhabiten,** Anhänger einer vor allem in Saudi-Arabien verbreiteten puritanischen Reformbewegung. Die **Schiiten** sind die kleinere der beiden islamischen Hauptrichtungen.

35
Ratten waren nicht unter den zehn ägyptischen Plagen.
Zu den Plagen, wie sie im 2. Buch Mose beschrieben sind, gehörten: blutiges und verseuchtes Wasser, **Frösche,** Stechmücken, nicht näher bezeichnetes Ungeziefer, Viehseuchen, Geschwüre, Unwetter mit **Hagel,** Heuschrecken, dreitägige **Finsternis** und Tod aller Erstgeborenen.

36
Die neunköpfige **Schlange Hydra** mit den nachwachsenden Köpfen kommt in der „Odyssee“ nicht vor. Herakles erlegte sie bei der zweiten seiner zwölf Arbeiten.
Der einäugige **Riese Polyphem,** einer der Kyklopen, wurde von Odysseus geblendet, die **Zauberin Kirke** verwandelte seine Gefährten in Schweine. Das **Ungeheuer Skylla,** das gegenüber der ähnlich schrecklichen Charybdis auf einem Felsen hauste, raubte Odysseus bei der Vorbeifahrt mehrere Ruderer.

37 **Der Gebetsrufer im Islam ist der ...**

- Imam
- Mullah
- Muezzin
- Ayatollah

38 **Welche philosophische Lehre vertritt das Streben nach Lust und Vergnügen?**

- Utilitarismus
- Hedonismus
- Stoizismus
- Pragmatismus

39 **In welcher Gestalt wurde der altägyptische Gott Sobek dargestellt?**

- Falke
- Krokodil
- Schakal
- Katze

40 **Welche Religion ist eine Form des Buddhismus?**

- Lamaismus
- Schintoismus
- Daoismus
- Brahmanismus

41 **Der Ausspruch „Erkenne dich selbst" wird einem der Sieben Weisen, Philosophen aus dem antiken Griechenland, zugeschrieben. Von wem stammt er?**

- Solon aus Athen
- Kleobolus von Lindos
- Periander aus Korinth
- Thales von Milet

42 **Eine Zusammenfassung christlicher Lehrsätze nennt man ...**

- Katechismus
- Enzyklika
- Exegese
- Patristik

37
Der islamische Gebetsrufer, der die Muslime fünfmal täglich vom Minarett herab zum Gebet auffordert, ist der **Muezzin.**
Der **Imam** ist das geistliche und weltliche Oberhaupt der islamischen Weltgemeinde. **Mullah** und **Ayatollah** sind Ehrentitel für islamische Rechts- oder Religionsgelehrte bei den Sunniten bzw. den Schiiten.

38
Der **Hedonismus** ist die philosophische Lehre, der zufolge das Streben nach Lust alles menschliche Handeln und Verhalten bestimmt oder bestimmen sollte. Der **Utilitarismus** erhebt die Nützlichkeit zum Bewertungsmaßstab der sittlichen Qualität einer Handlung. Der Lehre des **Stoizismus** nach dient alles Handeln der Selbsterhaltung und dem Erreichen der Glückseligkeit. Der **Pragmatismus** betrachtet das Handeln als Voraussetzung oder Ziel des Erkennens.

39
Der altägyptische Gott Sobek, Herr der Gewässer und des Nils, wurde als **Krokodil** oder Mensch mit Krokodilskopf dargestellt.
Der Himmels- und Lichtgott Horus war ein personifizierter **Falke.** Bastet, die Göttin der Freude und Liebe, wurde in Frauengestalt mit Katzenkopf oder ganz als **Katze,** der Totengott Anubis in Schakalgestalt oder als Mensch mit dem Kopf eines **Schakals** dargestellt.

40
Der **Lamaismus** ist eine in Tibet entstandene und dort und in den benachbarten Himalajaregionen verbreitete Form des Buddhismus. Der **Schintoismus** ist die durch Naturverehrung und Ahnenkult gekennzeichnete einheimische Religion Japans. Der religiöse **Daoismus** ist eine weit in vorchristliche Zeit zurückreichende chinesische Religionsform. Der **Brahmanismus,** die Verehrung Brahmas als Schöpfergott, ist eine Vorform des Hinduismus.

41
Die Empfehlung „Erkenne dich selbst“ soll der Philosoph und Mathematiker **Thales von Milet** ausgesprochen haben.
„Nichts zu sehr“ wird **Solon aus Athen** zugeschrieben, ähnlich äußerte sich **Kleobolus von Lindos** mit „Maß ist das Beste“. Von **Periander aus Korinth** stammt die Erkenntnis „Alles ist Übung“.

42
Eine Zusammenfassung christlicher Lehrsätze in Form eines kurz gefassten Lehrbuchs wird **Katechismus** genannt.
Eine **Enzyklika** ist ein päpstliches Lehrschreiben zu theologischen Fragen. Unter **Exegese** versteht man die Auslegung von Schriftwerken, insbesondere der Heiligen Schrift. Die theologische Disziplin der **Patristik** befasst sich mit den Schriften der frühchristlichen Theologen.

ERDE UND WELTRAUM

Die Erde ist der fünftgrößte der neun Planeten unseres Sonnensystems und, von der Sonne aus gezählt, der dritte. Auf einer nahezu kreisförmigen Ellipsenbahn umkreist sie die Sonne; diese Bahnbewegung ist die Grundlage für die Jahreszeiten und den Kalender. Der Weltraum ist der erdnahe Raum außerhalb der Erdatmosphäre sowie der interplanetare Raum, der mithilfe der Raumfahrt erreichbar ist oder erreichbar scheint.

1 **Wie nennt man geologische Prozesse und Erscheinungen, die im Bereich des Süßwassers ablaufen?**

- marin
- limnisch
- salinar
- litoral

2 **Welches ist ein heißer, meist trockener Wind im Mittelmeerraum?**

- Mistral
- Bora
- Föhn
- Schirokko

3 **Welcher der genannten vier Breitengrade der Erde ist der kürzeste?**

- südlicher Polarkreis
- Wendekreis des Steinbocks
- Wendekreis des Krebses
- Äquator

4 **Der Rhein verzweigt sich in seinem Mündungsbereich und bildet mit der Maas ein ausgedehntes Delta. Welches ist kein Mündungsarm des Rheins?**

- Lek
- Ijssel
- Waal
- Schelde

5 **Welche Insel gehört nicht zu den Hauptinseln Japans?**

- Honshu
- Hokkaido
- Okinawa
- Shikoku

6 **Wie werden die Ablagerungen eines Gletschers genannt?**

- Maräne
- Moräne
- Muräne
- Migräne

1 Prozesse im Bereich des Süßwassers und dadurch entstandene Ablagerungen werden als **limnisch** bezeichnet.
Geologische Vorgänge im Bereich des Meeres werden **marin** genannt, in salzübersättigtem Wasser **salinar.** Prozesse, die im Bereich des Ufers, des Strandes oder der Küste ablaufen, heißen in der Fachsprache **litoral.**

2 Ein heißer, staubbeladener Südwind im Mittelmeergebiet, der von der Sahara her tropische Luft heranführt, ist der **Schirokko.** In Italien, Dalmatien, Griechenland und Spanien ist er feucht, sonst trocken.
Mistral und **Bora** sind kalte, trockene Fallwinde in Südfrankreich bzw. an der dalmatinischen Küste. Der **Föhn** ist ein warmer Fallwind der Alpen und Voralpen.

3 Der **südliche Polarkreis** ist der kürzeste der genannten Breitenkreise. Er liegt 23° 27' nördlich vom Südpol, südlich von ihm tritt das Phänomen von Polartag und -nacht auf.
Der **Wendekreis des Steinbocks** und der **Wendekreis des Krebses** sind die beiden 23° 27' südlich und nördlich vom **Äquator** entfernten Breitenkreise, an denen die Sonne ihre scheinbare jährliche Bewegungsrichtung umkehrt. Der Äquator ist der längste Breitenkreis der Erde.

4 Die **Schelde,** der Hauptfluss Mittelbelgiens, mündet in mehreren Armen, die mit der Maas verbunden sind, in den Niederlanden in die Nordsee.
Der **Waal** ist der südliche Hauptmündungsarm des Rheins, der nördliche Arm heißt **Lek.** Von diesem zweigt bei Arnheim die **Ijssel** ab, über die etwa ein Neuntel des Rheinwassers in das Ijsselmeer fließt.

5 **Okinawa,** die größte der Ryukyuinseln, liegt 1500 km südwestlich von Tokio. Sie gehört nicht zu den vier Hauptinseln Japans.
Die größte der vier Hauptinseln Japans ist **Honshu** mit der Hauptstadt Tokio, gefolgt von **Hokkaido** und Kyushu. **Shikoku** ist die kleinste der vier Hauptinseln.

6 Den von Gletschern verfrachteten Gesteinsschutt, der am Gletscherrand oder an der Gletscherzunge angehäuft wird, nennt man **Moräne.**
Die **Maräne** ist ein Fisch aus der Familie der Renken, die **Muräne** ein Fisch der tropischen und subtropischen Meere aus der Familie der Aalartigen Fische. Unter **Migräne** versteht man anfallartige, meist durch Verkrampfungen der Hirngefäße ausgelöste und häufig mit Übelkeit verbundene Kopfschmerzen.

7 **Welches ist der unserem Sonnensystem nächstgelegene Fixstern?**

- Alpha Centauri
- Sirius
- Wega
- Proxima Centauri

8 **Eine Dampfquelle meist vulkanischen Ursprungs heißt ...**

- Fumarole
- Solfatare
- Mofette
- Geysir

9 **Drei südamerikanische Länder liegen am Äquator. Welches gehört nicht dazu?**

- Ecuador
- Kolumbien
- Peru
- Brasilien

10 **Womit beschäftigt sich die Glaziologie, mit ...**

- Boden
- Eis
- Seen
- Grundwasser

11 **Wie heißt die unterste Schicht der Erdatmosphäre?**

- Stratosphäre
- Troposphäre
- Hemisphäre
- Hydrosphäre

12 **Welches europäische Gebirge ist nach einem Wissenschaftler benannt?**

- Abruzzen
- Cevennen
- Dolomiten
- Ardennen

7 Der sonnennächste Fixstern ist **Proxima Centauri.** Er ist 4,28 Lichtjahre oder 40,5 Billionen Kilometer von unserem Sonnensystem entfernt.
Der Hauptstern des Sternbilds Kentaur, **Alpha Centauri,** hat eine Entfernung von 4,34 Lichtjahren. **Sirius,** ein Doppelstern im Sternbild Großer Hund, ist 8,6 Lichtjahre entfernt und **Wega,** der hellste Stern im Sternbild Leier, 26 Lichtjahre.

8 Ein natürlicher Austritt von 200 bis 1000 °C heißen vulkanischen Gasen, meist Wasserdampf, wird **Fumarole** genannt.
Eine **Solfatare** ist eine 100 bis 200 °C heiße, Schwefelwasserstoff führende Wasserdampfausströmung. Enthält eine Gasaushauchung hauptsächlich Kohlendioxid, spricht man von einer **Mofette.** Ein **Geysir** ist eine heiße Quelle, die in meist regelmäßigen Zeitabständen eine Wasserfontäne ausstößt.

9 **Peru** liegt nicht am Äquator. Sein nördlichster Punkt liegt jedoch nur wenige Kilometer südlich davon. In Südamerika kreuzt der Äquator den nördlichen Teil **Ecuadors,** den Südteil **Kolumbiens** und schließlich den Norden **Brasiliens.**

10 Die **Glaziologie** ist die Wissenschaft von den Gletschern. Bodenkunde, die Wissenschaft vom Boden, ist die **Pedologie.** Die **Limnologie,** die Wissenschaft von den Binnengewässern, erforscht die Entstehung sowie die physikalischen, chemischen und biologischen Verhältnisse von Flüssen und Seen. Mit den oberflächlichen Erscheinungsformen des Wassers und mit dem Grundwasser befasst sich die **Hydrologie.**

11 Die unterste Schicht der Atmosphäre ist die **Troposphäre,** in der die Wettervorgänge ablaufen. Ihre obere Grenze liegt zwischen 9 und 18 km Höhe.
Die anschließende **Stratosphäre** erstreckt sich bis etwa 50 km Höhe. Eine **Hemisphäre** ist eine Halbkugel; der Begriff wird häufig im Sinne von Erdhälfte oder Erdhalbkugel verwendet. Die **Hydrosphäre** ist die Wasserhülle der Erde.

12 Die **Dolomiten** sind nach dem französischen Mineralogen D. de Gratet de Dolomieu benannt, dem Entdecker des Minerals Dolomit. Die Dolomiten sind zu großen Teilen aus Gesteinen aufgebaut, die aus diesem Mineral bestehen.
Die Namen der **Abruzzen, Cevennen** und **Ardennen** sind historisch entstanden und gehen auf römische und keltische Bezeichnungen zurück.

13 **Wie nennt man das scheinbare Pendeln des Mondes?**

- Libration
- Präzession
- Nutation
- Eklipse

14 **Welches ist die Hauptstadt von Südafrika?**

- Kapstadt
- Johannesburg
- Pretoria
- Durban

15 **Welcher Begriff steht nicht für eine Kaltzeit des Eiszeitalters?**

- Elster
- Mindel
- Weichsel
- Holstein

16 **Als was wird unsere Sonne am Ende ihres Sternenlebens in rund fünf Milliarden Jahren enden, als ...**

- roter Riese
- weißer Zwerg
- Neutronenstern
- schwarzes Loch

17 **Wie heißt die Südspitze von Afrika**

- Goldenes Horn
- Kap Hoorn
- Horn von Afrika
- Kap der Guten Hoffnung

18 **Welches Gebirge trennt Europa und Asien?**

- Kaukasus
- Karpaten
- Altai
- Taurus

13 Das scheinbare Pendeln des Mondes, das durch den ungleichförmigen Mondumlauf um die Erde sowie durch die Neigung seiner Rotationsachse gegen seine Bahnebene verursacht wird, heißt **Libration.**
Präzession ist die Verlagerung der Rotationsachse der Erde, **Nutation** eine der Präzession überlagerte Schwankung der Erdachse. **Eklipse** ist die Sammelbezeichnung für Mond- und Sonnenfinsternisse.

14 Hauptstadt und Regierungssitz der Republik Südafrika ist **Pretoria.** Das südafrikanische Parlament hat seinen Sitz jedoch überraschenderweise nicht in der Hauptstadt Pretoria, sondern in **Kapstadt. Johannesburg** ist mit knapp zwei Millionen Einwohnern die größte Stadt und das Handels- und Industriezentrum des Landes. **Durban** an der Ostküste des Landes ist die größte Hafenstadt Südafrikas.

15 **Holstein** bezeichnet keine Kaltzeit, sondern die Warmzeit zwischen den Kaltzeiten Elster und Saale. In Norddeutschland werden die Kaltzeiten der Eiszeit nach den Flüssen **Elster,** Saale und **Weichsel** genannt. Im Alpengebiet sind ebenfalls Flüsse namengebend für die Kaltzeiten: Günz, **Mindel,** Riss und Würm.

16 Am Ende ihres Sternenlebens wird die Sonne zu einem **weißen Zwerg** von der Größe der Erde kollabieren. Zuvor wird sie sich jedoch zu einem **roten Riesen** aufblähen. Sterne ab einer Größe der achtfachen Sonnenmasse enden als Supernovae, deren Kern entweder zu einem **Neutronenstern** oder, wenn die Masse ausreichend groß ist, zu einem **schwarzen Loch** kollabiert.

17 Die Südspitze von Afrika, ein Felsvorsprung am westlichen Südende der Kaphalbinsel, ist das **Kap der Guten Hoffnung.**
Das **Goldene Horn** ist eine rund 6 km lange Meeresbucht am Südende des Bosporus und der historische Hafen von Istanbul. **Kap Hoorn,** die Südspitze Südamerikas, liegt auf einer Insel des chilenischen Feuerlands. Die Somalihalbinsel, ein Landvorsprung im Osten Afrikas, wird **Horn von Afrika** genannt.

18 Das Grenzgebirge zwischen Europa und Asien im Süden Osteuropas ist der **Kaukasus,** im Osten der Ural. Die **Karpaten** sind ein Gebirgszug in Europa, der sich von der Slowakei über Polen und die Ukraine bis nach Rumänien erstreckt. Der **Altai** ist ein Gebirge in Zentralasien, der **Taurus** liegt im südlichen Anatolien.

19 **Welche der südosteuropäischen Hauptstädte liegt an der Donau?**

- Bukarest
- Zagreb
- Belgrad
- Chişinău

20 **Mit welchem Begriff wird kein Wirbelsturm bezeichnet?**

- Blizzard
- Tornado
- Zyklon
- Taifun

21 **Wie heißt die deutsche Landschaft, die vor rund 14 Millionen Jahren durch den Einschlag eines Meteoriten entstanden ist?**

- Nördlinger Ries
- Magdeburger Börde
- Greifswalder Bodden
- Flensburger Förde

22 **In welchem Land befindet sich die südlichste Stadt Europas?**

- Zypern
- Griechenland
- Malta
- Spanien

23 **Als was werden die Länder des östlichen Mittelmeers noch bezeichnet?**

- Maghreb
- Algarve
- Anatolien
- Levante

24 **Welcher der neun Planeten unseres Sonnensystems wurde als Letzter entdeckt?**

- Neptun
- Uranus
- Pluto
- Merkur

19 Von den genannten südosteuropäischen Hauptstädten liegt nur **Belgrad,** die Hauptstadt Jugoslawiens, an Europas zweitlängstem Fluss. Ebenfalls an der Donau liegen noch drei weitere Hauptstädte: Wien, Bratislava und Budapest. Die Hauptstädte Rumäniens und Kroatiens, **Bukarest** und **Zagreb,** befinden sich dagegen nicht an der Donau. **Chişinău** ist die Hauptstadt von Moldawien und gleichfalls nicht an der Donau gelegen.

20 Ein **Blizzard** ist ein mit starken Temperaturstürzen verbundener winterlicher Schneesturm in Nordamerika. Ein **Tornado** ist ein kleinräumiger Wirbelsturm mit Durchmessern von einigen Hundert Metern. Große Wirbelstürme, die sich aus spiralförmigen Tiefdruckgebieten entwickeln, heißen im Indischen Ozean **Zyklon,** im Atlantik Hurrikan und im Pazifik **Taifun.**

21 Durch den Einschlag eines Meteoriten entstand vor 14 Millionen Jahren das **Nördlinger Ries,** ein fast kreisrundes Becken von etwa 20 km Durchmesser zwischen Schwäbischer und Fränkischer Alb. Die **Magdeburger Börde** ist fruchtbare Ebene. Der **Greifswalder Bodden** ist eine seichte, die **Flensburger Förde** eine aus einer eiszeitlichen Schmelzwasserrinne hervorgegangene, lang gestreckte Ostseebucht.

22 Die südlichste Stadt Europas ist Ierapetra auf Kreta, der größten Insel **Griechenlands.** Zwar liegen in **Zypern** einige Städte noch weiter südlich, doch gehört die Insel im östlichen Mittelmeer – geographisch gesehen – nicht mehr zu Europa, sondern zu Kleinasien. **Malta** ist geographisch Teil von Afrika und liegt zudem nördlicher als Kreta. Die südlichste Stadt **Spaniens** ist Tarifa.

23 Die Anrainerstaaten des östlichen Mittelmeers, des Levantinischen Meers, insbesondere deren Küste, werden als **Levante** bezeichnet. Zu ihnen zählen unter anderem Zypern, der Libanon und Israel. Der **Maghreb** ist der westliche Teil der arabisch-muslimischen Welt und umfasst im Wesentlichen Tunesien, Algerien und Marokko. Die **Algarve** ist die Südküste Portugals, **Anatolien** die Halbinsel Kleinasien.

24 Als Letzter der heute bekannten neun Planeten unseres Sonnensystems wurde **Pluto** im Jahr 1930 entdeckt. Seine Existenz war jedoch bereits 1846 aufgrund von Störungen der Bahnen des in diesem Jahr entdeckten **Neptuns** und des 1781 entdeckten **Uranus** vorausgesagt worden. Der **Merkur** ist auch ohne Fernrohr mit bloßem Auge sichtbar und daher bereits seit der Antike bekannt.

25 **Welche der Städte der früheren Sowjetunion liegt in Russland?**

- Minsk
- Donezk
- Irkutsk
- Krasnowodsk

26 **Von den etwa 3000 mit bloßem Auge sichtbaren Himmelskörpern kann man drei auch am Tag sehen. Welcher gehört nicht dazu?**

- Sonne
- Merkur
- Mond
- Venus

27 **Die entlang der Nordseeküste zwischen Ems- und Wesermündung liegende Inselkette sind die Ostfriesischen Inseln. Welche der sieben Inseln ist die westlichste?**

- Norderney
- Langeoog
- Wangerooge
- Borkum

28 **Welches ist der geographische Fachbegriff für eine Landenge?**

- Isthmus
- Kalmen
- Podsol
- Archipel

29 **Welches ist kein Stadtbezirk von New York?**

- Bronx
- Queens
- Riverside
- Richmond

30 **Welche der genannten Städte liegt nicht auf dem gleichen Breitengrad wie die anderen drei?**

- Tokio
- Peking
- Ankara
- Madrid

25
Irkutsk liegt in der Nähe des Baikalsees in Ostsibirien und gehört zu Russland.
Minsk ist die Hauptstadt von Weißrussland, **Donezk** ist die Hauptstadt des Bergbaugebiets Donezk im Osten der Ukraine.
Krasnowodsk heißt seit 1993 Turkmenbaschi; die Stadt am Ostufer des Kaspischen Meeres gehört zu Turkmenistan.

26
Auch wenn der **Merkur,** von der Erde aus gesehen, immer in der Nähe der Sonne steht, ist er zu klein und zu lichtschwach, als dass man ihn am Tag mit bloßem Auge sehen könnte.
Außer der **Sonne** und dem **Mond** ist tagsüber von der Erde aus Dank des hellen Glanzes ihrer Atmosphäre nur noch die **Venus** zu erkennen, jedoch muss man schon ihre genaue Position kennen, um sie zu finden.

27
Die am weitesten im Westen gelegene und mit einer Fläche von 30,6 km^2 auch größte der sieben Ostfriesischen Inseln ist **Borkum.** Ihr schließen sich nach Osten Juist, **Norderney,** Baltrum, **Langeoog** und Spiekeroog an. **Wangerooge** ist die östlichste der Inselgruppe.

28
Der geographische Fachbegriff für eine Landenge ist **Isthmus.** Der Name geht auf die Landenge zurück, die das nördliche Griechenland von der Halbinsel Peloponnes trennt – den Isthmus von Korinth.
Kalmen werden Windstillen über den Ozeanen im Bereich des Äquators genannt. **Podsol** ist ein Bodentyp. Als **Archipel** bezeichnet man eine Inselgruppe oder -kette.

29
Riverside ist Teil der Metropolitan Area von Los Angeles, zu der unter anderem auch Pasadena, Malibu, Santa Monica und Beverly Hills gehören.
Bronx, Queens und **Richmond** sind drei der fünf Bezirke des Stadtgebiets von New York, von denen jeder einem County des Staates New York entspricht. Die anderen beiden Bezirke sind Manhattan (= New York County) und Brooklyn (= Kings County).

30
Die japanische Hauptstadt **Tokio** liegt mit 35 Grad und 40 Minuten nördlicher Breite fast 5 Grad weiter südlich als die anderen drei Städte. Sowohl **Peking** und **Ankara** mit 39 Grad und 55 Minuten nördlicher Breite als auch **Madrid** mit 40 Grad und 25 Minuten nördlicher Breite liegen ziemlich nahe am 40. Breitengrad.

31 **Welcher Planet unseres Sonnensystems hat den größten Mond?**

- Saturn
- Erde
- Mars
- Jupiter

32 **Welcher Staat Mittelamerikas ist kein Anrainer des Karibischen Meeres?**

- Guatemala
- El Salvador
- Honduras
- Belize

33 **Welches Land ist seit der Auflösung der Sowjetunion das flächenmäßig größte Land der Erde?**

- Kanada
- Russland
- China
- Brasilien

34 **Da Kometen meist nach ihren Entdeckern benannt werden, tragen sie manchmal seltsame Namen. Welcher Name bezeichnet keinen Kometen?**

- Titius-Bode
- Schwassmann-Wachmann
- Pons-Winnecke
Encke

35 **In welchem der genannten Länder ist die Hauptstadt zugleich die größte Stadt des Landes?**

- Kanada
- Indien
- Indonesien
- Australien

36 **In welchem geologischen Zeitabschnitt traten erstmals Säugetiere auf?**

- Silur
- Karbon
- Trias
- Jura

31 Der Mond Ganymed des Planeten **Jupiter** ist mit einem Durchmesser von 5262 km der größte Mond unseres Sonnensystems. Mit 5150 km nur wenig kleiner ist Titan, ein Mond des **Saturn.**
Der Mond der **Erde** ist nach den Jupitermonden Callisto und Io der fünftgrößte Mond; er hat einen Durchmesser von 3476 km.
Phobos, der größere der beiden Monde des **Mars,** misst lediglich 27 x 21 x 19 km.

32 Von allen sieben Ländern Mittelamerikas ist nur **El Salvador** kein Anrainer des Karibischen Meeres, sondern nur des Pazifischen Ozeans.
Guatemala, Nicaragua, **Honduras,** Costa Rica und Panama haben sowohl eine pazifische als auch eine karibische, **Belize** nur eine karibische Küste.

33 Auch wenn **Russland** mit 17,1 Millionen km² nur etwa 76 % der Fläche der ehemaligen Sowjetunion hat, ist es mit Abstand das größte Land der Erde.
Kanada an zweiter Stelle ist mit 9,96 Millionen km² nur wenig mehr als halb so groß. **China** hat eine Fläche von 9,57 Millionen km² und liegt hinter den USA an vierter Stelle. **Brasilien** ist mit 8,55 Millionen km² das fünftgrößte Land der Erde.

34 Mit **Titius-Bode** wird kein Komet bezeichnet. Die Titius-Bode-Reihe ist eine empirische Beziehung für die Entfernung der Planeten von der Sonne.
Der Komet **Schwassmann-Wachmann** 1 hat eine Umlaufzeit von 16,1 Jahren. **Pons-Winnecke** und **Encke** umlaufen die Sonne auf Bahnen innerhalb der Jupiterbahn in 6,3 bzw. 3,3 Jahren.

35 Die Hauptstadt von **Indonesien** ist Jakarta und mit fast zehn Millionen Einwohnern zugleich die größte Stadt des Landes.
Größte Stadt **Kanadas** ist Toronto mit 4,7 Millionen Einwohner, in der Hauptstadt Ottawa lebt etwa eine Million Menschen. Die Hauptstadt von **Indien,** Neu-Delhi, mit 300 000 Einwohnern ist ein Stadtteil von Delhi, das rund zehn Millionen Einwohner zählt. Die Hauptstadt **Australiens,** Canberra, hat lediglich 300 000 Einwohner – Sydney, die größte Stadt des Landes, dagegen vier Millionen.

36 Die ersten Säugetiere traten vor rund 220 Millionen Jahren in der „Keuper“ genannten Abteilung der **Trias** auf.
Im **Silur** (vor rund 420 Millionen Jahren) entwickelten sich mit den Fischen die ersten Wirbeltiere. Vor 300 Millionen Jahren lebten im **Karbon** die ersten Reptilien, aus denen im **Jura** vor etwa 150 Millionen Jahren die Vögel hervorgingen.

37 **Der frühere deutsche Name von Zagreb, der Hauptstadt von Kroatien, war ...**

- Laibach
- Pressburg
- Neusatz
- Agram

38 **Auf welchem Kontinent gibt es keine Gletscher?**

- Europa
- Australien
- Südamerika
- Afrika

39 **Lediglich zwei südamerikanische Länder grenzen nicht an Brasilien. Eines davon ist Chile. Welches ist das andere?**

- Ecuador
- Paraguay
- Surinam
- Guyana

40 **Welche der nordamerikanischen Städte liegt am Eriesee?**

- Toronto
- Detroit
- Chicago
- Cleveland

41 **Wie heißt der Fachausdruck für Höhenlinien in der Geographie?**

- Isopachen
- Isohypsen
- Isohyeten
- Isohalinen

42 **Die Erde hat bekanntlich vier Pole. Welcher wurde als Erster von einem Menschen erreicht?**

- magnetischer Südpol
- geographischer Nordpol
- magnetischer Nordpol
- geographischer Südpol

37 Der frühere deutsche Name von Zagreb war **Agram.**
Ljubljana, die Hauptstadt von Slowenien, heißt mit deutschem Namen **Laibach. Pressburg** ist die Hauptstadt der Slowakischen Republik und heißt in der Landessprache Bratislava. **Neusatz** ist der frühere deutsche Name von Novi Sad, der Hauptstadt der serbischen Provinz Wojwodina.

38 Von allen Kontinenten hat nur **Australien** keine Gletscher, sofern man Neuseeland, wo es einige Gebirgsgletscher gibt, nicht zum australischen Kontinent rechnet.
In **Europa** finden sich Gletscher in Skandinavien, auf Island und in den Alpen. In den Anden in **Südamerika** gibt es ebenfalls zahlreiche Gebirgsgletscher, und selbst **Afrika** hat im Gebiet des Kilimandscharo eine Gletscherfläche von etwa 10 km^2 Größe.

39 **Ecuador** hat keine gemeinsame Grenze mit Brasilien. Es liegt ganz im Westen des südamerikanischen Kontinents und grenzt an Kolumbien und Peru.
Paraguay grenzt im Süden an Brasilien, **Surinam,** das ehemalige Niederländisch-Guayana, und **Guyana,** das frühere Britisch-Guayana, sind nördliche Nachbarn Brasiliens.

40 **Cleveland,** die größte Stadt des amerikanischen Bundesstaats Ohio, liegt am Südufer des Eriesees. **Toronto,** Hauptstadt der kanadischen Provinz Ontario, liegt am Ontariosee, **Detroit,** die größte Stadt Michigans, am Detroit River, der Wasserstraße zwischen Huron- und Eriesee. **Chicago,** die größte Stadt von Illinois, liegt am Südende des Michigansees.

41 Höhenlinien – Linien gleicher Höhe über einer Bezugsfläche – heißen **Isohypsen.**
Mit **Isopachen** bezeichnet der Geologe Linien gleicher Gesteins- oder Eismächtigkeit. Linien gleicher Niederschlagsmenge werden in der Meteorologie **Isohyeten** genannt. In der Ozeanographie heißen Linien gleichen Salzgehaltes des Wassers **Isohalinen.**

42 Als erster Pol wurde 1831 der **magnetische Südpol** im Norden Kanadas von den britischen Polarforschern John und James Ross erreicht bzw. entdeckt.
Der Brite Ernest Shackleton gelangte 1909 als Erster an den **magnetischen Nordpol,** der nahe der antarktischen Küste liegt. Im gleichen Jahr stand der Amerikaner Robert Peary am **geographischen Nordpol,** der Erste am **geographischen Südpol** war 1911 der Norweger Roald Amundsen.

43 **Die Flagge welches Staates ist (von oben nach unten) in den Farben Blau-Weiß-Rot quer gestreift?**

- Niederlande
- Luxemburg
- Paraguay
- Jugoslawien

44 **Wie wird die Skala genannt, mit der heute üblicherweise die Stärke von Erdbeben angegeben wird?**

- Richter-Skala
- Mercalli-Skala
- Beaufort-Skala
- Reaumur-Skala

45 **Vor rund 200 Millionen Jahren gab es auf der Erde nur einen einzigen zusammenhängenden Kontinent. Wie heißt dieser Urkontinent?**

- Laurasia
- Gondwana
- Tethys
- Pangäa

46 **Neben Französisch gibt es in Frankreich noch sieben weitere Sprachen, die von bestimmten Volksgruppen gesprochen werden. Welche Sprache gehört nicht dazu?**

- Baskisch
- Provenzalisch
- Kymrisch
- Katalanisch

47 **Wie heißt die Hauptstadt des amerikanischen Bundesstaats Louisiana?**

- Tallahassee
- Springfield
- Juneau
- Baton Rouge

48 **Welches ist die kleinste souveräne Republik der Erde?**

- Tuvalu
- Monaco
- Nauru
- Vatikanstadt

43 Die Flagge **Jugoslawiens** trägt drei Querstreifen in den Farben Blau, Weiß und Rot.
Die Flaggen der **Niederlande** und von **Luxemburg** haben rot-weiß-blaue Querstreifen, ebenso jene von **Paraguay,** jedoch führt Paraguay zusätzlich noch das Staatswappen in seiner Flagge.

44 Die Stärke von Erdbeben wird normalerweise mit den dimensionslosen Werten der „nach oben offenen" **Richter-Skala** angegeben. Nach ihr wird die relative Erdbebenenergie in einem logarithmischen Maßstab ermittelt.
Die **Mercalli-Skala** ist eine zwölfstufige Erdbebenskala, die auf dem Ausmaß der Zerstörungen beruht. Mit der **Beaufort-Skala** werden Windstärken gemessen. Die **Reaumur-Skala** ist eine veraltete Temperaturskala.

45 Der große, bis vor rund 200 Millionen Jahren zusammenhängende Urkontinent der Erde wird **Pangäa** genannt.
In der Jurazeit begann Pangäa, in einzelne Fragmente zu zerbrechen. Der Nordkontinent **Laurasia** trennte sich vom Südkontinent **Gondwana,** der zwischen beiden entstandene Ozean war die **Tethys.**

46 Das zu den britannischen Sprachen gehörende **Kymrisch** wird in Frankreich nicht gesprochen; es ist die Sprache der Waliser.
Baskisch wird im französischen Teil des Baskenlandes gesprochen, **Katalanisch** im Roussillon, das aussterbende **Provenzalisch** noch in Teilen Südfrankreichs. Die vier anderen Sprachen sind Bretonisch, Flämisch, Deutsch und Italienisch.

47 Die Hauptstadt von Louisiana ist **Baton Rouge,** nicht etwa das größere und bekanntere New Orleans. Die größte und bekannteste Stadt Floridas ist Miami, Hauptstadt ist aber **Tallahassee.** Die Hauptstadt von Illinois heißt **Springfield,** die größte und bekannteste Stadt des Staates ist Chicago. Die Hauptstadt von Alaska ist **Juneau** und nicht, wie oft angenommen wird, das weitaus bekanntere Anchorage.

48 Die kleinste Republik der Erde mit einer Fläche von nur 21,3 km^2 ist **Nauru.**
Tuvalu, wie Nauru ein Inselstaat in der Südsee, ist mit 26 km^2 kaum größer, jedoch eine konstitutionelle Monarchie. Ebenfalls keine Republiken sind die beiden kleinsten Staaten der Erde, das Fürstentum **Monaco** (1,95 km^2), eine konstitutionelle Monarchie, und der Staat der **Vatikanstadt** (0,44 km^2), eine Wahlmonarchie mit dem Papst als Staatsoberhaupt.

49 **Welcher dieser Flüsse entspringt nicht in der Schweiz?**

- Rhone
- Po
- Inn
- Rhein

50 **Welcher Wissenschaftler stellte erstmals mathematische Gesetze für die Bewegung der Planeten um die Sonne auf?**

- Ptolemäus
- Kopernikus
- Kepler
- Galilei

51 **In welcher der europäischen Metropolen regnet es im Jahresmittel am meisten?**

- Berlin
- London
- Paris
- Rom

52 **Welches ist der größte Süßwassersee der Erde?**

- Baikalsee
- Kaspisches Meer
- Oberer See
- Victoriasee

53 **Neben Deutsch, Französisch und Italienisch ist Rätoromanisch die vierte Landessprache der Schweiz. In welchem Kanton spricht man Rätoromanisch?**

- Waadt
- Graubünden
- Wallis
- Bern

54 **In welcher Schicht der Erdatmosphäre liegt die Ozonschicht?**

- Tropopause
- Stratopause
- Stratosphäre
- Mesosphäre

49 Der **Po,** der größte Fluss Italiens, entspringt im italienischen Teil der zu den Westalpen gehörenden Cottischen Alpen.
Die **Rhone** hat ihren Ursprung im Rhonegletscher im Schweizer Kanton Wallis. Der **Rhein** entsteht aus der Vereinigung seiner beiden Quellflüsse Vorderrhein und Hinterrhein; beide entspringen im schweizerischen Kanton Graubünden. Dort liegt auch die Quelle des **Inn,** eines Nebenflusses der oberen Donau.

50 Die drei noch immer gültigen Gesetze der Planetenbewegung wurden Anfang des 17. Jahrhunderts von Johannes **Kepler** aufgestellt.
Auf den griechischen Astronomen **Ptolemäus** geht das geozentrische Weltbild mit der Erde als Mittelpunkt zurück. Nikolaus **Kopernikus** begründete das moderne heliozentrische System, zu dem sich auch Galileo **Galilei** bekannte.

51 Am meisten regnet es in der italienischen Hauptstadt **Rom.** Dort fallen im Jahresmittel 760 mm Niederschlag.
Die geringste Niederschlagsmenge im langjährigen Mittel hat **Berlin** mit 580 mm zu verzeichnen, in **London** ist es mit 590 mm jährlicher Regenmenge nur unwesentlich feuchter. In **Paris** fallen 620 mm Niederschlag im Jahr.

52 Mit rund 84 000 km^2 ist der **Obere See** in Nordamerika flächenmäßig der größte Süßwassersee der Erde. Der **Baikalsee** in Sibirien ist nur 31 500 km^2 groß, enthält aber mehr Süßwasser als alle fünf Großen Seen Nordamerikas zusammen.
Das **Kaspische Meer** ist mit 371 000 km^2 das größte Binnengewässer, jedoch kein Süßwassersee. Mit 68 000 km^2 ist der **Victoriasee** größter See Afrikas und drittgrößter der Erde.

53 Im Kanton **Graubünden** werden neben Italienisch im äußersten Süden und Deutsch im Nordteil mit dem so genannten Bündnerromanisch rätoromanische Dialekte gesprochen.
Der Kanton **Waadt** ist französischsprachig, ebenso der Westteil des angrenzenden Kantons **Wallis,** in dessen Ostteil Deutsch gesprochen wird. Im Kanton **Bern** überwiegt die deutsche Sprache; lediglich in seinem Nordwesten spricht man Französisch.

54 Die so genannte Ozonschicht liegt im oberen Bereich der **Stratosphäre.**
Die **Tropopause** ist die in 12 bis 18 km Höhe liegende Grenze zwischen Stratosphäre und der darunter liegenden Troposphäre, die **Stratopause** jene in 50 km Höhe zur darüber liegenden **Mesosphäre.**

55 **Zu welcher chemischen Stoffgruppe zählt das Mineral Apatit?**

- Phosphate
- Silikate
- Karbonate
- Sulfide

56 **Welches der folgenden Länder gehört – geographisch gesehen – nicht zu Mitteleuropa?**

- Schweiz
- Polen
- Luxemburg
- Ungarn

57 **Welches Sternbild ist am nördlichen Sternenhimmel zu sehen?**

- Luftpumpe
- Tafelberg
- Pendeluhr
- Sextant

58 **Welcher afrikanische Staat änderte 1984 seinen Landesname in Burkina Faso?**

- Dahomey
- Basutoland
- Obervolta
- Nordrhodesien

59 **Das biblische Zweistromland oder Mesopotamien ist die Landschaft zwischen Euphrat und Tigris. Welcher dieser Flüsse mündet in den Persischen Golf?**

- keiner
- Euphrat
- Tigris
- beide

60 **Welche Stadt ist das Zentrum der deutschen Schmuckindustrie?**

- Pirmasens
- Offenbach
- Solingen
- Pforzheim

55 Das Mineral Apatit, im menschlichen Körper Bestandteil von Knochen und Zähnen, zählt zu den **Phosphaten.**
Silikate wie die Feldspäte sind die Hauptbestandteile von magmatischen und metamorphen Gesteinen, **Karbonate** jene von kalkigen Sedimenten. Schwefelverbindungen von Metallen, die **Sulfide,** sind wichtige Erzminerale.

56 **Luxemburg** gehört im geographischen Sinne nicht zu Mitteleuropa. Zu Mitteleuropa, das im Süden durch den Südrand der Alpen, im Norden durch Nord- und Ostsee begrenzt ist und von der Schelde im Westen bis zur Weichsel im Osten reicht, werden Deutschland, die **Schweiz,** Österreich, **Polen,** die Tschechische Republik, die Slowakische Republik und **Ungarn** gezählt.

57 Der **Sextant,** lateinisch Sextans, ist ein kleines, unscheinbares Sternbild der Äquatorzone, das in unseren Breiten im Frühjahr am Abendhimmel sichtbar ist.
Die Sternbilder **Luftpumpe** oder Antlia, **Tafelberg** oder Mensa und **Pendeluhr** oder Horologium sind nur am südlichen Sternenhimmel sichtbar.

58 Burkina Faso gehörte bis 1960 als französische Kolonie unter dem Namen **Obervolta** zu Französisch-Westafrika.
Dahomey, bis 1960 ebenfalls französische Kolonie, heißt heute Benin. Das heutige Lesotho war als **Basutoland** bis 1966 britisches Protektorat, **Nordrhodesien** erreichte 1964 unter dem Namen Sambia seine Unabhängigkeit von Großbritannien.

59 In den Persischen Golf mündet **keiner** der beiden Flüsse.
Der **Euphrat** entspringt mit seinen Quellflüssen Karasu und Murat im Hochland Ostanatoliens und umschließt zusammen mit dem ebenfalls in der Osttürkei entspringenden **Tigris** das unterirakische Tiefland. **Beide** Flüsse vereinigen sich zum etwa 200 km langen gemeinsamen Mündungsstrom, dem Schatt al-Arab („Strom der Araber"), der in den Persischen Golf mündet.

60 Die am Nordrand des Schwarzwalds gelegene „Goldstadt" **Pforzheim** ist das Zentrum der deutschen Schmuckwarenindustrie. Die südwestpfälzische Stadt **Pirmasens** hat eine bedeutende Schuhindustrie, **Offenbach** am Main ist das Zentrum der deutschen Lederindustrie. **Solingen** im Bergischen Land ist für seine Schneid- und Besteckwarenindustrie bekannt.

61 **Unter welchem Namen ist der Berg Chomolungma, ein Achttausender des Himalaja, besser bekannt?**

- Nanga Parbat
- K2
- Mount Everest
- Annapurna I

62 **In welcher Stadt wird die Untergrundbahn „Tube“ genannt?**

- New York
- Paris
- Moskau
- London

63 **Die Meeresstraße zwischen Mittelmeer und Marmarameer heißt …**

- Dardanellen
- Bosporus
- Belt
- Straße von Hormus

64 **Was erforscht die Wissenschaft der Speläologie?**

- Fossilien
- Höhlen
- Edelsteine
- Gesteine

65 **Sieben größere und sechs kleinere Inseln bilden die Kanarischen Inseln vor der Nordwestküste Afrikas. Welche von ihnen ist die größte?**

- Gran Canaria
- Lanzarote
- La Gomera
- Teneriffa

66 **Welche der folgenden Städte, die nach berühmten Personen benannt sind, ist keine Hauptstadt eines Bundesstaats der USA?**

- Bismarck
- Lincoln
- Darwin
- Columbus

61
Chomolungma ist der tibetische Name des **Mount Everest** und bedeutet „Göttin-Mutter des Landes“. Der **Nanga Parbat** wird lokal auch als Diamir bezeichnet. Der **K2**, auch als Mount Godwin-Austen oder Chogor bekannt, ist der höchste Berg des Karakorum und der zweithöchste Berg der Erde. Peak XXXIX oder **Annapurna I** ist der höchste Gipfel der Annapurna-Gruppe.

62
In **London**, der Stadt mit dem ältesten und längsten U-Bahnnetz, wird die Untergrundbahn von den Einheimischen „Tube“ („Röhre“) genannt.
Die Untergrundbahn von **New York** heißt Subway oder kurz „Sub“. Die Untergrundbahnen in **Paris** und **Moskau** wie auch die in Budapest werden als Metro bezeichnet, der Kurzform für Chemin de fer métropolitain – „Stadtbahn“.

63
Die Meeresstraße, die das Mittelmeer mit dem Marmarameer verbindet, sind die **Dardanellen.** Der **Bosporus** ist die Meerenge zwischen Marmarameer und Schwarzem Meer. **Belt** ist der Name zweier Meeresstraßen der Ostsee: zwischen Fünen und Jütland (Kleiner Belt) sowie Fünen und Seeland (Großer Belt). Die **Straße von Hormus** verbindet den Persischen Golf mit dem Indischen Ozean.

64
Die Speläologie oder Höhlenkunde befasst sich mit der Erforschung von **Höhlen.**
Die Wissenschaft von den **Fossilien,** das heißt versteinerten Tier- und Pflanzenresten, ist die Paläontologie. Die Untersuchung der **Edelsteine** ist Aufgabe der Gemmologie. Die Petrologie ist das Teilgebiet der Mineralogie, das die Bildung und die Eigenschaften der **Gesteine** erforscht.

65
Die größte der Kanarischen Inseln ist **Teneriffa.** Dort leben 600 000 Menschen auf 2057 km^2.
Die bevölkerungsreichste Insel mit 680 000 Einwohnern ist **Gran Canaria,** die flächenmäßig mit 1531 km^2 aber nur Rang drei innehat. Auf Rang vier folgt die mit 54 000 Einwohnern dünn besiedelte Insel **Lanzarote** (795 km^2). **La Gomera** ist mit 378 km^2 und 28 000 Einwohnern die zweitkleinste der sieben größeren Inseln.

66
Die nach dem britischen Naturforscher Charles **Darwin** benannte Stadt Darwin ist die Hauptstadt des Northern Territory von Australien. **Bismarck** ist die Hauptstadt des amerikanischen Bundesstaats North Dakota, **Lincoln** jene von Nebraska. Die Hauptstadt von Ohio trägt ihren Namen **Columbus** zu Ehren des Entdeckers von Amerikas.

67 **Drei Gase machen mit 99,7 % den Hauptanteil unserer Atmosphäre aus. Welches zählt nicht dazu?**

- Stickstoff
- Kohlendioxid
- Argon
- Sauerstoff

68 **Die legendäre Route 66 führt von Chicago durch acht amerikanische Staaten nach Los Angeles. Welchen Staat schneidet sie nicht?**

- Texas
- Arkansas
- Nevada
- Arizona

69 **Mit welchem Gerät registrieren und bestimmen die Geophysiker die Stärke von Erdbeben?**

- Seismograph
- Gravimeter
- Tellurimeter
- Spektrometer

70 **Welches ist der flächenmäßig größte Staat in Afrika ?**

- Algerien
- Kongo
- Nigeria
- Sudan

71 **Welcher der folgenden Namen bezeichnet einen afrikanischen Wüstensturm?**

- Buran
- Samum
- Willy-Willy
- Pampero

72 **Welche Längeneinheit ist bei astronomischen Entfernungsmessungen nicht gebräuchlich?**

- Ångström
- astronomische Einheit
- Lichtjahr
- Parsec

67
Trotz eines Anstiegs um rund ein Drittel in den letzten einhundert Jahren kommt **Kohlendioxid** in der Atmosphäre lediglich in Spuren vor - nur knapp 400 von einer Million Luftmolekülen sind Kohlendioxid. Den Hauptanteil der Luft unserer Atmosphäre machen **Stickstoff** (78,09 % Volumenanteil) und **Sauerstoff** (20,95 %) sowie das Edelgas **Argon** (0,93 %) aus.

68
Der Staat **Nevada** wird von der Route 66 nicht gequert oder berührt.
Sie beginnt in Chicago, Illinois, und führt durch einige der landschaftlich schönsten Teile der USA über Missouri, **Arkansas**, Oklahoma, **Texas**, New Mexico und **Arizona** ins kalifornische Los Angeles.

69
Zur Registrierung und Aufzeichnung von Erdbebenwellen sowie zur Bestimmung der Erdbebenstärke wird ein **Seismograph** verwendet.
Mit einem **Gravimeter** wird die Schwerebeschleunigung der Erde gemessen. Ein **Tellurimeter** ist ein Gerät zur elektrooptischen Entfernungsmessung. Ein **Spektrometer** dient der Zerlegung von elektromagnetischen oder Teilchenstrahlungen nach Energie, Masse oder ähnlichen Eigenschaften.

70
Das größte Land Afrikas ist der **Sudan.** Mit einer Fläche von 2,5 Millionen km^2 ist der Sudan etwa siebenmal so groß wie Deutschland.
Die Plätze zwei und drei belegen **Algerien** mit knapp 2,4 Millionen km2 und die Demokratische Republik **Kongo** mit etwa 2,3 Millionen km2. **Nigeria** ist der bevölkerungsreichste Staat Afrikas.

71
Der **Samum** ist ein trockener, sehr heißer Sommersturm in den nordafrikanischen und arabischen Wüsten, der vielfach Staub und feinen Sand mit sich führt.
Der **Buran** ist ein kalter Nord- oder Nordoststurm in Sibirien, der **Willy-Willy** ein gefürchteter tornadoähnlicher Wirbelsturm in Australien. Kalte Südweststürme mit Gewittern werden im südamerikanischen La-Plata-Gebiet **Pampero** genannt.

72
Ångström ist eine Längeneinheit im submikroskopischen Bereich; ein Ångström sind 10^{-10} m.
Die **astronomische Einheit** entspricht etwa dem mittleren Abstand Erde–Sonne, das sind 149 597 870 km. Ein **Lichtjahr** ist eine Strecke von $9{,}4605 \cdot 10^{12}$ km. Die größte astronomische Längeneinheit ist das **Parsec**; ein Parsec sind 3,263 Lichtjahre.

73 **Wie heißt der Teil des Mittelmeeres zwischen dem italienischen Festland und den Inseln Sizilien und Sardinien?**

- Adriatisches Meer
- Ionisches Meer
- Tyrrhenisches Meer
- Ligurisches Meer

74 **Die Quelle welches Flusses wurde erst im Jahr 1996 entdeckt?**

- Mekong
- Amazonas
- Orinoco
- Nil

75 **Aus welchem europäischen Land stammen Kraftfahrzeuge mit dem Nationalitätenzeichen BY?**

- San Marino
- Moldawien
- Gibraltar
- Weißrussland

76 **Gegen welche Insel tauschte das Deutsche Reich im Jahr 1890 Helgoland ein?**

- Samoa
- Salomonen
- Sansibar
- Saint Lucia

77 **Am Mount Rushmore in South Dakota meißelte ein Bildhauer die Köpfe von vier amerikanischen Präsidenten aus dem Felsen. Welcher Präsident ist nicht darunter?**

- George Washington
- Thomas Jefferson
- Abraham Lincoln
- Franklin D. Roosevelt

78 **Mit welchem Begriff bezeichnet man ein Klima, bei dem die potenzielle Verdunstung größer ist als der Niederschlag?**

- arides Klima
- nivales Klima
- humides Klima
- boreales Klima

73 Der Teil des Mittelmeeres zwischen der Apenninenhalbinsel, Sizilien und Sardinien ist das **Tyrrhenische Meer,** benannt nach den Tyrrhenoi, den Etruskern.
Das **Adriatische Meer** liegt zwischen Apenninen- und Balkanhalbinsel, das südlich anschließende **Ionische Meer** zwischen Italien und Griechenland. Das **Ligurische Meer** ist der nördliche Teil des Mittelmeeres zwischen der Riviera und der Insel Korsika.

74 Im Jahr 1996 entdeckte ein Forscherteam die Quelle des **Amazonas** bei einem Gletscher der Hochanden in der Nähe der peruanischen Stadt Arequipa.
Ein Jahr zuvor war die Quelle des **Mekong** im tibetischen Hochland entdeckt worden. Die Quelle des **Orinoco** ist seit 1887 bekannt, die Quellflüsse des **Nils** - Blauer Nil, Victoria-Nil und Albert-Nil - wurden im 18. und 19. Jahrhundert erforscht.

75 Ein Auto mit dem Nationalitätskennzeichen BY stammt aus **Weißrussland,** das amtlich Respublika Belarus heißt.
Das Kennzeichen für die Republik **San Marino** ist RSM, jenes für **Moldawien** MD. **Gibraltar,** das als Kronkolonie direkt der britischen Krone untersteht, ohne staatsrechtlich zu Großbritannien zu gehören, hat das eigene Nationalitätenzeichen GBZ.

76 Im Helgoland-Sansibar-Vertrag trat das Deutsche Reich die heute zum ostafrikanischen Staat Tansania gehörende Insel **Sansibar** an Großbritannien ab und bekam dafür Helgoland.
Samoa und zwei Inseln der **Salomonen** waren ebenfalls deutsche Schutzgebiete. **Saint Lucia** war von 1814 bis 1979 britische Kolonie.

77 **Franklin D. Roosevelt,** Präsident von 1933 bis 1944, ist nicht unter den vier Porträtköpfen im Mount Rushmore National Memorial, das in den 1930er-Jahren entstand.
Neben **George Washington, Thomas Jefferson** und **Abraham Lincoln** ist vielmehr sein Namensvetter Theodore Roosevelt dargestellt, der von 1901 bis 1909 Präsident war.

78 Ein Trockenklima, bei dem die potenzielle Verdunstung den Niederschlag übertrifft, wird als **arides Klima** bezeichnet.
In einem **nivalen Klima** fallen die Niederschläge überwiegend als Schnee, in einem **humiden Klima** sind die Niederschläge größer als die Verdunstung. Zu den humiden Klimata zählt auch das **boreale Klima** der kaltgemäßigten Zonen.

79 **Welche europäische Stadt liegt – in Flugkilometern gemessen – Frankfurt am Main am nächsten?**

- Istanbul
- Madrid
- Athen
- Helsinki

80 **Welcher Küstenabschnitt liegt nicht in Spanien?**

- Costa Smeralda
- Costa Brava
- Costa Dorada
- Costa Blanca

81 **Wie nennt man eine trichter- oder schüsselförmige Hohlform in Karstgebieten?**

- Schlotte
- Doline
- Caldera
- Maar

82 **Wie heißt die Hauptstadt des im Indischen Ozean gelegenen Inselstaats Malediven?**

- Mahe
- Mali
- Male
- Malawi

83 **Wie heißen die jährlichen Meteorströme, die im August auffällige Sternschnuppenschwärme verursachen?**

- Leoniden
- Tauriden
- Orioniden
- Perseiden

84 **Welcher Staat hat keinen Anteil an der Insel Kalimantan?**

- Malaysia
- Papua-Neuguinea
- Brunei
- Indonesien

79 Von Frankfurt am Main erreicht man mit dem Flugzeug am schnellsten **Madrid,** das rund 1450 km entfernt ist.
Am weitesten entfernt ist **Istanbul** mit 1850 km, **Athen** mit einer Entfernung von 1800 km ist nur unwesentlich näher. Nach **Helsinki** muss man eine Strecke von rund 1500 km zurücklegen.

80 Die **Costa Smeralda** – die „Smaragdküste“ – ist die Felsenküste im Nordosten von Sardinien und gehört demzufolge zu Italien.
Die **Costa Brava** („wilde Küste“) liegt zwischen Barcelona und der französischen Grenze, die **Costa Dorada,** die „Goldküste“, schließt sich im Süden bis zum Ebrodelta an. Die **Costa Blanca** („weiße Küste“) ist die spanische Mittelmeerküste um Alicante und Benidorm.

81 Eine trichter- oder schüsselförmige Hohlform in Karstgebieten heißt **Doline.** Sie entsteht durch Auslaugung des Gesteins an der Erdoberfläche oder durch Einsturz unterirdischer Hohlräume.
Eine **Schlotte** ist ein steil stehender Hohlraum in löslichem Gestein.
Als **Caldera** wird ein durch Einsturz entstandener vulkanischer Kraterkessel bezeichnet; ein **Maar** entsteht durch eine vulkanische Explosion.

82 Die Hauptstadt der Malediven und zugleich einzige städtische Siedlung ist **Male** auf der gleichnamigen Hauptinsel des Landes.
Mahe heißt die Hauptinsel der gleichfalls im Indischen Ozean gelegenen Inselgruppe der Seychellen.
Mali und **Malawi** sind Staaten in Westafrika bzw. im südlichen Ostafrika.

83 Die jährlich zwischen dem 27. Juli und dem 17. August auftretenden Sternschnuppenschwärme werden durch die (scheinbar) aus dem Sternbild Perseus kommenden **Perseiden** verursacht.
Die **Leoniden** kommen Mitte November aus dem Sternbild Löwe.
Die **Tauriden** aus dem Sternbild Stier sind von 26. Oktober bis 26. November zu beobachten, die **Orioniden** aus dem Sternbild Orion um den 19. Oktober.

84 Der Staat **Papua-Neuguinea** umfasst neben einigen kleineren Inseln den Ostteil der Insel Neuguinea, hat jedoch keinen Anteil an der Insel Kalimantan.
Kalimantan ist der indonesische Name von Borneo; die Insel teilen sich im Norden **Malaysia** und **Brunei,** der Südteil gehört zu **Indonesien.**

85 **Welche Landschaftsform bezeichnet ein steppenartiges Grasland?**

- Pampa
- Llano
- Tundra
- Taiga

86 **Wie hieß Jakarta, die Hauptstadt Indonesien, bis 1950?**

- Reval
- Edo
- Batavia
- Madras

87 **Womit beschäftigt sich die Geodäsie?**

- Landvermessung
- Erdmagnetismus
- Altersbestimmungen
- Landschaftsformen

88 **Welches der genannten Meere liegt nicht auf dem Mond, das ...**

- Ruhige Meer
- Fruchtbare Meer
- Heitere Meer
- Tote Meer

89 **Welcher der europäischen Flüsse hat keine Deltamündung?**

- Elbe
- Po
- Rhone
- Weichsel

90 **Welches Land grenzt nicht direkt an das Staatsgebiet Frankreichs?**

- Italien
- Spanien
- Portugal
- Brasilien

85 Die **Pampa** ist die baum- und strauchlose, steppenartige Grasebene Argentiniens.
Llanos sind baumarme Ebenen in den wechselfeuchten Tropen Lateinamerikas mit Savannen- bis Wüstencharakter. Die **Tundra** ist die baumlose Landschafts- und Vegetationsform der eurasischen und nordamerikanischen Arktis, die **Taiga** das südlich daran anschließende Nadelwaldgebiet.

86 Der frühere Name der indonesischen Hauptstadt Jakarta war **Batavia.**
Reval ist der deutsche Name von Tallinn, der Hauptstadt Estlands. **Edo** war bis 1868 der Name der japanischen Hauptstadt Tokio. Die indische Stadt **Madras** heißt heute Chennai.

87 Die Geodäsie, die Wissenschaft von der Ausmessung und Abbildung der Erdoberfläche, beschäftigt sich unter anderem mit der **Landvermessung.**
Mit dem **Erdmagnetismus** ist die Geomagnetik, ein Teilgebiet der Geophysik, befasst. **Altersbestimmungen** an Gesteinen werden von der Geochronologie durchgeführt, die Geomorphologie ist die Wissenschaft von den **Landschaftsformen** der Erde.

88 Das **Tote Meer** ist ein abflussloser Salzsee im Jordangraben zwischen Israel und Jordanien.
Das **Heitere Meer** oder Mare Serenitatis, das **Ruhige Meer** oder Mare Tranquillitatis und das **Fruchtbare Meer** oder Mare Foecunditatis sind Mondmeere oder Maria, mit Lava gefüllte Einschlagbecken und vulkanische Einsenkungen.

89 Die **Elbe** mündet nicht mit einem Delta in die Nordsee, sondern in einem so genannten Ästuar, einer unter dem Einfluss der Gezeitenströme schlauch- oder trichterförmig erweiterten Flussmündung.
Bei einer Deltamündung wie bei **Po, Rhone** und **Weichsel** baut der Fluss durch Ablagerung mitgeführter Stoffe im Mündungsbecken seine Mündung vor, die durch vielfältige Verzweigung des Flusslaufs eine fächerförmige Gestalt erhält.

90 Mit **Portugal** hat Frankreich keine gemeinsame Grenze.
Italien grenzt in den Alpen im Südosten an Frankreich, **Spanien** in den Pyrenäen im Süden. Da das an der Nordostküste Südamerikas liegende und an Brasilien grenzende Überseedepartement Französisch-Guayana streng genommen zum französischen Staatsgebiet zählt, haben Frankreich und **Brasilien** ebenfalls eine gemeinsame Grenze.

91 **In der Geologie versteht man unter äolischen Sedimenten Ablagerungen durch …**

- Gletscher
- den Wind
- das Meer
- Flüsse

92 **Der größere der beiden Monde des Mars ist Phobos. Wie heißt der kleinere?**

- Triton
- Charon
- Ceres
- Deimos

93 **Welcher der vier bedeutendsten für Seeschiffe befahrbaren Kanäle ist der längste?**

- Panamakanal
- Nord-Ostsee-Kanal
- Suezkanal
- Sankt-Lorenz-Seeweg

94 **Welche der genannten Inseln gehört nicht zu den Balearen?**

- Menorca
- Formentera
- Fuerteventura
- Ibiza

95 **Welcher heutige Kontinent oder Teilkontinent war nicht Teil des Urkontinents Gondwana?**

- Australien
- Nordamerika
- Antarktis
- Indien

96 **Welche Sprache ist keine Amtssprache Belgiens?**

- Belgisch
- Niederländisch
- Französisch
- Deutsch

91 Äolische Sedimente werden vom **Wind** transportiert und abgelagert. Ablagerungen, die durch den Transport von **Gletschern** entstehen, werden als glaziale Sedimente bezeichnet. Im oder durch das **Meer** entstehen marine Sedimente, Ablagerungen durch **Flüsse** werden fluviatil genannt.

92 Der kleinere der beiden Marsmonde ist **Deimos,** er hat eine Größe von nur 15 x 12 x 11 km. **Triton** ist mit 2720 km Durchmesser der größte Mond des Neptun. Der etwa 1190 km durchmessende **Charon** ist der einzige bekannte Begleiter von Pluto. **Ceres** hat einen Durchmesser von 1023 km und ist damit der größte der Asteroiden.

93 Der längste für Seeschiffe befahrbare Kanal ist der **Sankt-Lorenz-Seeweg.** Er ermöglicht über eine Länge von 3770 km durchgehende Schifffahrt zwischen den Großen Seen und dem Atlantik.
Der **Panamakanal** ist mit 81,6 km kürzer als der **Nord-Ostsee-Kanal**, der eine Länge von 98,7 km hat. Der **Suezkanal** ist 162,5 km lang.

94 **Fuerteventura** gehört nicht zu den Balearen; es ist die zweitgrößte der Kanarischen Inseln.
Neben der größten und bekanntesten Insel Mallorca mit der Hauptstadt Palma umfassen die Balearen **Menorca, Formentera** und **Ibiza** sowie Cabrera und mehrere kleine Felseninseln.

95 **Nordamerika** war im Gegensatz zu Südamerika nicht Teil des südlichen Urkontinents Gondwana, sondern bildete zusammen mit Eurasien den Nordkontinent Laurasia.
Gondwana zerbrach im Jura in die Kontinente Südamerika, Afrika, **Australien** und **Antarktis** sowie in den heutigen Subkontinent **Indien,** die seitdem in verschiedene Richtungen auseinander driften.

96 **Belgisch** ist keine Amtssprache Belgiens - eine belgische Sprache gibt es nicht.
Stattdessen wird im Norden des Landes **Niederländisch** gesprochen, das in Belgien als Flämisch bezeichnet wird, im Süden das „Wallonisch" genannte **Französisch.** Beide Sprachen sind Amtssprachen, ebenso wie **Deutsch**, das von einer Minderheit im Osten des Landes gesprochen wird.

97 **Welche Sprache ist keine Amtssprache eines südamerikanischen Staates?**

- Portugiesisch
- Niederländisch
- Italienisch
- Spanisch

98 **Außer der Erde hat noch ein weiterer Planet vom Weltall aus gesehen eine blaue Farbe. Welcher ist es?**

- Neptun
- Mars
- Jupiter
- Saturn

99 **Welcher Fluss ist kein rechter Nebenfluss der Donau?**

- Iller
- Naab
- Lech
- Isar

100 **Wie heißt die Hauptstadt von Mecklenburg-Vorpommern?**

- Rostock
- Stralsund
- Stettin
- Schwerin

101 **Welcher der Begriffe bezeichnet keine typisch eiszeitlich gebildete Geländeform?**

- Drumlin
- Oser
- Sander
- Barchan

102 **In welcher Himmelsrichtung kann man den Abendstern sehen?**

- Osten
- Süden
- Westen
- Norden

97 **Italienisch** ist in keinem südamerikanischen Staat Amtssprache. **Portugiesisch** ist die Amtssprache von Brasilien, **Niederländisch** jene von Surinam. Die Amtssprache von Guyana ist Englisch, in allen übrigen südamerikanischen Staaten wird offiziell **Spanisch** gesprochen.

98 Der **Neptun** hat vom Weltall aus gesehen eine blaue Farbe, die von der Absorption des roten Lichtanteils durch den Methananteil seiner Atmosphäre herrührt.
Der **Mars** ist deutlich rot gefärbt, der **Jupiter** hat ebenfalls eine rötliche Farbe. Beim **Saturn** überwiegen gelbliche Farbtöne.

99 In Fließrichtung gesehen ist die nahe Regensburg mündende **Naab** ein linker Nebenfluss der Donau. Die Nebenflüsse der Donau in Deutschland, zumindest die größeren, kann man sich mit dem Merkspruch „**Iller, Lech, Isar, Inn** fließen rechts zur Donau hin. Altmühl, Naab und Regen fließen links dagegen“ einprägen.

101 Die Hauptstadt von Mecklenburg-Vorpommern ist **Schwerin.**
Mit etwa 107 000 Einwohnern ist Schwerin die zweitgrößte Stadt des Landes hinter dem fast doppelt so großen **Rostock.** Beide Städte liegen in Mecklenburg, die größte Stadt Vorpommerns ist **Stralsund**; dort wohnen etwa 62 000 Menschen. **Stettin** liegt in Westpommern, das seit dem Zweiten Weltkrieg zu Polen gehört, und heißt heute Szczecin.

101 Unter einem **Barchan** versteht man keine typisch eiszeitlich gebildete Geländeform. Ein Barchan ist eine halbmondförmige Wanderdüne mit flachem Anstieg auf der Windseite und Steilhang im Windschatten. **Drumlins** sind länglich-ovale Hügel aus Moränenmaterial, **Oser** wallartige Erhebungen in Moränenlandschaften. **Sander** sind fächerförmige Schotter- oder Sandflächen, die sich am Außenrand der Endmoränen gebildet haben.

102 Der Abendstern oder Hesperos ist der helle Planet Venus. Von der Erde aus gesehen steht die Venus immer Richtung Sonne, man sieht sie abends daher im **Westen.** Morgens ist die Venus als Morgenstern oder Phosphoros im **Osten** zu sehen. Im **Süden** oder **Norden** steht die Venus dagegen nie.

103

Welcher Staat nennt sich mit amtlichem Namen Myanmar?

- Birma
- Bhutan
- Ceylon
- Bangladesh

104

Wie heißt der Tiefseegraben vor der pazifischen Küste Südamerikas?

- Caymangraben
- Atacamagraben
- Kermadecgraben
- Sundagraben

105

Der Don ist mit 1870 km der viertlängste Strom Europas. In welches Meer mündet er?

- Schwarzes Meer
- Kaspisches Meer
- Asowsches Meer
- Ochotskisches Meer

106

Die Lokale Gruppe ist eine Assoziation von Galaxien, zu der auch das Milchstraßensystem gehört. Welche der mehr als 30 Galaxien ist der Erde am nächsten?

- Kleine Magellansche Wolke
- Andromedanebel
- Dreiecksnebel
- Große Magellansche Wolke

107

Wie heißen die Wasserfälle des Sambesi bei Livingstone, an der Grenze von Sambia zu Simbabwe?

- Victoriafälle
- Livingstonefälle
- Niagarafälle
- Iguaçufälle

108

Die Küste von welchem Meer liegt nicht teilweise oder ganz in Asien?

- Rotes Meer
- Grünes Meer
- Schwarzes Meer
- Gelbes Meer

103 Myanmar ist die landessprachliche Bezeichnung des hinterindischen Staates **Birma,** englisch auch Burma genannt.
Bhutan, ein Königreich im östlichen Himalaja, nennt sich amtlich Druk Yul („Drachenreich"). Sri Lanka hieß bis 1972 **Ceylon, Bangladesh** heißt auch in der Amtssprache Bengali Bangladesh.

104 Der vor Chile über 8000 m tiefe Tiefseegraben vor der Westküste Südamerikas heißt **Atacamagraben.**
Der **Caymangraben** liegt südwestlich von Kuba im Karibischen Meer, der **Kermadecgraben** erstreckt sich im Pazifischen Ozean von den Samoainseln bis Neuseeland.
Der **Sundagraben** liegt südlich der indonesischen Insel Java im Indischen Ozean.

105 Der Don mündet mit einem 340 km^2 großen Delta unterhalb der russischen Stadt Rostow in das **Asowsche Meer.**
Das Asowsche Meer ist das nördliche Nebenmeer des **Schwarzen Meeres.** Der längste Fluss Europas, die Wolga, mündet in das abflusslose **Kaspische Meer.** Das **Ochotskische Meer,** ein Nebenmeer des Pazifischen Ozeans, liegt östlich von Sibirien.

106 Der Erde am nächsten gelegen ist die etwa 160 000 Lichtjahre entfernte **Große Magellansche Wolke.** Ihr Durchmesser entspricht etwa einem Fünftel der Milchstraße.
Die Entfernung zur **Kleinen Magellanschen Wolke** beträgt etwa 185 000 Lichtjahre. Rund 2,25 bzw. 2,35 Millionen Lichtjahre entfernt sind die beiden Spiralgalaxien **Andromedanebel** und **Dreiecksnebel.**

107 Die Wasserfälle des Sambesi, an denen der 1700 m breite Strom 110 m tief in eine nur 50 m breite Schlucht stürzt, heißen **Victoriafälle.**
Die **Livingstonefälle** sind Wasserfälle im Unterlauf des Kongo. Die **Niagarafälle** werden vom Niagara River gebildet, der Erie- und Ontariosee verbindet, die **Iguaçufälle** vom Rio Iguaçu, einem linken Nebenfluss des Paraná in Südbrasilien.

108 Da es ein **Grünes Meer** als feststehenden geographischen Begriff nicht gibt, kann es auch keinen Anteil an der Küste Asiens haben. Das **Rote Meer** liegt zwischen Afrika und der arabischen Halbinsel, die zu Asien gehört. Die Südküste des **Schwarzen Meeres** ist Teil von Kleinasien, das **Gelbe Meer** liegt zwischen China und der koreanischen Halbinsel.

109
Wie heißt die Hauptstadt von Malta?

- Vilnius
- Valletta
- Vaduz
- Andorra la Vella

110
Welcher der Flüsse entspringt im französischen Zentralmassiv?

- Saône
- Seine
- Loire
- Garonne

111
Die folgenden Minerale sind wichtige Buntmetallerze. Welches von ihnen enthält Eisen?

- Bleiglanz
- Kupferkies
- Zinkblende
- Molybdänglanz

112
Welches ist die größte dänische Insel?

- Lolland
- Jütland
- Gotland
- Seeland

113
Welches ist die nördlichste Millionenstadt der Erde?

- St. Petersburg
- Stockholm
- Vancouver
- Helsinki

114
Welche ehemalige sowjetische Unionsrepublik ist kein Anrainerstaat des Schwarzen Meeres?

- Georgien
- Ukraine
- Moldawien
- Russland

109
Das nach dem Großmeister des Johanniterordens Jean Parisot del La Vallette benannte **Valletta** (9000 Einwohner) ist die Hauptstadt der Mittelmeerinsel Malta. **Andorra la Vella** (21 000 Einwohner) ist die Hauptstadt des 453 km^2 großen Pyrenäenstaats Andorra. **Vilnius** (580 000 Einwohner) ist die Hauptstadt von Litauen. Die Hauptstadt des Fürstentums Liechtenstein heißt **Vaduz** und hat 5000 Einwohner.

110
Die **Loire,** der längste Fluss Frankreichs, entspringt am Westabhang der Cevennen im Südosten des Zentralmassivs und mündet bei Saint-Nazaire in den Atlantischen Ozean.
Die **Saône** hat ihren Ursprung südwestlich von Épinal im Departement Vosges, die **Seine** entspringt auf dem Plateau von Langres nordwestlich von Dijon. Die Quelle der **Garonne** liegt in den spanischen Pyrenäen.

111
Von den genannten Erzmineralen enthält der **Kupferkies** oder Chalkopyrit, $CuFeS_2$, rund 30 % Eisen. Kupferkies ist das wichtigste Kupfererz.
Die anderen drei Erzminerale, der **Bleiglanz** oder Galenit, PbS, die **Zinkblende** oder Sphalerit, ZnS, und der **Molybdänglanz** oder Molybdänit, MoS_2, sind dagegen eisenfrei.

112
Die größte Insel Dänemarks, auf der auch die Hauptstadt Kopenhagen liegt, ist **Seeland.**
Lolland ist nach Fünen die drittgrößte dänische Insel. **Jütland,** die Halbinsel zwischen Nordsee, Skagerrak, Kattegat und Ostsee, bildet den festländischen Teil Dänemarks. Die östlich von Schweden in der Ostsee gelegene Insel **Gotland** gehört nicht zu Dänemark, sondern zu Schweden.

113
Die nördlichste Millionenstadt der Erde ist **St. Petersburg.** Die 4,2 Millionen Einwohner zählende Stadt liegt auf 59 Grad 55 Minuten nördlicher Breite.
Nur 35 Minuten südlicher liegt **Stockholm, Vancouver** dagegen mehr als 10 Grad. **Helsinki** liegt zwar einige zehn Minuten weiter nördlich als St. Petersburg, ist aber mit nur etwa 500 000 Einwohnern keine Millionenstadt.

114
Die ehemalige Sowjetrepublik **Moldawien** ist ein Binnenstaat, der im Westen an Rumänien und ansonsten an die Ukraine grenzt.
Die Anrainerstaaten des Schwarzen Meeres sind – im Uhrzeigersinn – die **Ukraine, Russland, Georgien,** die Türkei, Bulgarien und Rumänien.

115 **Mit welchem Fachbegriff wird die Tagundnachtgleiche bezeichnet?**

- Altokumulus
- Äquinoktium
- Aquädukt
- Apogäum

116 **Welche europäische Stadt hat die meisten Brücken?**

- Berlin
- Hamburg
- Amsterdam
- Venedig

117 **Was versteht man unter dem Begriff Kontinentaldrift?**

- Ozeanbodenbildung
- Stratosphärenwinde
- Erdplatten-bewegung
- polarer Meeres-strom

118 **Eine der folgenden „Hafen"-Städte liegt an einem Fluss. Welches ist es?**

- Ludwigshafen
- Wilhelmshaven
- Friedrichshafen
- Heiligenhafen

119 **Welcher Planet zählt nicht zu den fünf äußeren Planeten unseres Sonnensystems?**

- Jupiter
- Uranus
- Merkur
- Neptun

120 **In welchem deutschen Mittelgebirge entspringt die Weser?**

- im Thüringer Wald
- in der Rhön
- im Rothaargebirge
- in keinem davon

115
Die beiden Zeitpunkte der Tagundnachtgleiche am Frühlingsanfang und am Herbstanfang werden als **Äquinoktium** bezeichnet. Die Sonne steht dann im Äquator und geht um 6 Uhr Ortszeit auf, um 18 Uhr unter.
Ein **Altokumulus** ist eine mittelhohe, gröbere Schäfchenwolke. Ein **Aquädukt** ist ein brückenartiges Bauwerk zur Überführung von Wasserleitungen. Das **Apogäum** ist der erdfernste Punkt der Mondbahn.

116
Europarekordhalter, was die Anzahl der Brücken anbelangt, ist **Hamburg.** Auf jeweils 800 Einwohner kommt dort eine Brücke. Mit über 2100 Brücken verweist die Hansestadt die deutsche Hauptstadt **Berlin** mit 1660 Brücken deutlich auf Platz zwei. **Amsterdam** hat 1280 Brücken, mehr als dreimal so viel wie **Venedig** mit gerade mal 400.

117
Die **Kontinentaldrift** ist eine Erdplattenbewegung. Man versteht darunter die Horizontalverschiebung der Kontinente gegeneinander. Die **Ozeanbodenbildung** entlang der mittelozeanischen Rücken ist wie die Kontinentaldrift Folge von Massenbewegungen im Erdmantel. Die **Stratosphärenwinde** heißen auch Jetstreams, der zirkumantarktische **polare Meeresstrom** wurde früher Westwinddrift genannt.

118
Die rheinland-pfälzische Stadt **Ludwigshafen** liegt am Rhein; in Ludwigshafen befindet sich der größte linksrheinische Binnenhafen. Das niedersächsische **Wilhelmshaven** liegt am Jadebusen, einer durch Meereseinbrüche entstandenen Bucht der Nordsee. **Friedrichshafen** in Oberschwaben liegt am Nordufer des Bodensees, **Heiligenhafen** ist eine kleine ostholsteinische Hafenstadt an der Ostsee.

119
Der **Merkur** zählt wie die Venus, die Erde und der Mars zu den vier inneren oder erdähnlichen Planeten. Die vier äußeren Planeten sind **Jupiter,** Saturn, **Uranus, Neptun** und Pluto. Letztere werden – mit Ausnahme von Pluto, der einen Sonderstellung unter den Planeten einnimmt – auch als jupiterähnliche oder wegen ihrer Zusammensetzung als Gasplaneten bezeichnet.

120
Die Weser entspringt **in keinem davon.** Sie entsteht nämlich bei Hannoversch Münden aus der Vereinigung der beiden Flüsse Werra und Fulda.
Die Werra ihrerseits entspringt **im Thüringer Wald,** die Fulda bei der Wasserkuppe **in der Rhön.** Die Eder, ein Nebenfluss der Fulda, hat ihren Ursprung **im Rothaargebirge.**

121
Welche Wüste gilt als die trockenste der Erde?

- Atacama
- Namib
- Karakum
- Kalahari

122
Gesteine können nach ihrem magmatischen, metamorphen oder sedimentären Ursprung unterschieden werden. Welches Gestein ist ein Sedimentgestein?

- Syenit
- Diabas
- Amphibolit
- Arkose

123
Wie heißt die kalte, nach Norden gerichtete Meeresströmung vor der Ostküste Südamerikas?

- Humboldtstrom
- Falklandstrom
- Guayanastrom
- Agulhasstrom

124
Welches ist der hellste Stern des Sternbildes Kleiner Bär?

- Polarstern
- Algol
- Beteigeuze
- Aldebaran

125
Welche der deutschen Städte hat keine Kirche als Wahrzeichen?

- München
- Frankfurt am Main
- Köln
- Hamburg

126
Welcher europäische Staat nennt sich in der Landessprache Hrvatska?

- Finnland
- Ungarn
- Kroatien
- Albanien

121 Als trockenste Wüste der Erde gilt die **Atacama**-Wüste in Südamerika. Dort hat es 1971 das erste und einzige Mal seit 400 Jahren geregnet. In der südwestafrikanischen **Namib** fallen im Jahr 10 bis 20 mm Niederschlag. Die südafrikanische **Kalahari** ist eine Trockensteppe mit mehr als 200 mm Regen im Jahr. Die **Karakum** in Turkmenistan hat ebenfalls teilweise Trockensteppencharakter.

122 Die **Arkose,** ein Sandstein mit hohen Feldspatgehalten, ist ein Sedimentgestein.
Ein **Syenit** ist ein granitähnliches Tiefengestein, also ein magmatisches Gestein. Basalte, die durch Umwandlung ihres Mineralbestands eine grüne Farbe angenommen haben, werden als **Diabase** bezeichnet. Ein **Amphibolit** ist ein meist aus Basalten hervorgegangenes metamorphes Gestein.

123 Die kalte Meeresströmung vor der Ostküste Südamerikas ist der **Falklandstrom.**
Wie der **Humboldtstrom** vor der südamerikanischen Westküste ist er eine Abzweigung des antarktischen Zirkumpolarstroms. Der **Guayanastrom** ist eine warme Meeresströmung an der Nordostküste Südamerikas. Der **Agulhasstrom** ist eine starke, warme Meeresströmung im Indischen Ozean, vor der Südostküste Afrikas.

124 Die sieben hellsten Sterne des Sternbildes Kleiner Bär bilden den Kleinen Wagen, dessen hellster Stern wiederum der **Polarstern** ist. **Algol** im Sternbild Perseus ist ein so genannter Bedeckungsveränderlicher, ein Doppelstern mit periodischem Helligkeitswechsel. **Beteigeuze** und **Aldebaran** sind rote Riesensterne in den Sternbildern Orion bzw. Stier.

125 Das Wahrzeichen von **Frankfurt am Main** ist der Römer, das seit etwa 1400 durch Um- und Ausbau älterer Gebäude entstandene Rathaus der Stadt.
Wahrzeichen von **München** ist die spätgotische Frauenkirche, jenes von **Köln** die größte gotische Kirche Deutschlands, der weltberühmte Kölner Dom. Der „Michel“, Wahrzeichen von **Hamburg,** ist der Turm der barocken Kirche Sankt Michaelis.

126 **Kroatien** nennt sich in der Landessprache Hrvatska bzw. in der amtlichen Form Republika Hrvatska. **Finnland** – diese Bezeichnung stammt aus dem Schwedischen – heißt auf finnisch Suomi, die **Ungarn** nennen ihr Land Magyarország. **Albanien** heißt auf albanisch Shqipëri oder amtlich Republika e Shqipërisë.

PHYSIK UND CHEMIE

Physik ist die Wissenschaft von den Naturvorgängen im Bereich der unbelebten Materie sowie von deren Eigenschaften, die der experimentellen Erforschung, der messenden Erfassung und mathematischen Darstellung zugänglich sind und allgemein gültigen Gesetzen unterliegen.
Chemie beschäftigt sich mit den chemischen Elementen, den Reaktionen der Elemente und ihrer Verbindungen, der Steuerung und Deutung dieser Prozesse sowie den Grunderscheinungen und Kräften der Natur.

1 **Welche physikalische Größe ergibt sich aus dem Produkt von Widerstand und Stromstärke?**

- Spannung
- Ladung
- Kapazität
- Leistung

2 **Welches der genannten Metalle leitet die Wärme am besten?**

- Kupfer
- Aluminium
- Silber
- Eisen

3 **Wie nennt man eine organische Verbindung, bei der zwei Kohlenwasserstoffreste durch eine Sauerstoffbrücke verbunden sind?**

- Aldehyde
- Äther
- Alkane
- Ester

4 **Quarks sind neben den Leptonen die fundamentalen Bausteine der Materie. Welcher Begriff bezeichnet keine der sechs Quarkarten?**

- Strange
- Beauty
- Truth
- Spin

5 **Welche Verbindung gehört nicht zu den aromatischen Kohlenwasserstoffen?**

- Toluol
- Acetylsalicylsäure
- Aceton
- Naphthalin

6 **Welche Legierung ist keine Kupferlegierung?**

- Invar
- Messing
- Bronze
- Neusilber

1 Das Produkt von Stromstärke und Widerstand ergibt die **Spannung,** formelmäßig ausgedrückt U = R·I. Das Produkt von Stromstärke und Zeit ist die Elektrizitätsmenge oder **Ladung,** Q = I·t. Die **Kapazität** ist der Quotient aus Ladung und Spannung, C = Q/U. Die elektrische **Leistung** ist das Produkt aus Stromstärke und Spannung, P = U·I.

2 **Silber** leitet Wärme am besten. Es hat bei 20 °C eine Wärmeleitzahl von 458 W/(m·K). Die Wärmeleitfähigkeit von **Kupfer** ist mit 393 W/(m·K) etwas geringer, **Aluminium** liegt mit einer Wärmeleitzahl von 221 W/(m·K) noch niedriger. **Eisen** mit einer Wärmeleitzahl um 75 W/(m·K) leitet Wärme noch immer mehr als hundertmal besser als Wasser mit 0,6 W/(m·K).

3 Verbindungen mit der allgemeinen Formel C_nH_{2n+1}-O-C_mH_{2m+1}, bei denen zwei Kohlenwasserstoffreste durch eine Sauerstoffbrücke verbunden sind, werden **Äther** genannt. **Aldehyde** (C_nH_{2n+1}-CHO) sind dehydrierte Alkohole, **Alkane** gesättigte kettenförmige Kohlenwasserstoffe mit der Summenformel C_nH_{2n+2}. **Ester** (C_nH_{2n+1}- COO-C_mH_{2m+1}) sind Verbindungen aus (organischen) Säuren und Alkoholen.

4 Unter **Spin** versteht man den Drehimpuls von Elementarteilchen, der eine innere, nur quantenmechanisch beschreibbare Eigenschaft der Teilchen repräsentiert. Zwar hat noch nie jemand ein Quark gesehen, aber das hinderte die Physiker nicht, ihnen fantasievolle Namen zu geben: Up-, Down-, **Strange-,** Charm-, Bottom- und Top-Quark; die letzten beiden werden auch **Beauty-** und **Truth-**Quarks genannt.

5 **Aceton,** C_2H_5-CO-C_2H_5, ist eine Verbindung aus der Gruppe der aliphatischen, d. h. kettenförmigen Ketone. Aromatische Kohlenwasserstoffe sind zyklische Verbindungen, die aus Benzolmolekülen und deren Substitutionsprodukten aufgebaut sind. Zu ihnen zählen das **Toluol,** die als Aspirin bekannte **Acetylsalicylsäure** und das aus zwei Benzolringen bestehende **Naphthalin.**

6 **Invar** ist eine Legierung aus Eisen und Nickel und somit ein Stahl. **Messing** ist die Sammelbezeichnung für Legierungen aus Kupfer und Zink mit gelegentlich weiteren Zusätzen von Aluminium oder Nickel. **Bronze** werden Legierungen aus Kupfer und Zinn genannt. **Neusilber** ist eine Legierung aus Kupfer, Nickel und Zink.

7 **Wie ist in der Mechanik die Leistung definiert?**

- Masse x Beschleunigung
- Kraft x Geschwindigkeit
- Kraft x Weg
- Masse x Geschwindigkeit

8 **Welcher Begriff bezeichnet keinen in der Elementarteilchenphysik eingesetzten Teilchenbeschleuniger?**

- Synchrotron
- Zyklotron
- Betatron
- Positron

9 **Welche Gruppe der organischen Verbindungen wird durch das Suffix „-al“ gekennzeichnet?**

- Aldehyde
- Alkohole
- Carbonsäuren
- Saccharide

10 **Welche der folgenden Teilchen sind im strengen Sinne keine Elementarteilchen?**

- Up-Quarks
- Myonen
- Protonen
- Elektronen

11 **Welches der genannten Metalle hat einen geringeren Marktpreis als Gold?**

- Iridium
- Palladium
- Rhenium
- Rhodium

12 **Welche Verbindung kommt nicht in Erdgas vor?**

- Methan
- Hexan
- Propan
- Kohlendioxid

7 In der Mechanik ist die Leistung das Produkt **Kraft x Geschwindigkeit,** $P = F \cdot v$, oder der Quotient aus Arbeit und Zeit, $P = W/t$.
Die Kraft ist das Produkt **Masse x Beschleunigung,** $F = m \cdot a$. **Kraft x Weg,** $W = F \cdot s$, ist die Arbeit oder die potenzielle Energie. Der Impuls ist definiert als das Produkt **Masse x Geschwindigkeit,** $p = m \cdot v$.

8 Ein **Positron** ist kein Teilchenbeschleuniger, sondern als positiv geladenes Pendant des Elektrons dessen Antiteilchen.
Ein **Synchrotron** ist ein ringförmiger Beschleuniger für Streuexperimente in der Hochenergie- und Schwerionenphysik sowie zur Erzeugung von Synchrotronstrahlung. Ein **Zyklotron** ist ein Teilchenbeschleuniger für Protonen und leichte Atomkerne, ein **Betatron** eine Beschleunigungsanlage für Elektronen.

9 Organische Verbindungen aus der Gruppe der **Aldehyde** werden mit dem Suffix „-al" bezeichnet. So hat das Formaldehyd den wissenschaftlichen Namen Methanal. **Alkohole** tragen die Endung „-ol", beispielsweise Äthanol. **Carbonsäuren** haben meist Trivialnamen, sie enden mit „-säure"(z. B. Essigsäure) oder „-carbonsäure". **Saccharide,** also Zucker, werden mit der Endung „-ose" gekennzeichnet (z. B. Glucose).

10 **Protonen,** die zusammen mit den Neutronen die Atomkerne aufbauen, sind nicht wirklich elementar. Protonen sind nämlich ihrerseits aus drei Quarks, zwei **Up-Quarks** und einem Down-Quark, aufgebaut. Neben den sechs Quarks zählen die sechs Leptonen (**Elektronen, Myonen,** Tauonen und drei entsprechende Neutrinos) zu den zwölf fundamentalen Bausteinen der Materie.

11 Der Marktpreis von **Rhenium,** einem Schwermetall aus der 7. Nebengruppe des Periodensystems, liegt um die Hälfte unter dem von Gold.
Zwar sind die Weltmarktpreise dieser Metalle wie die des Goldes starken Schwankungen unterworfen, doch sind die Platinmetalle **Iridium** und **Palladium** in der Regel teurer als Gold. Rhodium, ebenfalls ein Platinmetall, kostet etwa dreimal so viel wie Gold und ist damit das teuerste Metall überhaupt.

12 **Hexan** (C_6H_{14}) kommt nicht im Erdgas vor. Es ist ein zu den Alkanen gehörender gesättigter Kohlenwasserstoff mit einem Siedepunkt von etwa 70 °C und bei Normalbedingungen daher flüssig.
Der Hauptbestandteil von Erdgas ist **Methan.** Dazu kommen kleinere Anteile von Äthan, **Propan,** Stickstoff und **Kohlendioxid** sowie Schwefelstoff.

13 **Welcher Teilbereich der Physik gehört nicht zu den Gebieten der klassischen Physik?**

- Mechanik
- Festkörperphysik
- Thermodynamik
- Optik

14 **Wer erfand bzw. entdeckte im 19. Jahrhundert das Nitroglycerin?**

- Joseph Priestley
- Karl Wilhelm Scheele
- Alfred Nobel
- Ascanio Sobrero

15 **Wie nennt man eine organische Verbindung, die aus Glycerin und Carbonsäuren aufgebaut ist?**

- Fett
- Kohlenhydrat
- Protein
- Enzym

16 **Wie wird die durch Druck erzeugte Elektrizität bezeichnet?**

- Galvanoelektrizität
- Thermoelektrizität
- Pyroelektrizität
- Piezoelektrizität

17 **Welches der vier genannten Metalle kommt in der oberen Erdkruste am häufigsten vor?**

- Kupfer
- Uran
- Cer
- Antimon

18 **Mit welchem elektronischen Bauteil lässt sich Wechselstrom in Gleichstrom umwandeln?**

- Transformator
- Diode
- Kondensator
- Transistor

(13) Die **Festkörperphysik** gehört nicht zu den Gebieten der klassischen Physik. Sie wird der modernen Physik zugerechnet, zu der auch die Teilbereiche der Quantenphysik, Kernphysik, Hochenergiephysik u. a. zählen.
Die vier Gebiete der klassischen Physik sind **Mechanik, Thermodynamik,** Elektrodynamik und **Optik.**

(14) Der Entdecker des Nitroglycerins war der italienische Chemiker **Ascanio Sobrero,** der die ölige, schwach gelbliche Flüssigkeit aus Glycerin und Salpetersäure 1846 erstmals synthetisierte.
Joseph Priestley entdeckte 1775 das Knallgas, **Karl Wilhelm Scheele** 1783 das Glycerin. **Alfred Nobel** erfand 1867 das Dynamit, eine Mischung aus Nitroglycerin und Kieselgur.

(15) Eine organische Verbindung aus Glycerin und Carbonsäuren wird als **Fett** bezeichnet; kettenförmige Carbonsäuren heißen daher auch Fettsäuren. Chemisch sind Fette Ester des Glycerins mit Fettsäure.
Kohlenhydrate sind oxidierte mehrwertige Alkohole, **Proteine** oder Eiweiße aus Aminosäuren zusammengesetzte Makromoleküle.
Enzyme sind hochmolekulare Proteine, die als Biokatalysatoren den Stoffwechsel steuern.

(16) Die durch Druck in bestimmten Kristallen, beispielsweise Quarz, durch Ladungstrennung erzeugte Elektrizität ist die **Piezoelektrizität.**
Galvanoelektrizität entsteht durch elektrochemische Vorgänge, **Thermoelektrizität** bei Temperaturdifferenzen innerhalb eines elektrischen Leiters. **Pyroelektrizität** ist die bei plötzlicher Erwärmung oder Abkühlung mancher Kristalle erzeugte Elektrizität.

(17) Von den genannten Metallen hat **Cer** mit etwa 70 g/Tonne Gestein die größte Häufigkeit.
Kupfer ist mit einer Häufigkeit von durchschnittlich 25 g/Tonne fast dreimal seltener. **Uran** kommt mit etwa 3 g/Tonne in der oberen Erdkruste vor. **Antimon** ist mit nur 0,2 g/Tonne Gestein das seltenste der vier Metalle.

(18) Eine **Diode** ist ein elektronisches Bauelement, das den Strom nur in einer Richtung durchlässt; sie kann daher zum Gleichrichten von Wechselstrom verwendet werden.
Ein **Transformator** dient zum Umformen von Wechselspannungen und -strömen bei gleich bleibender Frequenz. Ein **Kondensator** ist ein Bauteil zum kurzzeitigen Speichern von elektrischer Ladung. Mit einem **Transistor** lässt sich ein Ausgangsstrom steuern oder verstärken.

19 **Gefährliche chemische Substanzen werden mit Symbolen und Buchstaben gekennzeichnet. Was bedeutet „T+“?**

- sehr giftig
- reizend
- ätzend
- leicht entzündlich

20 **Welcher der Edelsteine besteht aus Al_2O_3, einfachem und schlichtem Aluminiumoxid?**

- Turmalin
- Smaragd
- Aquamarin
- Saphir

21 **Die Ordnungszahl eines chemischen Elements ist identisch mit seiner ...**

- Elektronenzahl
- Protonenzahl
- Neutronenzahl
- Nukleonenzahl

22 **Wer formulierte 1927 das quantenmechanische Prinzip der Unschärferelation?**

- Paul Dirac
- Ernst Schrödinger
- Max Planck
- Werner Heisenberg

23 **Unter welchem umgangssprachlichen Namen ist Ammoniumcarbonat – $(NH_4)_2CO_3$ – bekannt?**

- Soda
- Pottasche
- Hirschhornsalz
- Salmiak

24 **Welche Art elektromagnetischer Wellen wird in der Erdatmosphäre nicht absorbiert?**

- Radiowellen
- Mikrowellen
- Infrarotwellen
- Röntgenstrahlen

(19)
Mit „T+“ in Verbindung mit dem Totenkopfsymbol auf orangefarbenem Grund gekennzeichnete Gefahrstoffe sind **sehr giftig.**
Reizende Stoffe werden mit „Xi“ und einem Kreuz versehen, **ätzende** Stoffe mit „C“ und stilisierten Reagenzgläsern. Gefahrenbezeichnung und -symbol für **leicht entzündlich** sind „F“ und eine Flamme.

(20)
Der (meist) blaue **Saphir** sowie der rote Rubin sind Edelsteinvarietäten des Minerals Korund, das chemisch ein Aluminiumoxid ist.
Der in den verschiedensten Farben auftretende **Turmalin** ist ein kompliziert zusammengesetztes borhaltiges Aluminiumsilikat.
Smaragd und **Aquamarin** sind grüne und blaue Varietäten des Minerals Beryll, eines Beryllium-Aluminium-Silikats.

(21)
Die Ordnungszahl eines Elements ist identisch mit seiner Kernladungszahl, d. h. seiner **Protonenzahl.**
Bei neutralen Atomen entspricht die Kernladungszahl der **Elektronenzahl.** Außer beim Wasserstoff ist die **Neutronenzahl** gleich oder (bis zu 1,6-mal) größer als die Protonenzahl. Die **Nukleonenzahl** ist die Summe der Protonen und Neutronen eines Atomkerns.

(22)
Die für die Quantenmechanik grundlegende Unschärferelation wurde 1927 von **Werner Heisenberg** aufgestellt. Sie besagt, dass Ort und Impuls eines Teilchens nicht zugleich mit beliebiger Genauigkeit bestimmt werden können.
Paul Dirac gilt als Begründer der Quantenelektrodynamik, **Ernst Schrödinger** war der Schöpfer der Wellengleichung der Quantentheorie, die im Jahr 1900 von **Max Planck** begründet wurde.

(23)
Ammoniumcarbonat wird umgangssprachlich auch als **Hirschhornsalz** bezeichnet. Es findet Verwendung als Backtreibmittel, da es bei 58 °C in seine Bestandteile Ammoniak, Wasser und Kohlendioxid zerfällt.
Soda und **Pottasche** sind die umgangssprachlichen Bezeichnungen für Natrium- und Kaliumcarbonat.
Salmiak ist der Trivialname für Ammoniumchlorid.

(24)
Außer für sichtbares Licht ist die Erdatmosphäre nur im Bereich der **Radiowellen** für elektromagnetische Strahlen durchlässig.
Alle anderen Strahlungsarten – **Mikrowellen, Infrarotwellen** und Ultraviolettwellen sowie **Röntgenstrahlen** und Gammastrahlen – werden von der Atmosphäre ganz oder teilweise absorbiert.

25 **Wie heißt die Einheit der elektrischen Kapazität?**

- Farad
- Ohm
- Coulomb
- Tesla

26 **Welche der Substanzen ist unter Normalbedingungen eine Flüssigkeit?**

- Brom
- Jod
- Fluor
- Bor

27 **Welches radioaktive Element kommt in der Natur normalerweise nicht vor?**

- Actinium
- Polonium
- Plutonium
- Protactinium

28 **Die Diffusion eines Lösungsmittels durch eine halbdurchlässige Membran zwischen zwei Lösungen nennt man …**

- Maltose
- Mitose
- Osmose
- Osteoporose

29 **Welche Teilchen sind keine Bausteine oder Bestandteile eines Atoms?**

- Protonen
- Neutronen
- Elektronen
- Positronen

30 **Was versteht man unter dem Begriff Deuterium?**

- Transuran
- Zerfallsprodukt von Uran
- Isotop des Wasserstoffs
- Seltenerdelement

25 Die Einheit der elektrischen Kapazität ist das **Farad,** das Einheitenzeichen ist F. Sie ist benannt nach dem britischen Physiker Michael Faraday.
Ohm (nach Georg Ohm) ist die Einheit des elektrischen Widerstandes, **Coulomb** (nach Charles Augustin de Coulomb) jene für die elektrische Ladung. Die Einheit für die magnetische Flussdichte ist **Tesla,** benannt nach Nicola Tesla.

26 Unter Normalbedingungen - bei 0 °C und 1013 hPa - ist **Brom** mit einem Schmelzpunkt von -7,2 °C und einem Siedepunkt von 58,8 °C eine Flüssigkeit.
Jod ist unter diesen Bedingungen fest; sein Schmelzpunkt liegt bei 113,5 °C. Das wie Brom und Jod zu den Halogenen gehörende **Fluor** ist ein Gas mit einem Siedepunkt von -188 °C. **Bor,** ein nichtmetallisches Element der 3. Hauptgruppe des Periodensystems, schmilzt erst bei 2079 °C.

27 **Plutonium** ist ein in Kernreaktoren künstlich hergestelltes Element; in der Natur kommt es - mit Ausnahme von sehr geringen Mengen in Uranmineralen - nicht vor.
Actinium und **Polonium** entstehen beim natürlichen radioaktiven Zerfall von Uran und Thorium, **Protactinium** nur beim Uranzerfall. Alle drei Elemente zerfallen letztendlich zu Blei.

28 Die Diffusion durch eine halbdurchlässige Membran, die zum Konzentrationsausgleich zwischen zwei Lösungen führt, nennt man **Osmose.**
Maltose ist eine Zuckerart, der Malzzucker. Unter **Mitose** versteht man eine indirekte Teilung des Zellkerns. **Osteoporose** ist eine krankhafte Verminderung der Knochensubstanz.

29 **Positronen,** die positiv geladenen Antiteilchen der Elektronen, können bei bestimmten radioaktiven Zerfällen zwar im Kern eines Atoms entstehen, sind aber keine Bausteine oder Bestandteile eines Atoms.
Die Kerne der Atome werden von **Protonen** und - mit Ausnahme des Wasserstoffkerns - von mindestens der gleichen Anzahl von **Neutronen** aufgebaut. Die Hüllen der Atome bestehen aus **Elektronen**; ihre Zahl entspricht der Protonenzahl im Kern.

30 Deuterium ist ein schweres **Isotop des Wasserstoffs.** Vom gewöhnlichen Wasserstoff unterscheidet es sich durch ein zusätzliches Neutron im Kern.
Zerfallsprodukte von Uran sind die Elemente mit den Ordnungszahlen zwischen 81 und 91, **Transurane** jene Elemente mit Ordnungszahlen über 92. **Seltenerdelemente** werden die chemisch sehr ähnlichen 14 Elemente von Lanthan bis Lutetium genannt.

31 **Wer formulierte im Jahr 1865 die Theorie des elektromagnetischen Feldes?**

- James Clerk Maxwell
- Michael Faraday
- André Ampère
- Charles Augustin de Coulomb

32 **Das vor der Verwendung des Erdgases gebräuchliche Stadtgas war hochgiftig. Welcher Bestandteil des Stadtgases machte seine Giftigkeit aus?**

- CH_4
- CO
- N_2
- HCN

33 **Alle in der Natur vorkommenden Kräfte lassen sich auf vier fundamentale Wechselwirkungen zurückführen. Welche dieser Kräfte ist die schwächste?**

- starke
- elektromagnetische
- gravitative
- schwache

34 **Welcher der genannten Prozesse ist kein Oxidationsvorgang?**

- Gären
- Rosten
- Rösten
- Verbrennen

35 **Wer erhielt einen Nobelpreis sowohl in Physik als auch in Chemie?**

- Wilhelm Röntgen
- Otto Hahn
- Linus Pauling
- Marie Curie

36 **In welchem der Stoffe ist die Schallgeschwindigkeit am kleinsten?**

- Wasser
- Luft
- Eisen
- Glas

31 Die Theorie des elektromagnetischen Feldes wurde 1865 von **James Clerk Maxwell** formuliert. Er entwickelte die mathematischen Gleichungen für den von **Michael Faraday** 1846 in die Physik eingeführten Feldbegriff. **André Ampère** stellte 1826 die erste mathematisch fundierte elektrodynamische Theorie auf. **Charles Augustin de Coulomb** fand 1785 das Grundgesetz der Elektrostatik.

32 Das durch Verkokung von Steinkohle erzeugte Stadtgas war wegen seines 10- bis 20-prozentigen Gehalts an **CO,** dem Kohlenmonoxid, hochgiftig.
Als weitere Hauptbestandteile enthielt das Stadtgas 45 bis 55 % Wasserstoff, 15 bis 35 % Methan (**CH_4**), 5 bis 10 % Stickstoff (**N_2**) und 1 bis 2 % Kohlendioxid. Die giftige Blausäure (**HCN**) wurde dem Stadtgas durch chemische Reaktionen entzogen.

33 Die schwächste der vier Kräfte ist die **gravitative** Wechselwirkung. Sie hat zwar eine unendliche Reichweite, ist aber 10^{39}-mal schwächer als die **starke** Wechselwirkung, die stärkste der vier Kräfte, zu der unter anderem die Kernkräfte zählen. Die zweitstärkste Wechselwirkung ist die **elektromagnetische** Wechselwirkung. Die zweitschwächste Kraft ist die **schwache** Wechselwirkung mit einer nur sehr kurzen Reichweite.

34 Der Prozess des **Gärens** ist kein Oxidationsvorgang. Gärung ist ein anaerober enzymatischer Abbau von organischen Verbindungen. **Rosten** ist die Bildung von Eisenoxiden durch oxidative Korrosion. Unter dem technischen Begriff **Rösten** versteht man die Umwandlung eines meist schwefelhaltigen Erzes in ein Metalloxid durch Erhitzen an der Luft. **Verbrennen** ist eine unter Freiwerden von Wärme schnell ablaufende Oxidationsreaktion.

35 Die Physikerin **Marie Curie** erhielt 1903 für die Erforschung der Radioaktivität den Nobelpreis für Physik und 1911 für die Entdeckung des Radiums den Nobelpreis für Chemie. **Wilhelm Röntgen** war 1901 der erste Physiknobelpreisträger, **Otto Hahn** erhielt 1944 den Nobelpreis für Chemie. Der Chemienobelpreisträger von 1954, **Linus Pauling,** wurde 1962 mit dem Friedensnobelpreis ausgezeichnet.

36 In **Luft** pflanzt sich der Schall am langsamsten fort; bei Normalbedingungen beträgt die Schallgeschwindigkeit in Luft 331 m/s. In Flüssigkeiten und Festkörpern ist die Schallgeschwindigkeit meist größer als in Gasen. Für 15 °C warmes **Wasser** beträgt sie 1464 m/s. In **Eisen** pflanzt sich der Schall mit einer Geschwindigkeit von 5170 m/s fort, in **Glas** liegt die Schallgeschwindigkeit bei 5000 m/s.

37 **Wie nennt man ein negativ geladenes Atom oder Molekül?**

- Kation
- Solution
- Anion
- Pion

38 **Was können Legierungen chemisch gesehen nicht sein?**

- Lösungen
- Gemische
- Verbindungen
- Emulsionen

39 **Welche physikalische Einheit ist keine Einheit für den Druck?**

- Lumen
- Pascal
- Torr
- Bar

40 **Welche physikalische Größe braucht man, wenn man aus der Masse eines Körpers sein Gewicht berechnen will?**

- Trägheitsmoment
- Gravitationsbeschleunigung
- Gravitationskonstante
- Avogadro-Konstante

41 **Mit welchem Gas müsste ein Luftballon gefüllt werden, damit er aufsteigt?**

- Kohlendioxid
- Ammoniak
- Chlor
- Schwefelwasserstoff

42 **Wie nennt man Verbindungen aus einem Metall und Stickstoff?**

- Nitrate
- Nitrite
- Hydride
- Nitride

37 Ein negativ geladenes Atom oder Molekül, das in einem elektrischen Feld zur Anode - der positiven Elektrode - wandert, ist ein **Anion.** Ein positiv geladenes Ion heißt **Kation.** Eine **Solution** ist eine Lösung, meist eine Arzneimittellösung. **Pion** bezeichnet ein mittelschweres instabiles Elementarteilchen.

38 Legierungen können keine **Emulsionen** bilden; eine Emulsion ist eine Dispersion aus zwei oder mehr nicht mischbaren Flüssigkeiten.
Legierungen sind in den meisten Fällen **Lösungen;** die Legierungselemente kommen im Kristallgitter des Grundelements gelöst vor. Bei mehrphasigen Legierungen liegen die Komponenten nebeneinander vor, es sind **Gemische.** Bei manchen Legierungen können auch intermetallische **Verbindungen** auftreten.

39 **Lumen** ist keine Einheit des Drucks, sondern die photometrische Einheit des Lichtstroms.
Die verbindliche Einheit für den Druck ist **Pascal,** abgekürzt Pa. Ein Pascal ist der Druck, den eine Kraft von einem Newton auf die Fläche von einem Quadratmeter ausübt. **Torr** (1 Torr = 133 Pa) und **Bar** (1 bar = 105 Pa) sind ältere Einheiten des Drucks.

40 Die Beziehung zwischen Masse m und Gewicht G eines Körpers ist $G = m \cdot g$, wobei g die **Gravitationsbeschleunigung** ist.
Das Trägheitsmoment ist ein Maß für die **Trägheit** eines rotierenden Körpers bezüglich seiner Drehachse. Die **Gravitationskonstante** benötigt man zur Berechnung der Anziehungskraft zweier Körper. Die **Avogadro-Konstante** gibt die Anzahl der Atome oder Moleküle an, die in einem Mol eines Stoffes enthalten sind.

41 Damit ein gasgefüllter Luftballon aufsteigt, muss das in ihm enthaltene Gas eine geringere Dichte als Luft mit 1,292 g/l haben. Bei den genannten Gasen trifft dies auf den **Ammoniak** zu, der eine Dichte von 0,771 g/l hat.
Kohlendioxid (1,977 g/l), **Chlor** (3,214 g/l) und **Schwefelwasserstoff** (1,529 g/l) sind dagegen schwerer als Luft.

42 Verbindungen des Stickstoffs mit Metallen nennt man **Nitride,** wenn sie sich formal vom Ammoniak ableiten lassen wie das Na_3N.
Sind es Salze der Stickstoffwasserstoffsäure wie das NaN_3, heißen sie Azide. **Nitrate** sind Salze der Salpetersäure, **Nitrite** Salze der salpetrigen Säure. **Hydride** sind binäre Verbindungen des Wasserstoffs mit anderen Elementen.

43 **In welcher Einheit wird die Aktivität einer radioaktiven Substanz gemessen?**

- Becquerel
- Curie
- Gray
- Sievert

44 **Isotope sind unterschiedliche Atome ein und desselben Elements. Worin unterscheiden sie sich?**

- Kernladungszahl
- Neutronenzahl
- Protonenzahl
- Elektronenzahl

45 **Welches Element verbirgt sich hinter dem chemischen Elementsymbol Sb?**

- Antimon
- Quecksilber
- Silber
- Blei

46 **Welches Bauteil der Elektrotechnik oder Elektronik lässt keinen Gleichstrom durch?**

- ohmscher Widerstand
- induktiver Widerstand
- Photowiderstand
- kapazitiver Widerstand

47 **Welches der folgenden Metalle hat eine größere Dichte als Wasser?**

- Lithium
- Kalium
- Rubidium
- Natrium

48 **Welche Vorsilbe bedeutet den 10^9ten Teil einer Einheit?**

- Nano
- Tera
- Hekto
- Femto

43 Die Aktivität einer radioaktiven Substanz wird in **Becquerel** (Einheitenzeichen Bq) gemessen. 1 Bq ist die Aktivität, bei der pro Sekunde ein radioaktiver Zerfallsakt stattfindet.
Curie (Ci) ist die veraltete Einheit der Aktivität; 1 Ci entspricht $3{,}7 \cdot 10^{10}$ Bq. **Gray** (Gy) ist die gesetzliche Einheit der Energiedosis, **Sievert** (Sv) die Einheit der Äquivalentdosis auf dem Gebiet des Strahlenschutzes.

44 Isotope ein und desselben Elements unterscheiden sich in der **Neutronenzahl** im Atomkern und damit in der Atommasse.
Die **Kernladungszahl**, die der **Protonenzahl** im Atomkern entspricht, ist bei allen Isotopen eines Elements gleich, ebenso die **Elektronenzahl** in der Atomhülle, die die chemischen Eigenschaften eines Elements bedingt.

45 Hinter dem Elementsymbol Sb verbirgt sich das Halbmetall **Antimon** aus der 5. Hauptgruppe des Periodensystems. Sb leitet sich von seinem lateinischen Namen Stibium ab.
Quecksilber hat das Symbol Hg nach seinem griechisch-lateinischen Namen Hydrargyrum. Die Elementsymbole von **Silber** und **Blei** sind Ag und Pb, abgeleitet von ihren lateinischen Bezeichnungen Argentum und Plumbum.

46 Ein **kapazitiver Widerstand** ist ein Kondensator, der gegenüber Gleichstrom wie ein unendlich großer Widerstand wirkt, also keinen Gleichstrom durchlässt.
In einem Gleichstromkreis ist nur der **ohmsche Widerstand** wirksam, ein **induktiver Widerstand**, eine Spule, ist ein Wechselstromwiderstand. Ein **Photowiderstand** ist ein lichtempfindlicher Widerstand.

47 Mit einer Dichte von 1,532 g/cm^3 ist das **Rubidium** als einziges der vier Metalle schwerer als Wasser. Lithium, Natrium und Kalium gehören wie das Rubidium zur Gruppe der Alkalimetalle. Von diesen hat **Lithium** mit 0,534 g/cm^3 die geringste Dichte und ist damit das leichteste Metall überhaupt. **Kalium** hat eine Dichte von 0,862 g/cm^3, die von **Natrium** liegt bei 0,968 g/cm^3.

48 Den 10^9ten Teil einer Einheit bezeichnet man mit der Vorsilbe **Nano**, das Vorsatzzeichen ist n. Ein Nanometer (1 nm) ist also der einmilliardste Teil eines Meters.
Tera bezeichnet das 10^{12}- oder Billionenfache einer Einheit, **Hekto** das Hundertfache. Der Vorsatz **Femto** steht für das 10^{-15}fache bzw. für den 10^{15}ten Teil.

49 **Wovon ist der elektrische Widerstand eines Leiters nicht abhängig?**

- Temperatur
- Länge
- Querschnitt
- Stromrichtung

50 **Die „Königswasser“ genannte Säure ist eine Mischung aus Salpetersäure und ...**

- Schwefelsäure
- Perchlorsäure
- Salzsäure
- Flusssäure

51 **Welche physikalische Einheit ist keine Einheit für Energie oder Arbeit?**

- Joule
- Pferdestärke
- Kilowattstunde
- Elektronenvolt

52 **Welche der genannten Elementarteilchen haben die kleinste Masse?**

- Elektronen
- Mesonen
- Neutrinos
- Neutronen

53 **Wie wird das Chloroform in der Fachsprache der Chemiker genannt?**

- Trichlormethan
- Trichloräthan
- Tetrachlormethan
- Tribrommethan

54 **Der Heizwert ist diejenige Wärmemenge, die bei der Verbrennung einer bestimmten Stoffmenge freigesetzt wird. Welcher der Brennstoffe hat den größten Heizwert?**

- Nitroglycerin
- Äthylalkohol
- Holzkohle
- Erdgas

49 Die **Stromrichtung** hat keinen Einfluss auf den elektrischen Widerstand eines Leiters.
Der Widerstand eines Leiters ist zunächst vom Material und dessen mechanischer Beschaffenheit abhängig. Er wird mit sinkender **Temperatur** kleiner. Mit zunehmender **Länge** eine Leiters nimmt der Widerstand zu, mit zunehmendem **Querschnitt** ab.

50 Die „Königswasser" genannte Säure, die auch Gold aufzulösen vermag, ist eine Mischung aus konzentrierter Salpeter- und **Salzsäure** im Verhältnis 3:1.
Schwefelsäure ist aufgrund ihrer geringen Flüchtigkeit auch bei hohen Temperaturen wirksam. Die sehr starke **Perchlorsäure** ist durch ihre oxidierende Wirkung äußerst aggressiv. Die mittelstarke **Flusssäure** greift alle kieselsäurehaltigen Stoffe wie etwa Glas an.

51 Die **Pferdestärke** oder PS ist eine nicht gesetzliche Einheit der Leistung. Im amtlichen Gebrauch ist die Einheit Watt vorgeschrieben, die auf James Watt zurückgeht, der den Begriff der Pferdestärke definierte.
Joule ist die gesetzliche Einheit für Energie und Arbeit, abgeleitete Einheiten sind die **Kilowattstunde** ($3{,}6 \cdot 10^6$ Joule) und das **Elektronenvolt** ($1{,}6 \cdot 10^{-19}$ Joule).

52 Von den genannten Elementarteilchen haben die **Neutrinos** die kleinste Masse. Bis Ende des 20. Jahrhunderts hielt man Neutrinos für masselos; inzwischen weiß man aber, dass sie eine kleine, noch nicht genau bestimmbare Masse haben.
Elektronen haben eine Masse von 0,511 MeV/c^2, die Masse der **Mesonen** liegt zwischen 135 und 550 MeV/c^2. **Neutronen** sind mit etwa 940 MeV/c^2 die schwersten der genannten Teilchen.

53 Chloroform wird in der chemischen Nomenklatur als **Trichlormethan** ($CHCl_3$) bezeichnet.
Das Reinigungsmittel **Trichloräthan** ($C_2H_3Cl_3$) wird kurz Tri genannt, Tetra ist das auch als Tetrachlorkohlenstoff bezeichnete hochgiftige **Tetrachlormethan** (CCl_4). **Tribrommethan** ($CHBr_3$) ist unter dem Namen Bromoform bekannt.

54 **Erdgas** hat je nach seiner Zusammensetzung einen Heizwert, der zwischen 46 000 und 50 000 kJ/kg liegt. Ein Kilogramm Erdgas entspricht dabei etwa 1,4 m^3.
Der Heizwert von **Nitroglycerin** mit 7540 kJ/kg beträgt nur etwa ein Sechstel davon. **Äthylalkohol** hat einen Heizwert von rund 28 000 kJ/kg, trockene, aschefreie **Holzkohle** von etwa 31 000 kJ/kg.

55 **Welcher Begriff bezeichnet kein prinzipielles Unterscheidungsmerkmal von Wellen im elektromagnetischen Spektrum?**

- Wellenlänge
- Amplitude
- Frequenz
- Energie

56 **Wie lautet der chemische Name der Substanz, die unter dem Handelsnamen Teflon® bekannt ist?**

- Polyurethan
- Polyethylenterephthalat
- Polyvinylchlorid
- Polytetrafluorethylen

57 **Optische Linsen können das Licht bündeln oder zerstreuen. Welche Linsenform zerstreut das Licht?**

- konvexkonkav
- bikonvex
- plankonvex
- konkavkonvex

58 **Welches der Metalle gehört in die Gruppe der Leichtmetalle?**

- Kupfer
- Cadmium
- Titan
- Iridium

59 **Die bunten Farben von Feuerwerksraketen werden durch Verbrennen von Metallverbindungen erzeugt. Das Salz welchen Metalls ergibt rotes Licht?**

- Kupfer
- Strontium
- Natrium
- Barium

60 **Die relative Härte einer Substanz lässt sich nach der mohsschen Härteskala ermitteln. Welches der vier Materialien ist das härteste?**

- Quarz
- Apatit
- Glas
- Stahl

55 Die **Amplitude** ist der Wert der größten elektrischen bzw. magnetischen Feldstärke bei elektromagnetischen Wellen.
Prinzipiell unterscheiden lassen sich elektromagnetische Wellen durch ihre **Wellenlänge**, die umgekehrt proportional zu ihrer **Frequenz** ist. Quantenphysikalisch ist ihre **Energie** proportional zur Frequenz, Proportionalitätsfaktor ist das plancksche Wirkungsquantum.

56 Teflon®, ein Kunststoff, der durch Polymerisation von Tetrafluorethylen hergestellt wird, ist chemisch **Polytetrafluorethylen** oder PTFE. **Polyurethane**, PUR, sind Schaumstoffe, **Polyethylenterephthalat** oder PET ist ein glasklarer und dauerhafter Kunststoff, der vor allem für Flaschen verwendet wird. **Polyvinylchlorid** ist als Hart- oder Weich-PVC ein vielfältig einsetzbarer Kunststoff.

57 Eine **konvexkonkave** Linse ist wie alle Konkavlinsen eine Zerstreuungslinse. Diese sind in der Mitte dünner als am Rand.
Konvexlinsen sind Sammellinsen. Eine **bikonvexe** Linse hat zwei nach außen gewölbte Seiten, eine **plankonvexe** Linse eine nach außen gewölbte und eine flache Seite. Bei einer **konkavkonvexen** Linse ist eine Seite nach außen, die andere nach innen gewölbt, doch ist sie in der Mitte dicker als am Rand.

58 Metalle mit einer Dichte unter 4,5 g/cm^3 bezeichnet man als Leichtmetalle. Demzufolge gehört **Titan** mit eine Dichte von 4,50 g/cm^3 eben noch zur Gruppe der Leichtmetalle.
Die Buntmetalle **Kupfer** (8,94 g/cm^3) und **Cadmium** (8,65 g/cm^3) sind Schwermetalle, ebenso das der Gruppe der Platinmetalle angehörende **Iridium.** Es ist mit einer Dichte von 22,65 g/cm^3 das schwerste Metall.

59 Verbrennen – in Wirklichkeit ein komplexer Prozess aus chemischen Reaktionen und Verdampfung – von Salzen des **Strontiums,** meist Strontiumoxolat, erzeugt die Farbe Rot.
Blau entsteht durch Salze des **Kupfers;** vorwiegend wird Kupfersulfat verwendet. Nitrate von **Natrium** und **Barium** erzeugen die Farben Gelb und Grün.

60 Das Mineral **Quarz** ist mit der Mohshärte 7 das härteste der vier Materialien.
Apatit, ein natürliches Mineral und Bestandteil der Zähne, hat die Härte 5 und ist die weichste der genannten Substanzen. Apatit lässt sich von **Stahl** und **Glas** ritzen, wobei Glas in der Regel deutlich härter ist als Stahl.

61 **Welche chemische Bindung ist charakteristisch für Salze wie etwa das Kochsalz?**

- Metallbindung
- Elektronenpaarbindung
- koordinative Bindung
- Ionenbindung

62 **Auf welcher physikalischen Größe beruht die Wirkungsweise einer Zentrifuge?**

- Radialkraft
- Drehmoment
- Fliehkraft
- Drehimpuls

63 **In welcher Gruppe des Periodensystems stehen die als Halogene bezeichneten Elemente?**

- Gruppe 0
- Gruppe 1A
- Gruppe 2A
- Gruppe 7B

64 **Welche organischen Verbindungen sind durch eine (COOH)-Gruppe gekennzeichnet?**

- Carbonsäuren
- Alkohole
- Aldehyde
- Amide

65 **Im Jahr 1921 erhielt Albert Einstein den Nobelpreis für Physik. Für welche Arbeit wurde er ausgezeichnet?**

- Relativitätstheorie
- Atommodell
- Photoeffekt
- Quantentheorie

66 **Wie werden hypothetische Teilchen genannt, die sich mit Überlichtgeschwindigkeit fortbewegen?**

- Hyperonen
- Tachyonen
- Baryonen
- Hadronen

61 Die charakteristische chemische Bindung bei Salzen ist die **Ionenbindung.** Sie beruht auf der Wirkung elektrostatischer Kräfte zwischen entgegengesetzt geladenen Ionen. Bei der **Metallbindung** bewegen sich die Elektronen frei im Gitter, bei der **Elektronenpaarbindung** bilden sich Elektronenpaare aus. Die **koordinative Bindung** tritt bei Komplexverbindungen auf.

62 Die Wirkungsweise einer Zentrifuge beruht auf der **Fliehkraft** oder Zentrifugalkraft. Sie ist stets senkrecht zur Drehachse nach außen gerichtet.
Die der Fliehkraft entgegengerichtete Kraft heißt **Radialkraft** oder Zentripetalkraft. Das **Drehmoment** ist ein Maß für die Drehwirkung, die eine Kraft auf ein drehbares System ausübt, der **Drehimpuls** das Produkt aus Trägheitsmoment und Winkelgeschwindigkeit.

63 „Salzbildner", griechisch Halogene, sind die reaktionsfähigen nichtmetallischen Elemente Fluor, Chlor, Brom, Jod und das radioaktive Astat. Sie stehen in der **Gruppe 7B** des Periodensystems. **Gruppe 0** beinhaltet die Edelgase (Helium, Neon u. a.), **Gruppe 1A** die Alkalimetalle wie Natrium und Kalium. Die Erdalkalimetalle wie das Magnesium und das Calcium stehen in **Gruppe 2A.**

64 **Carbonsäuren** sind durch eine Carboxylgruppe genannte (COOH)-Gruppe als funktionalem Element gekennzeichnet.
Charakteristisch für **Alkohole** ist der Ersatz von Wasserstoffatomen durch (OH)-Gruppen, die (CHO)-Gruppe kennzeichnet die **Aldehyde.** Bei **Amiden** ist die (OH)-Gruppe von organischen Säuren durch die (NH_2)- oder Aminogruppe substituiert.

65 Den Nobelpreis für Physik erhielt Albert Einstein für eine Arbeit zur Erklärung des äußeren **Photoeffekts** mittels der Lichtquantenhypothese.
Für seine **Relativitätstheorie** blieb ihm der Nobelpreis dagegen versagt. Für sein **Atommodell** wurde Niels Bohr 1922 der Physiknobelpreis zuerkannt, den Max Planck bereits 1918 für seine **Quantentheorie** hatte entgegennehmen können.

66 Wenn ihre Masse einen imaginären Wert hat, ist es mit der speziellen Relativitätstheorie vereinbar, dass sich Teilchen mit Überlichtgeschwindigkeit fortbewegen. Man nennt solche hypothetischen Teilchen **Tachyonen.**
Die schweren **Hyperonen** gehören zusammen mit den Nukleonen zur Teilchenfamilie der **Bayronen.** **Hadronen** ist die Sammelbezeichnung für die stark wechselwirkenden Elementarteilchen der Mesonen und Baryonen.

67 **Wie nennt man den Übergang vom festen in den gasförmigen Aggregatzustand?**

- Kondensation
- Sublimation
- Evaporation
- Dissipation

68 **Welche Chemikalie ist kein Bestandteil von Schwarzpulver?**

- Kaliumnitrat
- Kohlenstoff
- Schwefel
- Kaliumthiosulfat

69 **In einer wässrigen Lösung ist der pH-Wert eine Maßzahl für die Konzentration von ...**

- Oxoniumionen
- Wasserstoffionen
- Hydroxidionen
- Hydrogenkarbonat

70 **Unter welcher Bezeichnung sind die Seltenerdelemente noch bekannt?**

- Lanthanoide
- Actinoide
- Transurane
- Chalkogene

71 **Welcher Physiker begründete mit der Vereinigung von Quantentheorie und Kosmologie die Quantenkosmologie?**

- Max Born
- Murray Gell-Mann
- Stephen Hawking
- Richard Feynman

72 **Was versteht man in der Elektrizitätslehre unter dem Begriff Pentode?**

- Elektronenröhre
- negative Elektrode
- positive Elektrode
- Halbleitergleichrichter

67 Der unmittelbare Übergang eines festen Stoffes in den gasförmigen Zustand wird als **Sublimation** bezeichnet.
Kondensation ist der Übergang eines Stoffes aus dem gasförmigen in den flüssigen, **Evaporation** der umgekehrte Fall durch den Prozess der Verdunstung. **Dissipation** meint den unvermeidbaren Übergang einer Energieform in Wärme bei irreversiblen physikalischen Prozessen.

68 **Kaliumthiosulfat** ist kein Bestandteil von Schwarzpulver, sondern entsteht vielmehr bei dessen Verbrennung und ist Teil des „Pulverdampfs".
Schwarzpulver ist ein Gemenge aus 75 % **Kaliumnitrat** (Kalisalpeter), 15 % **Kohlenstoff** (Holzkohle) und 10 % **Schwefel**, das sich bei 270 °C entzünden lässt. Der älteste Explosivstoff der Menschheit ist heute noch in der Pyrotechnik von Bedeutung.

69 Der pH-Wert ist eine Maßzahl für die Konzentration von **Wasserstoffionen** und damit für den sauren oder basischen Charakter einer Lösung.
In neutralem Wasser ist die Zahl der Wasserstoffionen (bzw. **Oxoniumionen**, bei denen das Wasserstoffion sich an ein Wassermolekül angelagert hat) und der **Hydroxidionen** gleich. Ein **Hydrogenkarbonat** ist ein saures Salz der Kohlensäure.

70 Die Seltenerdelemente werden auch als **Lanthanoide** bezeichnet. Es sind die 14 auf das Lanthan folgenden Metalle der Ordnungszahlen 58 bis 71 (Cer bis Lutetium), die sich chemisch sehr ähnlich sind. **Actinoide** sind die chemischen Elemente 89 bis 103, die chemisch den Lanthanoiden verwandt sind. Die meisten **Transurane** gehören zu den Actinoiden. **Chalkogene**, „Erzbildner", sind die Elemente der 6. Gruppe des Periodensystems.

71 Mit seinen Versuchen, die Quantentheorie der Elementarmaterie mit der Kosmologie zu vereinen, wurde **Stephen Hawking** zum Begründer der Quantenkosmologie.
Max Born prägte 1924 den Begriff der Quantenmechanik, **Richard Feynman** formulierte in den 1950er-Jahren die Quantenelektrodynamik neu und trug zur Entwicklung von **Murray Gell-Manns** Theorie der Quantenthermochromatik bei, die den Aufbau der Elementarteilchen beschreibt.

72 Eine Pentode ist eine **Elektronenröhre** mit fünf Elektroden, Kathode, Anode und drei Gittern.
Die **negative Elektrode** oder der Minuspol wird in der Elektrizitätslehre als Kathode bezeichnet, die **positive Elektrode** oder der Pluspol als Anode. Ein **Halbleitergleichrichter** ist üblicherweise eine Diode.

MATHEMATIK UND TECHNIK

Die Mathematik als eine der ältesten Wissenschaften ist hervorgegangen aus den Aufgaben des Zählens, Rechnens und Messens, denen praktische Fragestellungen zugrunde lagen.
Technik ist eng mit Wirtschaft, Gesellschaft, Politik und Kultur verflochten. Der Begriff bezeichnet nicht nur die von Menschen gefertigten Gegenstände, sondern auch deren Entstehungs- und Verwendungszusammenhänge sowie die dafür erforderlichen besonderen Fertigkeiten.

1 **Welchem Wissenschaftler haben wir die Erfindung des astronomischen Fernrohrs zu verdanken?**

- Johannes Lipperhey
- Galileo Galilei
- James Gregory
- Johannes Kepler

2 **Einen Kunststoff, der bei Temperaturerhöhung weich wird, aber nicht schmilzt, nennt man ...**

- Elastomer
- Thermoplast
- Duroplast
- Thermodur

3 **Welcher Mathematiker, der auf den früheren Zehnmarkscheinen abgebildet war, war der Begründer der modernen Zahlentheorie?**

- Leonhard Euler
- Carl Friedrich Gauß
- Bernhard Riemann
- Georg Cantor

4 **Wer erfand den Kinematographen, den ersten Filmprojektionsapparat?**

- Auguste Lumière
- Emil Berliner
- Valdemar Poulsen
- Louis Daguerre

5 **Welches technische Gerät zählt nicht zu den einfachen Maschinen?**

- Hebel
- Rolle
- Kran
- schiefe Ebene

6 **Wie viele Bits können auf einem 1 Kilobyte großen Datenträger gespeichert werden?**

- 1000
- 8192
- 1024
- 4096

1 Das astronomische Fernrohr wurde 1611 von **Johannes Kepler** erfunden.
Das erste Fernrohr überhaupt konstruierte **Johannes Lipperhey** 1608. Dieses „holländische“ Fernrohr wurde im Jahr darauf von **Galileo Galilei** nachgebaut, der damit die Monde des Jupiters entdeckte. **James Gregory** beschrieb 1665 das Prinzip des Spiegelteleskops.

2 Ein bei Temperaturerhöhung zwar weich und elastisch werdender, aber nicht schmelzender Kunststoff wird **Elastomer** genannt. **Thermoplaste** dagegen werden weich und schmelzen bei Erwärmung. **Duroplaste,** auch als **Thermodure** bezeichnet, sind Kunststoffe, die bei höheren Temperaturen weder erweichen noch schmelzen.

3 Der Mathematiker **Carl Friedrich Gauß** war der Begründer der modernen Zahlentheorie.
Leonhard Euler, einer der produktivsten Mathematiker der Geschichte, begründete das mathematische Teilgebiet der Variationsrechnung. **Bernhard Riemanns** Arbeiten über die Geometrie gekrümmter Räume sind mathematische Grundlage der Relativitätstheorie. **Georg Cantor** war der Begründer der axiomatischen Mengenlehre.

4 **Auguste Lumière** erfand 1894 zusammen mit seinem Bruder Louis den ersten brauchbaren Kinematographen.
Emil Berliner verbesserte 1887 mit der Einführung der Schallplatte den Phonographen Edisons.
Valdemar Poulsen gelang 1898 die magnetische Schallaufzeichnung. **Louis Daguerre** erfand 1837 die Daguerreotypie, das älteste fotografische Verfahren.

5 Ein **Kran** ist eine zusammengesetzte Maschine, die unter anderem aus Hebel und Rolle aufgebaut ist. **Hebel** und **Rolle** zählen wie die **schiefe Ebene** zu den einfachen Maschinen. Diese sind, physikalisch gesehen, Kraftwandler, die Angriffspunkt, Richtung und Betrag von Kräften ändern. Aus ihnen und anderen Maschinenelementen wie Trägern oder Federn sind zusammengesetzte Maschinen aufgebaut.

6 Auf einem 1 Kilobyte großen Datenträger lassen sich **8192** Bits speichern.
Ein Kilobyte sind nicht etwa **1000** Byte, sondern 2^{10} Byte = **1024** Byte. Das Byte als die kleinste im Speicher eines Computers adressierbare Informationseinheit besteht seinerseits aus einer zusammengehörigen Folge von acht Bits. **4096** Bits passen auf einen 2^9 bzw. 512 Byte großen Datenträger.

7 **In welchem Jahr wurde die Telegrafie erfunden?**

- 1791
- 1837
- 1860
- 1900

8 **Auf welchem optischen Prinzip basiert die Technik der Lichtleitung in Glasfaserkabeln?**

- Brechung
- Streuung
- Reflexion
- Beugung

9 **Bei welchem Körper benötigt man die Kreiszahl Pi für die Berechnung des Rauminhalts nicht?**

- Kegel
- Zylinder
- Ellipsoid
- Pyramide

10 **Welcher Oberflächenbelag wird beim heutigen Straßenbau nicht verwendet?**

- Asphalt
- Beton
- Teer
- Pflaster

11 **Unter welcher Bezeichnung ist das Scherenfernrohr noch bekannt?**

- Stethoskop
- Gyroskop
- Periskop
- Stroboskop

12 **Mit welcher Abkürzung bezeichnet man eine digitale Leuchtanzeige bei Elektrogeräten?**

- LCD
- LED
- LSD
- QED

7 Die systematische Entwicklung der Telegrafie begann **1791** mit der Erfindung des optischen Flügeltelegrafen von Claude Chappe. Der elektromagnetische Telegraf wurde **1837** von Samuel Morse zum Patent angemeldet. **1860** konstruierte Johann Philipp Reis das erste Gerät zur Übertragung von Tönen durch elektromagnetische Wellen. Die drahtlose Telegrafie wurde **1900** von Guglielmo Marconi erfunden.

8 Lichtleitung in Glasfaserkabeln beruht auf dem Prinzip der totalen **Reflexion** des Lichts an einer optischen Grenzfläche, ohne dass es zu einer **Brechung** kommt. **Streuung** ist die Ablenkung des Lichts beim Auftreffen auf kleine Partikel wie Staub oder auf raue Oberflächen. **Beugung** des Lichts ist seine Abweichung von der geradlinigen Ausbreitung, verursacht durch dünne Spalte oder Kanten.

9 Bei einer Pyramide wird **Pi** für die Berechnung des Rauminhalts nicht benötigt.
Wie beim **Kegel** ist dieser ein Drittel des Produkts aus Grundfläche und Höhe, jedoch ist beim Kegel die Grundfläche ein Kreis; in dessen Fläche geht Pi ein. Das Volumen eines **Zylinders** ist Grundfläche x Höhe. Beim **Ellipsoid** ist der Rauminhalt das Produkt der drei Halbachsen und Pi, multipliziert mit vier Dritteln.

10 Im heutigen Straßenbau wird der früher wichtige **Teer** kaum mehr verwendet, da er im Verdacht steht, Krebs zu erregen.
„Geteerte" Straßen bestehen heute aus **Asphalt**, einer Mischung aus Bitumen und Mineralstoffen. **Beton** wird häufig bei den Zementbetondecken der Autobahnen verwendet, **Pflaster** in verkehrsberuhigten Bereichen.

11 Ein Scherenfernrohr wird auch als **Periskop** bezeichnet. Es wird beispielsweise in U-Booten verwendet. Ein **Stethoskop** ist ein ärztliches Instrument zum Abhören. Ein **Gyroskop** ist ein Gerät zur Untersuchung von Kreiselbewegungen unter Einfluss äußerer Kräfte. Mit einem **Stroboskop** lässt sich die Frequenz periodischer Bewegungsabläufe mithilfe Beleuchtung durch periodische Lichtblitze sichtbar machen und messen.

12 **LED** ist die Abkürzung für „Light Emitting Diode", eine Leuchtdiode. **LCD** bedeutet „Liquid Crystal Display" – Flüssigkristallanzeige – und bezeichnet ebenfalls eine digitale Anzeigeeinheit bei elektronischen Geräten. **LSD** ist die Abkürzung für das Rauschgift Lysergsäurediäthylamid. Die Quantenelektrodynamik, die relativistische Quantenfeldtheorie der elektromagnetischen Wechselwirkung, wird **QED** abgekürzt.

13 **Welches Viereck hat stets vier gleich lange Seiten?**

- Parallelogramm
- Rechteck
- Trapez
- Rhombus

14 **Wer baute im Jahr 1623 die erste mechanische Rechenmaschine?**

- Blaise Pascal
- Gottfried Wilhelm Leibniz
- Konrad Zuse
- Wilhelm Schickhardt

15 **Mit welchem Messgerät misst man elektrische Spannungen?**

- Voltmeter
- Amperemeter
- Galvanometer
- Potentiometer

16 **Mit welcher Maßeinheit wird in der Seefahrt die Wassertiefe gemessen?**

- Faden
- Meter
- Fuß
- Knoten

17 **Was misst man mit einem Geigerzähler?**

- Radioaktivität
- Strahlung
- geladene Teilchen
- Magnetfelder

18 **Welcher deutsche Chemiker entwickelte im 19. Jahrhundert den ersten Kunstdünger?**

- Justus Liebig
- Robert Bunsen
- Friedrich Wöhler
- Wilhelm Ostwald

13 Ein **Rhombus** hat stets vier gleich lange Seiten.
Er kann als Sonderfall eines **Parallelogramms** verstanden werden. Bei diesem müssen gegenüberliegende Seiten parallel und gleich lang sein. Ein **Rechteck** ist ein Parallelogramm mit vier rechten Winkeln. Ein **Trapez** kann vier unterschiedlich lange Seiten haben, jedoch müssen zwei davon parallel sein.

14 Die erste Rechenmaschine wurde um das Jahr 1623 von **Wilhelm Schickhardt** entwickelt, geriet aber während des Dreißigjährigen Krieges in Vergessenheit.
Blaise Pascal konstruierte 1642 einen Rechenautomaten für Addition und Subtraktion. Die erste Rechenmaschine für Multiplikation und Division wurde 1671 von **Gottfried Wilhelm Leibniz** gebaut. **Konrad Zuse** schuf 1941 den ersten programmgesteuerten Digitalrechner.

15 Elektrische Spannungen misst man mit einem **Voltmeter** (Volt ist die Einheit der Spannung).
Mit einem **Amperemeter** wird die Stromstärke (Einheit Ampere) gemessen. Ein **Galvanometer**, ein hochempfindliches elektrisches Messgerät, dient zum Messen sehr niedriger Gleichspannungen und -ströme. Ein **Potentiometer** ist kein Messgerät, sondern ein regelbarer elektrischer Widerstand.

16 Die Wassertiefe wird üblicherweise in **Meter** gemessen.
In angelsächsischen Ländern ist auf Seekarten daneben noch die Einheit **Faden** gebräuchlich, wobei ein Faden zwei Yards entspricht. **Fuß** ist die international gebräuchliche Einheit bei Höhenangaben in der Luftfahrt. **Knoten** ist die Einheit für die Fahrtgeschwindigkeit eines Schiffes: 1 Knoten = 1 Seemeile pro Stunde = 1,852 km/h.

17 Mit einem Geiger-Müller-Zählrohr, kurz Geigerzähler genannt, misst man ionisierende **Strahlung.**
Meist wird der Geigerzähler zur Messung von Strahlung eingesetzt, die bei der **Radioaktivität** von Radionukliden freigesetzt wird.
Zum Nachweis **geladener Teilchen** wird ein Funkenzähler verwendet.
Magnetfelder werden mit einer Hall-Sonde gemessen.

18 Der erste künstliche Mineraldünger wurde um 1840 von **Justus Liebig** entwickelt, der damit die moderne Agrikulturchemie begründete.
Robert Bunsen entwickelte mit Gustav Kirchhoff die Spektralanalyse und erfand den Bunsenbrenner. **Friedrich Wöhler** entdeckte u. a. das Aluminium und synthetisierte den Harnstoff.
Wilhelm Ostwald sind die ersten Einblicke in das Wesen der Katalyse zu verdanken.

19 **„Über den Daumen peilen" ist ein real anwendbares Messverfahren. Was ermittelt man damit, eine ungefähre …**

- Menge
- Zeitspanne
- Strecke
- Temperatur

20 **Wer erfand 1919 das Tragflügelboot?**

- Christopher Cockerell
- Juan de la Cierva
- Frank Whittle
- Alexander Graham Bell

21 **Welche Maßeinheit gibt das Auflösungsvermögen von Druckern und Scannern an?**

- dpi
- ASA
- rem
- Bd

22 **Der wohl bekannteste Satz in der Geometrie ist $a^2 + b^2 = c^2$. Von welchem griechischen Mathematiker stammt dieser Satz?**

- Euklid
- Pythagoras
- Thales
- Hippokrates

23 **Welche der folgenden Erfindungen wurde als Letzte gemacht?**

- Brille
- Bleistift
- Thermometer
- Luftpumpe

24 **Wie heißt das Gebiet der Mathematik, das sich mit Grenzwertberechnungen befasst?**

- Topologie
- Infinitesimalrechnung
- lineare Algebra
- Differenzialgeometrie

19 Mit dem Verfahren „Über den Daumen peilen“ kann man eine **Strecke** ermitteln. Wenn man bei ausgestrecktem Arm über den Daumen einen Punkt anpeilt und wechselweise ein Auge schließt, „springt“ der Daumen hin und her. Die zehnfache Sprungweite ist die Entfernung zum anvisierten Objekt. Umgangssprachlich wird der Ausdruck auch für die Abschätzung einer **Menge,** einer **Zeitspanne** oder einer **Temperatur** gebraucht.

20 **Alexander Graham Bell,** der Erfinder des Telefons, konstruierte 1919 auch das erste Tragflügelboot. Der Brite **Christopher Cockerell** ließ sich 1955 ein Luftkissenfahrzeug patentieren, das er 1959 als „Hovercraft“ vorstellte. Der spanische Techniker **Juan de la Cierva** entwickelte 1922 das erste Drehflügelflugzeug. Das Düsentriebwerk wurde 1930 von dem britischen Ingenieur **Frank Whittle** erfunden.

21 Das Auflösungsvermögen von Druckern und Scannern wird in **dpi** (Abkürzung für englisch dots per inch, „Bildpunkte pro Zoll“) angegeben.
ASA (von American Standards Association) gibt die Empfindlichkeit von Filmen an, **rem** (von roentgen equivalent man) ist die veraltete Einheit der Äquivalentdosis. **Bd,** das Einheitenzeichen für Baud, gibt die Übertragungsgeschwindigkeit bei der Datenübertragung an.

22 Der geometrische Lehrsatz $a^2 + b^2 = c^2$ ist der Satz des **Pythagoras,** der aber bereits den Babyloniern um 1700 v. Chr. bekannt war.
Von **Euklid** stammt der auch als euklidscher Lehrsatz bekannte Kathetensatz. Der Satz des **Thales** besagt, dass ein Winkel auf einem Kreis, dessen Schenkel durch die Enden des Durchmessers gehen, 90° beträgt. Von **Hippokrates** von Chios stammt der Satz von den hippokratischen Möndchen.

23 Das **Thermometer** wurde als letzte der vier Gerätschaften erfunden, und zwar in Form des Quecksilberthermometers 1718 von Daniel Fahrenheit.
Die **Brille** wurde bereits um das Jahr 1300 in Oberitalien entwickelt. **Bleistifte** gibt es seit Anfang des 16. Jahrhunderts in England, ab 1565 wurden sie fabrikmäßig hergestellt. Die Erfindung der **Luftpumpe** durch Otto von Guericke datiert auf das Jahr 1650.

24 Das Teilgebiet der Mathematik, das auf dem Grenzwertbegriff aufbaut, ist die **Infinitesimalrechnung.** Sie umfasst die Differenzial- und Integralrechnung.
Die **Topologie** befasst sich mit bestimmten Eigenschaften geometrischer Gebilde, die lineare **Algebra** mit Vektorräumen. **Differenzialgeometrie** ist die Anwendung der Methoden der Analysis in der Geometrie.

25 **In welchem Land wurde Mitte des 19. Jahrhunderts zum ersten Mal gezielt nach Erdöl gebohrt?**

- USA
- Russland
- Persien
- Deutschland

26 **Die Zahlenmenge {–3, 1/2, 0, 2} ist eine Teilmenge der …**

- reellen Zahlen
- natürlichen Zahlen
- rationalen Zahlen
- ganzen Zahlen

27 **Auf welchem physikalischen Prinzip basiert der Flaschenzug?**

- Drehmoment
- Auftrieb
- Reibung
- Hebelgesetz

28 **Wer konstruierte 1939 das erste Düsenflugzeug der Welt?**

- Heinkel
- Messerschmitt
- Junkers
- Sikorsky

29 **Von welchem Mathematiker stammt die Vermutung, dass die Gleichung $a^n + b^n = c^n$ für $n > 2$ keine ganzzahligen Lösungen hat?**

- Fibonacci
- Fourier
- Fermi
- Fermat

30 **Der Begriff „Elektron" hat mehrere Bedeutungen. Was ist ein Elektron nicht?**

- ein Elementarteilchen
- eine antike Stadt
- ein Mineral
- eine Legierung

25 Der erste Ölbohrturm der Welt stand in **Deutschland:** Ab 1857 wurde bei Wietze in der Lüneburger Heide systematisch nach Erdöl gesucht.
In den **USA** wurde man erstmals 1859 mit einer Mineralölbohrung fündig. Um etwa die gleiche Zeit wurde auch in **Russland** damit begonnen, die Erdölfelder von Baku zu erschließen. Die Erdölvorkommen **Persiens** wurden erst Anfang des 20. Jahrhunderts entdeckt.

26 Die Menge der Zahlen {–3, 1/2, 0, 2} ist eine Teilmenge der **rationalen Zahlen.**
Da die reellen Zahlen die rationalen und die irrationalen Zahlen umfassen, ist sie auch eine Teilmenge der **reellen Zahlen.** Zu den **natürlichen Zahlen** gehören die Zahlen {1, 2, 3, ...}, zu den **ganzen Zahlen** darüber hinaus die negativen Zahlen {–1, –2, –3, ...} und die Null.

27 Die Funktionsweise eines Flaschenzugs basiert auf dem **Hebelgesetz.**
Für ihn gilt die Beziehung Kraft x Kraftweg = Last x Lastweg. Das Produkt Kraft x Kraftweg (bzw. Last x Lastweg) ist das **Drehmoment.** Der **Auftrieb** ist eine der Gewichtskraft entgegenwirkende Kraft, die gleich dem Gewicht der von einem Körper verdrängten Gas- oder Flüssigkeitsmenge ist. **Reibung** ist die Hemmung der relativen Bewegung sich berührender Körper.

28 Der Flugzeugkonstrukteur Ernst **Heinkel** entwickelte 1939 das erste Flugzeug mit Strahltriebwerk (HE 178), das jedoch nie in Serie ging.
Erst das von Willy **Messerschmitt** konstruierte Jagdflugzeug Me 262 wurde ab 1944 in Serie produziert. Hugo **Junkers** baute 1919 das erste Ganzmetallverkehrsflugzeug. Igor **Sikorsky** begann ab 1939 mit der Konstruktion zahlreicher Hubschraubertypen für zivile und militärische Zwecke.

29 Der Mathematiker Pierre de **Fermat** formulierte 1637 die nach ihm benannte fermatsche Vermutung, die erst 1995 bewiesen werden konnte. Auf Leonardo **Fibonacci** gehen die Fibonacci-Zahlen zurück, bei denen jedes Glied gleich der Summe der beiden vorangehenden Glieder ist. Joseph **Fourier** entwickelte u. a. das Verfahren der harmonischen Analyse. Enrico **Fermi** entwickelte die nach ihm und Paul Dirac benannte Quantenstatistik.

30 Eine **antike Stadt** namens Elektron gab es nicht.
Unter Elektron versteht man normalerweise ein **Elementarteilchen.** Der Name Elektron leitet sich ab von der griechischen Bezeichnung für Bernstein, ein organisches **Mineral.** Daneben bezeichnete man in der Antike auch eine **Legierung** von Gold mit Silber als Elektron.

31 **Was versteht man unter einem Episkop?**

- Projektionsgerät
- Ohrenspiegel
- Augenspiegel
- Spielzeug

32 **Wie groß ist die Summe der Innenwinkel in einem Sechseck?**

- 180°
- 360°
- 540°
- 720°

33 **Welcher Erfinder erfand oder verbesserte keine Dampfmaschine?**

- Denis Papin
- Thomas Newcomen
- George Stephenson
- James Watt

34 **Bei zwei in Reihe geschalteten Lampen brennt bei einer die Glühbirne durch. Wie leuchtet die andere?**

- heller
- dunkler
- gar nicht
- gleich hell

35 **Welcher der Begriffe bezeichnet kein altes Zählmaß?**

- Schock
- Klafter
- Mandel
- Gros

36 **Das Verfahren, mittels Elektrolyse Oberflächen mit dünnen Metallschichten zu überziehen, heißt …**

- Galvansieren
- Plastinieren
- Sintern
- Emaillieren

31 Ein **Episkop** ist ein Projektionsgerät, mit dem Aufsichtsbilder projiziert werden können.
Ein **Ohrenspiegel**, ein optisches Gerät zur Untersuchung des Gehörgangs und des Trommelfells, ist ein Otoskop. Mit dem **Augenspiegel**, dem Ophthalmoskop, wird das Innere des Auges untersucht. Ein optisches **Spielzeug**, das durch mehrfache Spiegelung bunter Glasstücke regelmäßige Figuren darstellt, heißt Kaleidoskop.

32 Die Summe der Innenwinkel eines Sechsecks beträgt stets **720°**.
Bei einem Dreieck ist die Summe der Innenwinkel **180°**. Da jedes Sechseck – ob regelmäßig oder unregelmäßig – in vier Dreiecke unterteilt werden kann, ergibt sich für die Winkelsumme viermal 180°. Ein Viereck hat eine Winkelsumme von **360°**, ein Fünfeck von **540°**.

33 **George Stephenson** baute 1814 die erste Dampflokomotive.
Die Dampfmaschine wurde 1685 von **Denis Papin** erfunden, doch erst Anfang des 18. Jahrhunderts entwickelte **Thomas Newcomen** das erste funktionsfähige Modell. **James Watt** verbesserte die Dampfmaschine dann so weit, dass sie mit seiner 1769 patentierten direkt wirkenden Niederdruck-Dampfmaschine wirtschaftlich nutzbar war.

34 Wenn bei zwei in Reihe geschalteten Lampen bei einer die Glühbirne durchbrennt, ist der Stromkreis unterbrochen – die andere leuchtet **gar nicht** mehr.
Sind die beiden Lampen dagegen parallel geschaltet, leuchtet bei einer durchgebrannten Glühbirne die zweite **gleich hell** weiter, sie wird weder **heller** noch **dunkler**.

35 Ein **Klafter** ist kein Zählmaß, sondern eine alte deutsche Längeneinheit. Ein Klafter sind 72 Zoll oder sechs Fuß, entsprechend 1,883 Meter.
Alte Zähl- oder Stückmaße sind das **Schock** (60 Stück), die kleine und die große **Mandel** (15 bzw. 16 Stück) und das **Gros** (12 Dutzend oder 144 Stück).

36 **Galvanisieren** ist die oberflächliche Beschichtung mit dünnen Metallüberzügen auf elektrolytischem Weg. Durch **Plastinieren** mit einer Kunststofflösung werden biologische oder medizinische Präparate konserviert. **Sintern** ist das Verbacken pulverförmiger oder feinkörniger Stoffe bei erhöhter Temperatur, **Emaillieren** das Aufschmelzen eines glasartigen Überzugs auf Metall.

37 **Wie wird ein Lügendetektor in der kriminologischen Fachsprache genannt?**

- Polygraph
- Perigraph
- Pantograph
- Paragraph

38 **Welche der folgenden Hexadezimalzahlen entspricht der Zahl 1000 im Dezimalsystem?**

- 31C
- 4BB
- 2A5
- 3E8

39 **Welche elektromagnetischen Wellen werden bei Ortungs- und Messverfahren mit dem Radar verwendet?**

- Infrarotwellen
- Mikrowellen
- Ultrakurzwellen
- Mittelwellen

40 **Woraus wird das beispielsweise für die Chipherstellung benötigte Silizium gewonnen?**

- Kaolin
- Bauxit
- Sand
- Flussspat

41 **Welche der Abkürzungen bezeichnet keine außeruniversitäre deutsche Forschungseinrichtung?**

- MPI
- DKFZ
- GSI
- RCDS

42 **Wie groß ist die Wahrscheinlichkeit, dass in einer Klasse mit 30 Schülern zwei an einem beliebigen, aber selben Tag Geburtstag haben?**

- 11,7 %
- 70,6 %
- 50,0 %
- 7,9 %

37 Ein Lügendetektor ist ein **Polygraph,** das die Körperfunktionen Herzströme, Atemfrequenz, Blutdruck und Hautfeuchtigkeit aufzeichnet.
Ein **Perigraph** dient dem Zeichnen der Umrisskurven von Körpern. Der auch „Storchschnabel" genannte **Pantograph** ist ein Zeichengerät zum maßstabgerechten Vergrößern oder Verkleinern. Ein **Paragraph** ist ein nummerierter Abschnitt in einem Schriftwerk, insbesondere eine Einzelvorschrift eines Gesetzes.

38 Die Zahl 1000 lautet in dem häufig in der Datenverarbeitung verwendeten Hexadezimalsystem **3E8.**
3E8 lässt sich in eine Dezimalzahl gemäß $3 \cdot 16^2 + E \cdot 16^1 + 8 \cdot 16^0 = 1000$ umrechnen, wobei die Buchstaben A bis F für die Zahlen 10 bis 15 stehen. Demzufolge entsprechen die Hexadezimalzahlen **31C, 4BB** und **2A5** den Dezimalzahlen 796, 1211 und 677.

39 In der Radartechnik werden Zenti- oder Dezimeterwellen verwendet, die unter dem Begriff **Mikrowellen** zusammengefasst sind.
Infrarotwellen, die sich hauptsächlich als Wärmestrahlung äußern, haben Wellenlängen zwischen 0,78 μm und 1 mm.
Die beim Rundfunk benutzten **Ultrakurzwellen** und **Mittelwellen** liegen in den Wellenlängenbereichen von 3,43 bis 2,78 m bzw. von 182 bis 1000 m.

40 Silizium wird aus **Sand** gewonnen, und zwar aus hochreinem Quarzsand.
Der überwiegend aus dem Tonmineral Kaolinit bestehende **Kaolin** ist ein Grundstoff bei der Porzellanherstellung. **Bauxit,** ein Gemenge aus Tonerdemineralen, ist der bedeutendste Rohstoff für die Aluminiumherstellung. **Flussspat** ist der wichtigste Grundstoff für die Fluorgewinnung.

41 **RCDS** ist die Abkürzung für Ring Christlich-Demokratischer Studenten, eine der CDU/CSU nahe stehende studentische Vereinigung. **MPI** steht für Max-Planck-Institut, ein wissenschaftliches Institut der Max-Planck-Gesellschaft. Hinter **DKFZ** verbirgt sich das Deutsche Krebsforschungszentrum in Heidelberg. Die Gesellschaft für Schwerionenforschung, abgekürzt **GSI,** ist eine Großforschungseinrichtung mit Sitz in Darmstadt.

42 Die Wahrscheinlichkeit, dass in einer Klasse mit 30 Schülern zwei am selben Tag Geburtstag haben, ist **70,6 %.**
Bei einer Gruppengröße von zehn Personen beträgt diese Wahrscheinlichkeit schon **11,7 %,** bei 23 Personen übersteigt sie **50,0 %.**
Die Wahrscheinlichkeit, dass in einer Gruppe von 30 Personen noch eine zweite am selben Tag wie man selbst Geburtstag hat, liegt jedoch nur bei **7,9 %.**

43 **Wer entwickelte das erste galvanische Element und erfand damit die Batterie?**

- Faraday
- Volta
- Siemens
- Grove

44 **Wie wird in der Elektrotechnik Gleichstrom abgekürzt?**

- DC
- IC
- HF
- AM

45 **Welche der Erfindungen wurde von Thomas Alva Edison gemacht?**

- Grammophon
- Glühbirne
- Kinetograph
- Mikrofon

46 **Welche der genannten Einheiten ist keine metrische Einheit?**

- Hertz
- Newton
- Pascal
- Zoll

47 **Die Öchslewaage zur Bestimmung des Mostgewichts von Wein ist dem Prinzip nach ein ...**

- Aräometer
- Anemometer
- Aneroid
- Aerometer

48 **Welcher Luftfahrtpionier flog als Erster mit Überschallgeschwindigkeit?**

- Gustave Whitehead
- Louis Blériot
- Charles Yeager
- Charles Lindbergh

43 Das erste galvanische Element wurde im Jahr 1800 von Alessandro **Volta** entwickelt, der damit die Batterie erfand. Jedoch sollen bereits 500 v. Chr. in Mesopotamien erste galvanische Elemente existiert haben.
Michael **Faraday** erfand unter anderem den Elektromotor und den Transformator, Werner von **Siemens** die Dynamomaschine. William **Grove** konstruierte die erste Brennstoffzelle.

44 **DC** ist die Abkürzung für das englische Direct Current, was Gleichstrom bedeutet.
Mit **IC** wird in der Elektronik Integrated Circuit - integrierte Schaltung - abgekürzt, **HF** ist die Abkürzung von Hochfrequenz. Die in der Rundfunktechnik im Lang-, Mittel- und Kurzwellenbereich verwendete Amplitudenmodulation wird **AM** abgekürzt.

45 Der **Kinetograph,** ein Filmaufnahmegerät, wurde 1891 von Thomas Alva Edison erfunden.
Das **Grammophon** stammt dagegen nicht von Edison, sondern lediglich ein „Phonograph“ genannter Vorläufer. **Glühbirne** und **Mikrofon** zählen ebenfalls nicht zu den Erfindungen Edisons, jedoch hat er beide grundlegend verbessert und sie zu gebrauchsfähigen Produkten weiterentwickelt.

46 Das **Zoll** (englisch Inch) ist keine metrische Einheit.
Metrische Einheiten sind Einheiten des auf Meter (m), Kilogramm (kg) und Sekunde (s) aufgebauten Maßsystems mit dezimaler Teilung. **Hertz** (1 Hz = 1/s) ist die Einheit der Frequenz, **Newton** ($1\ N = 1\ kg \cdot m/s^2$) jene der Kraft. Drücke werden in **Pascal** angegeben ($1\ Pa = 1\ N/m^2$).

47 Die von Christian Ferdinand Oechsle entwickelte Mostwaage ist ein **Aräometer,** mit dem die Dichte und damit der Zuckergehalt des Mostes bestimmt wird.
Ein **Anemometer** ist ein Gerät zur Messung der Windgeschwindigkeit. Mit dem **Aneroid,** einer bestimmten Barometerbauart, kann man den Luftdruck messen, und mit einem **Areometer** ermittelt man das Gewicht oder die Dichte von Luft.

48 Der amerikanische Militärpilot **Charles Yeager** erreichte 1947 mit seinem Jagdflugzeug eine Geschwindigkeit von 1630 km/h und damit als erster Mensch Überschallgeschwindigkeit.
Dem deutschen Auswanderer Gustav Weißkopf, der sich in den USA **Gustave Whitehead** nannte, gelang 1901 der erste Motorflug. **Louis Blériot** überflog 1909 als Erster den Ärmelkanal, **Charles Lindbergh** 1927 im Alleinflug den Atlantik.

49 **Wer baute den ersten betriebsfähigen Verbrennungsmotor?**

- Nikolaus Otto
- Jean Lenoir
- Rudolf Diesel
- Robert Stirling

50 **Wie nennt man in der Mathematik eine Grundlage, die nicht von anderen Sätzen abgeleitet werden kann?**

- Dogma
- Hypothese
- Lemma
- Axiom

51 **Mit welcher Technik wird Sonnenlicht in Strom umgewandelt?**

- Photosynthese
- Photovoltaik
- Photometrie
- Photolyse

52 **Binomische Formeln sind Formeln für Produkte und Potenzen von Binomen; bei welcher dieser Formeln ist das Ergebnis $a^2 - b^2$?**

- $(a + b)^2$
- $(a - b)^2$
- $(a - b)^3$
- $(a + b) \cdot (a - b)$

53 **Welches der genannten technischen Geräte ist kein Druckmessgerät?**

- Bathometer
- Manometer
- Barometer
- Vakuummeter

54 **Was versteht man unter dem Begriff Stereometrie?**

- Raumlehre
- Raumbildverfahren
- räumliches Sehen
- Raumklang

49

Der erste betriebsfähige und in größerem Umfang gebaute Verbrennungsmotor wurde 1860 von **Jean Lenoir** konstruiert. An den Motor Lenoirs knüpfte **Nikolaus Otto** an; auf den von ihm 1876 entwickelten Ottomotor gehen die Verbrennungsmotoren in ihrer heutigen Form zurück. **Rudolf Diesel** erfand 1892 den Dieselmotor, **Robert Stirling** 1818 den nach ihm benannten Heißgasmotor.

50

In der Mathematik wird ein als wahr anerkannter Grundsatz, der nicht bewiesen werden kann und auch keines Beweises bedarf, als **Axiom** bezeichnet. Ein **Dogma** ist eine Aussage, die den Anspruch absoluter Gültigkeit erhebt. Eine **Hypothese** ist eine Annahme, die experimentell bestätigt oder widerlegt werden kann. Ein **Lemma** ist ein Hilfssatz bei mathematischen und logischen Beweisen.

51

Die Technik, die sich mit der direkten Umsetzung von Licht in elektrische Energie befasst, ist die **Photovoltaik.** **Photosynthese** ist die Fähigkeit grüner Pflanzen, aus Wasser und Kohlendioxid mithilfe der Sonnenenergie organische Stoffe aufzubauen. Die **Photometrie** befasst sich mit der Messung von Lichtmenge, Lichtstärke, Helligkeit u.a. **Photolyse** ist die Spaltung chemischer Verbindungen unter Lichteinwirkung.

52

$(a + b)\cdot(a - b)$ ergibt ausmultipliziert $a^2 - ab + ba - b^2 = a^2 - b^2$. Für $(a + b)^2$ ist die Lösung $a^2 + ab + ba + b^2 = a^2 + 2ab + b^2$, für $(a - b)^2$ entsprechend $a^2 - ab - ba + b^2 = a^2 - 2ab + b^2$. Das Ergebnis von $(a - b)^3$, einem in die dritte Potenz erhobenen Binom, ist $a^3 - 3a^2b + 3ab^2 - b^3$.

53

Ein **Bathometer** oder auch Bathymeter ist ein Gerät zur Messung von Wassertiefen, meist ein Lot. Zur Druckmessung in Gasen oder Flüssigkeiten verwendete Geräte bezeichnet man allgemein als **Manometer.** Dienen sie der Messung des Luftdrucks, werden sie Barometer genannt. Messgeräte für sehr niedrige Drücke heißen **Vakuummeter.**

54

Die **Raumlehre** oder Stereometrie ist die Geometrie des dreidimensionalen euklidischen Raumes, insbesondere die Geometrie der räumlichen Gebilde. Das **Raumbildverfahren,** die Stereoskopie, ist ein fotografisches Verfahren zur Erzeugung „dreidimensionaler" Bilder. **Räumliches Sehen** wird auch stereoskopisches Sehen, der **Raumklang** Stereophonie genannt.

55 **Der von dem deutschen Maschinenbauer Felix Wankel erfundene und nach ihm benannte Verbrennungsmotor ist ein ...**

- Sternmotor
- V-Motor
- Boxermotor
- Kreiskolbenmotor

56 **Welches als Anästhetikum eingesetzte Betäubungsmittel wurde 1831 von Justus Liebig entdeckt?**

- Äther
- Lachgas
- Chloroform
- Morphin

57 **Welcher der genannten geometrischen Körper hat sechs Ecken und zwölf Kanten?**

- Tetraeder
- Hexaeder
- Oktaeder
- Rhomboeder

58 **Welches Datenübertragungssystem wurde von dem britischen Physiker Tim Berners-Lee erfunden?**

- das World Wide Web
- das Internet
- die E-Mail
- der Bildschirmtext

59 **Ein optisches System zur Bündelung von Lichtstrahlen nennt man ...**

- Kondensator
- Kondensor
- Konduktor
- Konvektor

60 **Welche Aussage ist richtig? Zwei Geraden, die nicht in einer Ebene liegen, ...**

- sind parallel
- schneiden sich
- sind gleich
- sind windschief

55 Der von Felix Wankel erfundene Wankelmotor ist ein **Kreiskolbenmotor.** Im Gegensatz zu anderen gebräuchlichen Verbrennungsmotoren hat er einen rotierenden Kolben.
Beim **Sternmotor** sind die Zylinder sternförmig, beim **V-Motor** V-förmig angeordnet. Beim Raum sparenden **Boxermotor** liegen sich die Zylinder in einer Ebene gegenüber.

56 Justus Liebig entdeckte 1831 das **Chloroform,** das 1847 von dem britischen Arzt James Simpson als Narkosemittel in die Medizin eingeführte wurde.
Im gleichen Jahrzehnt wurden auch erstmals der bereits seit 1540 bekannte **Äther** und das 1771 entdeckte **Lachgas** als Anästhetika bei Operationen verwendet.
Das 1806 von Friedrich Sertürner dargestellte **Morphin** wird seit 1814 als Schmerzmittel eingesetzt.

57 Das **Oktaeder,** eine vierseitige Doppelpyramide, ist ein von acht Dreiecken umgrenzter Körper mit sechs Ecken und zwölf Kanten.
Das **Tetraeder,** eine Pyramide mit dreieckiger Grundfläche, hat vier Ecken und sechs Kanten. Das **Hexaeder** - der Würfel - und das **Rhomboeder,** ein von sechs kongruenten Rhomben gebildeter Körper, haben acht Ecken und zwölf Kanten.

58 Der britische Physiker Tim Berners-Lee entwickelte 1989 das WWW, **das World Wide Web,** zur weltweiten Verknüpfung von Daten über das Internet.
Das Internet hat seinen Ursprung in dem 1969 vom amerikanischen Verteidigungsministerium eingerichteten ARPAnet. **Die E-Mail** wurde 1972 von dem Computertechniker Ray Tomlinson erfunden.
Der Bildschirmtext wurde in Deutschland 1984 eingeführt.

59 Eine Linsen- oder Spiegelanordnung in optischen Geräten zur Bündelung von Lichtstrahlen wird **Kondensor** genannt.
Ein **Kondensator** ist ein elektronisches Bauelement zum Speichern von elektrischer Ladung. Unter **Konduktor** versteht man in der Medizin einen selbst gesunden Überträger einer Erbkrankheit.
Ein **Konvektor** ist ein Heizkörper.

60 Zwei Geraden, die nicht in einer Ebene liegen, sind **windschief.** Sie haben weder einen Schnittpunkt, noch sind sie **parallel.** Zwei Geraden, die sich **schneiden,** spannen wie zwei parallele Geraden in der euklidischen Geometrie stets eine Ebene auf. Zwei Geraden, die **gleich** sind, liegen in beliebig vielen Ebenen.

61 **Wie hieß die amerikanische Raumfähre, die 1986 beim Start explodierte?**

- Columbia
- Challenger
- Discovery
- Atlantis

62 **Welcher Stoff ist kein Bestandteil von Beton?**

- Zement
- Sand
- Gips
- Kies

63 **Wie lautet der mathematische Fachbegriff für ein Vieleck?**

- Polyeder
- Polynom
- Polymer
- Polygon

64 **Hinter welchem Begriff verbirgt sich ein feinmechanisch-technisches Erzeugnis?**

- Danziger Lachs
- Düsseldorfer Rippchen
- Nürnberger Ei
- Salzburger Goldhuhn

65 **Wer konstruierte die erste elektrische Lokomotive?**

- Werner von Siemens
- Reinhard Mannesmann
- Alfred Krupp
- Robert Bosch

66 **Auf wen gehen die heute gebräuchlichen arabischen Zahlen ursprünglich zurück, auf die ...**

- Araber
- Inder
- Römer
- Griechen

61 Beim 25. Start einer Raumfähre explodierte der Raumtransporter **Challenger** in 16 km Höhe; die sieben an Bord befindlichen Astronauten und Astronautinnen fanden dabei den Tod.
Der erste Spaceshuttleflug war 1981 der Flug des bemannten Raumtransporters **Columbia. Discovery** und **Atlantis** hießen zwei weitere amerikanische Raumfähren.

62 **Gips** ist kein Bestandteil von Beton. Wegen seiner geringen Härte und seiner Wasserlöslichkeit setzen bereits geringe Mengen Gips die Festigkeit von Beton herab.
Beton besteht aus einem in der Regel hydraulischen Bindemittel, meist **Zement,** aus Zuschlagstoffen wie **Sand,** Split oder **Kies** und aus Wasser.

63 Die aus dem Griechischen (polygonis, „vielwinkeling“) stammende Fachbezeichnung für ein Vieleck ist **Polygon.**
Analog dazu wird ein Vielflächner als **Polyeder** bezeichnet. Ein **Polynom** ist in der Mathematik ein Ausdruck aus zwei oder mehr additiv verknüpften Gliedern, in denen neben Konstanten eine oder mehrere Unbekannte auftreten.
Ein **Polymer** ist eine Verbindung, die aus einer Vielzahl kleinerer Struktureinheiten aufgebaut ist.

64 Das **Nürnberger Ei** ist eine eiförmige Taschenuhr mit Federwerk, die um 1510 von dem Nürnberger Mechaniker Peter Henlein erfunden wurde.
Die anderen Begriffe bezeichnen Ess- oder Trinkbares: **Danziger Lachs** ist ein auch „Goldwasser“ genannter Likör, ein **Düsseldorfer Rippchen** ist eine Kalbfleischbulette, ein **Salzburger Goldhuhn** ein Gebäck aus in Schweineschmalz ausgebackenem Brandteig.

65 Die erste elektrische Lokomotive wurde 1879 von **Werner von Siemens** vorgestellt; zwei Jahre später baute er in Berlin die erste elektrische Straßenbahn.
Reinhard Mannesmann erfand die Herstellung nahtloser Rohre und gründete die Mannesmann AG.
Alfred Krupp baute den von seinem Vater gegründeten Konzern zur weltgrößten Gussstahlfabrik aus.
Robert Bosch entwickelte die Magnetzündung für Vergasermotoren.

66 Die heute gebräuchliche Ziffernschreibweise für die Zahlen 1 bis 9 wurde im 3. Jahrhundert von den **Indern** erfunden.
Im 8. Jahrhundert ergänzten die **Araber** dieses System durch die Null und führten die Stellenschreibweise ein. Ab dem 10. Jahrhundert löste diese Zahldarstellung die Zahlzeichen der **Römer** ab. Die **Griechen** verwendeten eine Buchstabennotation für Zahlzeichen.

67 **Eine der genannten Erfindungen wurde bereits im 19. Jahrhundert gemacht. Welche ist es?**

- Reißverschluss
- Sprühdose
- Kugelschreiber
- Druckknopf

68 **Wie wird in der Geometrie ein Kreisabschnitt noch genannt?**

- Segment
- Sekante
- Sehne
- Sektor

69 **Mit welchem Gerät misst man die Geschwindigkeit von Flugzeugen?**

- Tachometer
- Pedometer
- Staudruckmesser
- Log

70 **Wo wurde während des Zweiten Weltkriegs unter dem Tarnnamen „Manhattan-Projekt“ die amerikanische Atombombe entwickelt?**

- New York
- Oak Ridge
- Los Alamos
- Chicago

71 **In welcher der genannten technischen Vorrichtungen liegen die höchsten elektrischen Potenzialdifferenzen an?**

- Zündkerze im Auto
- Fernsehbildröhre
- Leuchtstoffröhre
- Fahrdraht der Straßenbahn

72 **A sei ein falsche, B eine wahre Aussage. Welche der folgenden aussagenlogischen Verknüpfungen ist dann wahr?**

- A und B
- aus A folgt B
- A und nicht B
- A oder nicht B

67 Der **Druckknopf** wurde bereits 1885 von dem Deutschen Heribert Bauer erfunden.
Den **Reißverschluss** in seiner heutigen Form, der auf eine Erfindung von 1893 zurückgeht, ließ sich 1913 der Schwede Gideon Sundback patentieren. Die **Sprühdose** wurde 1926 von dem norwegischen Ingenieur Erik Rothheim entwickelt, der von dem Ungarn Ladislao Biro erfundene **Kugelschreiber** wurde 1938 patentiert.

68 Der Abschnitt eines Kreises wird auch **Segment** genannt. Ein Segment wird von einem Kreisbogen und einer Sehne genannten Strecke begrenzt.
Eine **Sekante** ist eine Gerade, die einen Kreis in zwei Punkten schneidet, wobei ihr zwischen den Schnittpunkten liegender Teil als **Sehne** bezeichnet wird. Ein **Sektor** ist ein durch zwei Halbmesser und einen Kreisbogen begrenzter Kreisausschnitt .

69 Mit einem **Staudruckmesser** wird die Geschwindigkeit von Flugzeugen relativ zur Luftgeschwindigkeit gemessen.
Ein **Tachometer** ist ein in Landfahrzeugen eingebauter Geschwindigkeitsmesser. Mit einem **Pedometer**, einem Schrittzähler, misst man eine Wegstrecke. Ein **Log** ist ein Instrument, mit dem die Geschwindigkeit eines Schiffes bestimmt wird.

70 Die amerikanische Atombombe wurde ab 1942 in den von Robert Oppenheimer geleiteten Labors in **Los Alamos** (New Mexico) entwickelt.
Mit **New York** hatte das geheime „Manhattan-Projekt“, an dem bis zu 160 000 Personen arbeiteten, nichts zu tun. Die Reaktoren in **Chicago** und **Oak Ridge** (Tennessee) lieferten das angereicherte Uran für die Bombe.

71 Die höchsten elektrischen Potenzialdifferenzen, auch Spannungen genannt, hat eine **Zündkerze im Auto:** Um einen Zündfunken zu erzeugen, bedarf es bis zu 20 000 Volt.
An einer **Fernsehbildröhre** liegen rund 15 000 Volt an, **Leuchtstoffröhren** benötigen bis zu 3000 Volt. Die Spannung des **Fahrdrahts der Straßenbahn** liegt bei 500 V an.

72 Die Aussage **aus A folgt B** ist wahr – die Folgerung aus einer falschen Aussage ist in der Aussagenlogik immer wahr.
A und B ist immer falsch, wenn eine der beiden Aussagen falsch ist; im Fall **A und nicht B** sind sogar beide Aussagen falsch. Eine Oder-Verknüpfung ist wahr, wenn eine der beiden Aussagen wahr ist; **A oder nicht B** ist demnach falsch.

FLORA UND FAUNA

Die gesamte Biomasse der Erde wird auf rund 1,85 x 10^{12} (= 1,85 Billionen) Tonnen geschätzt, wovon jährlich knapp 10 % absterben, aber auch wieder nachwachsen. Der Löwenanteil von nahezu 99,9 % entfällt dabei auf die Pflanzen (der Anteil der Menschen an der gesamten Biomasse beträgt nur 0,005 %), auch wenn die Zahl der beschriebenen Pflanzenarten nur etwa ein Viertel der Tierarten ausmacht. Die Frage, wie viele Tiere die Erde bevölkern, ist kaum zu beantworten. Schätzungen reichen von 10^{16} bis über 10^{18} (= 1 Trillion) Individuen allein für die mehrzelligen Tiere.

1 **Welche Spinne ist für den Menschen am gefährlichsten?**

- Schwarze Witwe
- Tarantel
- Vogelspinne
- Kammspinne

2 **Welches dieser Meerestiere gehört zu den Tintenfischen?**

- Krake
- Sepia
- Oktopus
- Nautilus

3 **In welcher geologischen Zeit traten die ersten Landpflanzen auf?**

- Silur
- Trias
- Karbon
- Jura

4 **Welches Merkmal ist kein notwendiges Kennzeichen eines Lebewesens?**

- Stoffwechsel
- Wachstum
- Vermehrung
- Bewegung

5 **Welches Säugetier hat die höchste Anzahl an Halswirbeln?**

- Netzgiraffe
- Zwergspitzmaus
- Dreifingerfaultier
- Maulwurf

6 **Welcher der Bäume oder Sträucher ist kein Ölbaumgewächs?**

- Liguster
- Flieder
- Eberesche
- Esche

1 Die für den Menschen gefährlichsten Spinnen sind die in Südamerika beheimateten **Kammspinnen.**
Ihr Gift wirkt beim Menschen neurotoxisch und kann zu schweren Erkrankungen und sogar zum Tod führen.
Auch der Biss der **Schwarzen Witwe** ist nicht ungefährlich und kann tödliche Folgen haben. Der Biss der mediterranen **Tarantel** oder der amerikanischen **Vogelspinne** ist dagegen nicht schlimmer als ein Bienen- oder Wespenstich.

2 Die **Sepia** gehört zu den Tintenfischen, einer Gattung der Kopffüßer. Sie wird auch als gemeiner Tintenfisch bezeichnet.
Die Gemeine **Krake,** auch **Oktopus** genannt, ist zwar mit den Tintenfischen verwandt, hat im Gegensatz zu diesen aber nur acht statt zehn Arme. Der **Nautilus** oder das Perlboot gehört einer weiteren Gattung der Kopffüßer an.

3 Die ersten Landpflanzen traten vor etwa 430 Millionen Jahren im **Silur** auf.
In die Zeit der **Trias** (vor 250 bis 200 Millionen Jahren) fällt das erste Auftreten der Säugetiere. Reptilien gibt es schon seit dem **Karbon** (vor 355 bis 295 Millionen Jahren). Aus diesen entwickelten sich im **Jura** (vor 200 bis 135 Millionen Jahren) schließlich die Vögel.

4 **Bewegung** ist kein notwendiges Kennzeichen für ein Lebewesen. Notwendige Merkmale sind dagegen ein **Stoffwechsel,** eine Selbstregulations- und Reizaufnahmefähigkeit sowie die Fähigkeiten zum **Wachstum** und zur **Vermehrung.**

5 **Dreifingerfaultiere** haben neun Halswirbel, die höchste Anzahl bei den Säugetieren. Dadurch können sie ihren Kopf um 180 Grad bis auf den Rücken drehen.
Die **Netzgiraffe** hat nur sieben Halswirbel, auch wenn die Länge ihres Halses beinahe die Hälfte ihrer Körperhöhe von bis zu sechs Metern ausmacht. Und auch die **Zwergspitzmaus** und der **Maulwurf** haben, wie fast alle Säugetiere einschließlich des Menschen, ebenfalls nur sieben Halswirbel.

6 Die **Eberesche,** wegen ihrer großen roten Beeren auch Vogelbeerbaum genannt, ist kein Ölbaumgewächs, sondern gehört zur Familie der Rosengewächse.
Auch wenn sie sich in Wuchsform, Ausbildung der Blüten und anderen morphologischen Merkmalen kaum ähnlich sind, gehören der **Liguster,** der **Flieder** und die **Esche** allesamt zur Familie der Ölbaumgewächse.

7 **Wie nennt man die Träger der Samenzellen von Pflanzen?**

- Sporen
- Pollen
- Gameten
- Zygoten

8 **Welches der genannten Huftiere ist eine Lamaart?**

- Vikunja
- Karibu
- Impala
- Onager

9 **Welches der aufgezählten Tiere ist kein Käfer?**

- Erdfloh
- Glühwürmchen
- Spanische Fliege
- Weidenbohrer

10 **Welche der folgenden Substanzen gehört nicht zu den vier Basen des DNS-Moleküls?**

- Adenin
- Guanin
- Lysin
- Cytosin

11 **Welche der heimischen Insekten bilden die individuenreichsten Staaten?**

- Rote Waldameise
- Honigbiene
- Erdhummel
- Hornisse

12 **Wie nennt man ein männliches Schaf?**

- Hammel
- Bock
- Widder
- Mufflon

7 Die in den Staubblättern entstehenden männlichen Fortpflanzungszellen der Samenpflanzen sind die **Pollen.**
Sporen sind die der ungeschlechtlichen Vermehrung dienenden Keimzellen, etwa bei Moosen und Farnen, **Gameten** die bei der Befruchtung miteinander verschmelzenden Zellen. **Zygoten** entstehen durch die Vereinigung der Kerne von männlichen und weiblichen Gameten.

8 Das **Vikunja** ist die kleinere der beiden Lamaarten Südamerikas – die größere Art, von der die Haustierformen des Lamas abstammen, ist das Guanako.
Das **Karibu** ist das nordamerikanische Rentier, die **Impala** oder Schwarzfersenantilope eine Antilopenart Afrikas. Der Persische Halbesel, der esel- und pferdeartige Merkmale in sich vereinigt, heißt auch **Onager.**

9 Der **Weidenbohrer** – ein bis zu acht Zentimeter großer nachtaktiver Falter – ist ein Schmetterling.
Der zu den Blattkäfern gehörende **Erdfloh** kann durch seine starken Hinterbeine ähnlich den Flöhen springen. Die **Glühwürmchen** gehören zur Familie der dämmerungs- oder nachtaktiven Leuchtkäfer.
Die bis zu zwei Zentimeter große **Spanische Fliege** ist ein giftiger Käfer aus der Familie der Blasenkäfer.

10 **Lysin,** eine von insgesamt zwanzig Aminosäuren, aus denen jedes Eiweiß in einem lebenden System besteht, gehört nicht zu den vier organischen Basen des DNS-Moleküls.
Diese heißen **Adenin** und Thymin sowie **Guanin** und **Cytosin.** Sie verbinden paarweise die beiden DNS-Stränge, wobei sich jeweils nur die Basen Adenin und Thymin oder Guanin und Cytosin miteinander verbinden können.

11 Die individuenreichsten Staaten sind jene der **Roten Waldameise.** Größere Nester können von über einer halben Million Tiere bevölkert sein.
Deutlich weniger Tiere leben in einem Stock der **Honigbiene;** ein Volk besteht aus bis zu 60 000 Bienen. Ein Staat der **Erdhummel** umfasst meist weniger als 100 Tiere, selten sind es mehr als 500. Bei der **Hornisse** findet man Nester mit bis zu 5000 Individuen.

12 Ein männliches Schaf wird **Widder** genannt.
Ein **Hammel** dagegen ist ein durch Kastration seiner Männlichkeit beraubter Widder. Mit **Bock** kann man auch ein weibliches Schaf bezeichnen, denn Schafe gehören zur Ordnung der Böcke aus der Huftierfamilie der horntragenden Wiederkäuer. Das **Mufflon** ist ein europäisches Wildschaf.

13 **Welche Organismen sind keine Lebewesen?**

- Bakterien
- Viren
- Bazillen
- Kokken

14 **Welches der genannten Tiere ist kein Vogel?**

- Honiganzeiger
- Saftlecker
- Neuntöter
- Knurrhahn

15 **Auf welchen schwedischen Naturforscher geht die Klassifikation der Tier- und Pflanzenwelt zurück?**

- Carl von Linné
- Svante Arrhenius
- Anders Celsius
- Anders Ångström

16 **Welche Pflanze zählt nicht zur Familie der Gräser?**

- Bambus
- Zuckerrohr
- Binse
- Schilf

17 **Welches ist, was die Zahl der Arten anbelangt, die größte Tiergruppe der Erde?**

- Ameisen
- Käfer
- Schmetterlinge
- Flöhe

18 **Welcher mitteleuropäische Brutvogel ist kein Zugvogel?**

- Ziegenmelker
- Heckenbraunelle
- Feldschwirl
- Zilpzalp

13 **Viren** sind keine Lebewesen, da sie keinen eigenen Stoffwechsel haben und für ihre Vermehrung den biochemischen Apparat geeigneter Wirtszellen umprogrammieren müssen.
Bakterien sind einzellige Mikroorganismen ohne echten Zellkern. Stäbchenförmige Bakterien, die Sporen bilden, werden **Bazillen** genannt. **Kokken** sind kugelförmige Bakterien.

14 Der **Knurrhahn** ist kein Vogel; Knurrhähne sind eine Familie der Knochenfische der küstennahen tropischen und gemäßigten Meere.
Sowohl der in Afrika und Asien lebende **Honiganzeiger** als auch der nordamerikanische **Saftlecker** gehören zur Ordnung der Spechtvögel. Der **Neuntöter**, auch Rotrückenwürger oder Dorndreher genannt, ist ein europäischer Singvogel.

15 **Carl von Linné** versuchte als Erster, Ordnung in die im 18. Jahrhundert bekannten Tier- und Pflanzenarten zu bringen, und begründete die biologische Systematik.
Der Physikochemiker **Svante Arrhenius** entwickelte die Lehre von der elektrolytischen Dissoziation. Auf den Astronomen **Anders Celsius** geht die 100-teilige Temperaturskala zurück. **Anders Ångström** war ebenfalls Astronom und Mitbegründer der Astrophysik.

16 Auch wenn sie einem Gras ähnelt – die an feuchten Standorten wachsende **Binse** ist keine Grasart; sie gehört vielmehr zur Familie der Binsengewächse.
Der bis 40 Meter hoch werdende **Bambus** ist dagegen eine Grasgattung, ebenso das **Zuckerrohr**. Das gemeinhin als **Schilf** bezeichnete Schilfrohr, das bis zu vier Meter hoch werden kann, ist eine Gattung der Gräser.

17 Mit 350 000 beschriebenen Arten, das sind mehr als 40 % aller bekannten Insektenarten, ist die Ordnung der **Käfer** die größte Tiergruppe der Erde.
Bei den **Ameisen** kennt man etwa 20 000 Arten, sie sind aber mit geschätzten zehn Billiarden Exemplaren die individuenreichste Insektengruppe. Die **Schmetterlinge** mit rund 150 000 Arten sind die zweithäufigste Insektenordnung, bei den **Flöhen** sind nur etwa 1800 Arten bekannt.

18 Die **Heckenbraunelle,** die leicht mit dem Weibchen des Haussperlings verwechselt werden kann, ist kein Zugvogel, sondern bleibt im Winter in Mitteleuropa.
Der **Ziegenmelker,** ein amselgroßer nachtaktiver Vogel aus der Familie der Nachtschwalben, überwintert im tropischen Afrika, ebenso der **Feldschwirl,** eine Grasmückenart. Der **Zilpzalp** aus der Familie der Zweigsänger überwintert im Mittelmeerraum.

19 **Flechten sind eine Abteilung der Lagerpflanzen. Es handelt sich bei ihnen um ...**

- Pilze
- Algen
- Moose
- nichts davon

20 **Welcher Süßwasserfisch erreicht das höchste natürliche Alter?**

- Stör
- Hecht
- Karpfen
- Aal

21 **Wie heißt die internationale Naturschutzorganisation, die den Großen Panda als Wappentier führt?**

- WWU
- WHO
- WWF
- WTO

22 **Welches der genannten Tiere gehört nicht zum Stamm der Weichtiere?**

- Entenmuschel
- Riesenkalmar
- Posthornschnecke
- Pfahlwurm

23 **Zu welcher Tiergruppe gehört das giftigste bekannte Tier, zu den ...**

- Schlangen
- Fröschen
- Skorpionen
- Vögeln

24 **Welche europäische Schlange ist bis an den Polarkreis verbreitet?**

- Äskulapnatter
- Aspisviper
- Blindschleiche
- Kreuzotter

19 Die korrekte Antwort muss hier **nichts davon** lauten.
Flechten, von denen man etwa 400 Gattungen mit mehr als 20 000 Arten kennt, sind nämlich eigenartige Doppelwesen aus einer symbiotischen Gemeinschaft von **Pilzen** und **Algen.** Sie bestehen aus einem Verband von Grün- oder Blaualgen und Schlauchpilzen.
Moose sind keine Lagerpflanzen, sondern gehören zu den Sporenpflanzen.

20 Das höchste Alter der genannten Süßwasserfische erreicht der **Stör;** er soll bis 150 Jahre alt werden können, wobei zu bedenken ist, dass das erreichbare Höchstalter bei wild lebenden Tieren nur schwer zu bestimmen ist.
Der **Hecht** soll 60 bis 70 Jahre alt werden, für den **Karpfen** und den **Aal** wird ein maximal erreichbares Alter von 50 Jahren angenommen.

21 Die Naturschutzorganisation mit dem Panda im Wappen ist der World Wide Fund for Nature, abgekürzt **WWF,** der sich bis 1987 World Wildlife Fund nannte.
WWU ist die Abkürzung für die Europäische Wirtschafts- und Währungsunion. Die **WHO** – World Health Organization – ist die Weltgesundheitsorganisation, die **WTO** – World Trade Organization – die Welthandelsorganisation. Beides sind Sonderorganisationen der UN.

22 Die **Entenmuschel** ist ihrem Namen zum Trotz kein Weichtier, sondern gehört zu den Krebstieren. Zu den Weichtieren zählen u. a. die Kopffüßer wie der **Riesenkalmar,** die Schnecken wie die im Süßwasser lebende **Posthornschnecke** und die Muscheln, zu denen der **Pfahlwurm** gehört, eine auch „Pfahlmuschel“ oder „Bohrwurm“ genannte Schiffsbohrmuschel.

23 (23) Das bislang bekannte giftigste Tier gehört zu den **Fröschen.** Es ist ein so genannter Pfeilgiftfrosch aus der Familie der Farbfrösche. Bereits zwei Mikrogramm seines Gifts können ausreichen, einen Menschen zu töten. Ein Gegenmittel für das Nervengift ist bislang noch nicht bekannt.
Anders als bei **Schlangen** und **Skorpionen,** bei denen es eine Vielzahl zum Teil tödlich giftiger Arten gibt, sind bei **Vögeln** keine giftigen Exemplare bekannt.

24 Die **Kreuzotter** hat das am weitesten in nördliche Breiten reichende Verbreitungsgebiet. In Europa kann sie bis zum Polarkreis auftreten.
Äskulapnatter und **Aspisviper** sind im Süden Deutschlands nur lokal verbreitet und zählen zu den stark bedrohten Reptilienarten.
Die **Blindschleiche** ist trotz ihres schlangenähnlichen Aussehens eine Eidechsenart.

25 **Welche Tiergruppe zählt nicht zu den Gliedertieren?**

- Ringelwürmer
- Stachelhäuter
- Spinnentiere
- Tausendfüßer

26 **Unter dem Begriff Koniferen versteht man …**

- Palmen
- Ginkgogewächse
- Nadelhölzer
- Laubgehölze

27 **Welche der folgenden Gemüsepflanzen ist keine Giftpflanze?**

- Bohne
- Kartoffel
- Möhre
- Tomate

28 **Welches Tier kommt ursprünglich nicht in Afrika vor?**

- Brillenpinguin
- Panzernashorn
- Mönchsrobbe
- Klippschliefer

29 **Welches Lebewesen zählt nicht zu den Protozoen, den einzelligen Tieren?**

- Geißeltierchen
- Amöbe
- Radiolarie
- Moostierchen

30 **Welcher Vogel ist in Mitteleuropa kein Brutvogel?**

- Halsbandsittich
- Roter Ara
- Gelbscheitel-amazone
- Graupapagei

25 **Stachelhäuter** zählen nicht zu den Gliedertieren; sie sind ein eigenständiger, etwa 6000 Arten umfassender Stamm, zu dem Seesterne, Seelilie oder Seeigel gehören. Gliedertiere sind eine Gruppe von Stämmen, die durch Segmentierung des Rumpfes gekennzeichnet sind. Zu ihnen zählen u. a. die **Ringelwürmer** und die Gliederfüßer; zu Letzteren gehören wiederum die Klassen der **Spinnentiere** und **Tausendfüßer**.

26 **Nadelhölzer** werden auch als Koniferen bezeichnet.
Sie gehören wie die **Ginkgogewächse** – deren einziger rezenter Vertreter der Ginkgobaum ist – zu den nacktsamigen Blütenpflanzen. **Palmen** sind einkeimblättrige, **Laubgehölze** zweikeimblättrige Pflanzen aus der Gruppe der bedecktsamigen Blütenpflanzen.

27 Von den genannten vier Gemüsearten ist lediglich die **Möhre** keine Giftpflanze.
Bei der **Kartoffel** enthalten alle unreifen, grün gewordenen oder auskeimenden Knollen sowie alle oberirdischen Pflanzenteile ein giftiges Alkaloid. Bei der **Tomate** sind die grünen unreifen Früchte durch verschiedene Glykoalkaloide roh giftig. Und auch die rohen Hülsen und Kerne der **Bohne** enthalten giftige Eiweißbestandteile.

28 Das vom Aussterben bedrohte **Panzernashorn** kommt nicht in Afrika vor; heute lebt es nur noch in einigen indischen Reservaten. Der **Brillenpinguin** bewohnt in großen Gesellschaften die Küsten Südwestafrikas, die **Mönchsrobbe** lebt u. a. in den tropischen und subtropischen Küstengewässern Afrikas. **Klippschliefer**, entfernt mit dem Elefanten verwandte primitive Säugetiere, bewohnen die felsigen Steppen Afrikas.

29 **Moostierchen** sind keine einzelligen Tiere; sie gehören zum Stamm der wirbellosen Tentakuliten (Tentakelträger oder Kranzfühler). **Geißeltierchen** sind eine formenreiche Gruppe der Einzeller, die sich durch Geißeln fortbewegen. **Amöben** sind einzellige Wurzelfüßer ohne feste Körperform. **Radiolarien** sind marine Einzeller mit meist kugeliger Form und einem Gehäuse aus Kieselsäure.

30 Der **Rote Ara** zählt in Mitteleuropa nicht zu den Brutvögeln.
Dagegen wurde in Deutschland bisher fast ein Dutzend anderer wild lebender Papageienarten – Nachkömmlinge entflogener oder freigelassener Tiere – bei der Brut beobachtet. Neben dem **Halsbandsittich**, einem bereits etablierten Brutvogel, gehören auch die **Gelbscheitelamazone** und der **Graupapagei** dazu.

31 **Mit welchem Begriff wird die Lehre von der Abstammung und Evolution noch bezeichnet, mit ...**

- Kreationismus
- Biozönose
- Ontogenese
- Darwinismus

32 **Das Grubenorgan mancher Schlangenarten ist ein Sinnesorgan, und zwar ein ...**

- Riechorgan
- Temperaturorgan
- Sehorgan
- Hörorgan

33 **Welcher Vogel ist kein Singvogel?**

- Elster
- Eichelhäher
- Eisvogel
- Erlenzeisig

34 **Eines der folgenden einheimischen Tiere hält einen Winterschlaf. Welches ist es?**

- Fledermaus
- Zauneidechse
- Eichhörnchen
- Dachs

35 **Welcher der genannten einheimischen Bäume hat die kleinsten Blätter?**

- Hängebirke
- Bergahorn
- Stieleiche
- Silberweide

36 **Mit welchem Gruppennamen werden keine fossilen bzw. versteinerten Verwandten der Tintenfische bezeichnet?**

- Ammoniten
- Goniatiten
- Belemniten
- Trilobiten

(31) Die auf den Naturforscher Charles Darwin zurückgehende Evolutionslehre wird nach ihm auch **Darwinismus** genannt.
Anhänger des **Kreationismus** glauben nicht an die Evolution, sondern an die Schöpfung als einen göttlichen Akt. **Biozönose** ist die Lebensgemeinschaft von Tieren und Pflanzen eines Ökosystems. **Ontogenese** ist – im Gegensatz zur stammesgeschichtlichen Entwicklung – die Entwicklung eines Individuums.

(32) Das Grubenorgan, eine paarige Grube zwischen Nasenloch und Auge, mancher giftigen Schlangen wie der Klapperschlangen oder der Buschmeister spricht auf die Körperwärme der Beutetiere an, ist also ein **Temperaturorgan.**
Das **Riechorgan** von Schlangen liegt im Gaumen und wird von der Zunge mit Duftstoffen versorgt; ihre **Sehorgane** sind die Augen. Ein **Hörorgan** haben Schlangen nicht, sie sind taub.

(33) Der **Eisvogel** zählt nicht zu den Singvögeln. Er ist ein Verwandter des Wiedehopfs und des Bienenfressers und gehört wie diese zur Ordnung der Rackenvögel.
Dagegen sind **Elster** und **Eichelhäher** Singvögel aus der Familie der Rabenvögel. Der **Erlenzeisig** gehört zur Singvogelfamilie der Finkenvögel.

(34) Von den genannten Tieren fällt nur die **Fledermaus** in einen Winterschlaf, bei dem der Stoffwechsel stark verlangsamt wird, doch die Reflextätigkeit erhalten bleibt.
Bei wechselwarmen Tieren wie der **Zauneidechse** tritt die Winterstarre auf, bei der die Körpertemperatur auf Umgebungstemperatur absinkt.
Das **Eichhörnchen** und der **Dachs** halten Winterruhe, einen oft für längere Zeit, zum Beispiel für die Nahrungssuche, unterbrochenen Ruhezustand.

(35) Das Blatt der **Hängebirke** ist ohne Stiel um die 5 cm lang und 3 cm breit.
Der **Bergahorn** hat unter den genannten Bäumen die größten Blätter; sie werden mehr als 10 cm lang und ebenso breit. Ein Blatt der **Stieleiche** wird um die 10 cm lang und 5 cm breit. Ebenso lang sind auch die Blätter der **Silberweide,** doch werden diese nur 2 cm breit.

(36) **Trilobiten** oder Dreilappkrebse sind eine im Perm ausgestorbene Unterklasse der Gliederfüßer.
Ammoniten sind Kopffüßer mit spiralig eingerolltem Gehäuse; ihre ältesten, primitivsten Formen werden auch **Goniatiten** genannt.
Belemniten sind Tintenfischverwandte mit lang gestrecktem Gehäuse; wie die Ammoniten starben sie am Ende der Kreidezeit aus.

37 **Welches der genannten Tiere ist der nächste Verwandte des Stachelschweins?**

- Biber
- Nilpferd
- Fischotter
- Igel

38 **Welcher giftige Fisch ist in Japan unter dem Namen „Fugu“ eine begehrte Delikatesse?**

- Rotfeuerfisch
- Kugelfisch
- Steinfisch
- Petermännchen

39 **Wer kann beim Farbensehen den größten Wellenbereich als Licht wahrnehmen?**

- der Mensch
- der Kolibri
- die Biene
- der Wasserfloh

40 **Mit welcher heutigen Tiergruppe sind die Dinosaurier am nächsten verwandt, mit den …**

- Krokodilen
- Echsen
- Vögeln
- Schwanzlurchen

41 **Welche ist die kleinste in Mitteleuropa beheimatete Maus?**

- Zwergfledermaus
- Zwergspitzmaus
- Zwergmaus
- Haselmaus

42 **Eine der genannten Pflanzen ist eine nahe Verwandte des Spargels. Welche ist es?**

- Maiglöckchen
- Schlüsselblume
- Stiefmütterchen
- Vergissmeinnicht

37 Der nächste Verwandte des Stachelschweins ist der **Biber;** die Stachelschweine gehören wie die Familie der Biber zu den Nagetieren.
Nilpferde sind Huftiere, sie werden der Unterordnung der nicht wiederkäuenden Paarhufer zugerechnet. Der **Fischotter** gehört zur Familie der Marder und damit zu den Raubtieren, **Igel** sind Insektenfresser.

38 Der **Kugelfisch** wird in Japan unter dem Namen „Fugu" gegessen. Insbesondere seine Leber ist hochgiftig, sodass die unsachgemäße Zubereitung des Fisches zu tödlichen Vergiftungen führen kann.
Rotfeuerfisch und **Steinfisch** gehören zu den Drachenköpfen oder Skorpionsfischen, das **Petermännchen** zu den Drachenfischen; die Stacheln ihrer Rückenflossen verursachen starke Schmerzen und Lähmungen.

39 **Der Wasserfloh** nimmt ein Farbspektrum von Gelb (600 nm) bis Ultraviolett (200 nm) wahr.
Der Mensch sieht elektromagnetische Wellen von 760 nm (Rot) bis 397 nm (Violett) als farbiges Licht. Einen ähnlichen Wellenbereich umfasst das Farbspektrum **des Kolibris** (730 bis 380 nm). **Die Biene** sieht als langwelligstes Licht Orange (650 nm), sie kann dafür aber ultraviolettes Licht bis 300 nm als Farbe sehen.

40 Der stammesgeschichtlichen Entwicklung nach sind die neuzeitlichen **Vögel** direkte Nachkömmlinge der Dinosaurier und damit ihre nächsten Verwandten.
Die nächsten Verwandten der Dinosaurier unter den Reptilien sind die **Krokodile,** mit den heute lebenden **Echsen** sind sie jedoch nur entfernt verwandt. **Schwanzlurche** wie der Salamander sind Amphibien; aus diesen haben sich die Reptilien entwickelt.

41 Die kleinste in Mitteleuropa vorkommende Maus ist die bis 10 g schwere und 5 bis 7 cm lange **Zwergmaus.**
Noch kleiner sind die **Zwergfledermaus** (bis 8 g schwer, 3 bis 5 cm lang) und die **Zwergspitzmaus** (bis 6 g schwer, bis 5 cm lang), doch beides sind keine Mäuse, sondern Flattertiere bzw. Insektenfresser.
Auch die bis zu 40 g schwere **Haselmaus** ist keine Maus, sondern gehört zu den Bilchen.

42 Das **Maiglöckchen** gehört zu den Spargelgewächsen, die ihrerseits zur Familie der Liliengewächs gerechnet, gelegentlich aber auch als eigene Familie angesehen werden.
Die **Schlüsselblume** ist ein Primelgewächs, das **Stiefmütterchen** ein Veilchengewächs. Das **Vergissmeinnicht** gehört zu den Raublatt- oder Borretschgewächsen.

43 **Welches der genannten Tiere ist kein Wasser- oder Seevogel?**

- Mittelsäger
- Basstölpel
- Trottellumme
- Moderlieschen

44 **In welcher der Schlangenfamilien gibt es keine giftigen Arten?**

- Nattern
- Pythons
- Vipern
- Seeschlangen

45 **Auf welchen deutschen Biologen geht der Begriff „Ökologie" zurück?**

- Ernst Haeckel
- Heinz Sielmann
- Gregor Mendel
- Alfred Brehm

46 **Welcher dieser Pilze ist nicht essbar?**

- Hexenröhrling
- Judasohr
- Satanspilz
- Totentrompete

47 **Wovon ernähren sich die südamerikanischen Blattschneiderameisen?**

- Blätter
- Zucker
- Insekten
- Pilze

48 **Welcher Begriff bezeichnet (auch) eine Pflanze?**

- Seerose
- Seenelke
- Seelilie
- Seegurke

43 Das **Moderlieschen** ist ein etwa 10 cm langer Süßwasserfisch aus der Familie der Karpfenfische.
Der **Mittelsäger** ist ein etwa entengroßer Schwimmvogel, der zur Familie der Gänsevögel zählt. Der gänsegroße **Basstölpel** gehört zur Familie der Ruderfüßer, die krähengroße **Trottellumme** zur Familie der Alken, mit den Möwen verwandte Schwimmvögel.

44 Unter den **Pythons,** einer Unterfamilie der Riesenschlangen, zu denen auch die Boas gehören, gibt es keine giftigen Arten. Sie töten ihre Beute durch Umschlingen. **Nattern** – die nicht mit der Familie der Giftnattern verwechselt werden dürfen – sind meist ungiftig, doch gibt es auch einige giftige, für den Menschen jedoch fast völlig ungefährliche Arten. Bei den **Vipern** und den **Seeschlangen** sind dagegen alle Arten giftig.

45 Der Begriff „Ökologie“ wurde 1866 von **Ernst Haeckel** für die Wissenschaft vorgeschlagen, die sich mit dem Naturhaushalt beschäftigt. **Heinz Sielmann** wurde bekannt durch Filmproduktionen zu biologischen Themen. **Gregor Mendel** entdeckte die nach ihm benannten Gesetze für die Vererbung einfacher Merkmale. **Alfred Brehm** schrieb das klassische zoologische Werk „Tierleben“.

46 Der **Satanspilz** ist giftig, sein Genuss führt zu Erbrechen und Verdauungsstörungen.
Die anderen drei Pilze sind trotz ihrer abschreckenden Namen essbar. Der **Hexenröhrling** gilt roh als leicht giftig, doch im gekochten Zustand ist er ein vorzüglicher Speisepilze. Das **Judasohr** wird vor allem in der Küche Ostasiens – getrocknet unter dem Namen „Mu-err“ – häufig verwendet. Die **Totentrompete** ist ein geschätzter Trocken- und Würzpilz.

47 Die Nahrung der Blattschneiderameisen sind **Pilze.**
Diese werden von ihnen auf einem Brei aus zerkauten **Blättern** in einem Erdnest gezüchtet. Die heimischen Braunen Gartenameisen ernähren sich u. a. von dem **Zucker,** den sie aus den Ausscheidungen von Blattläusen gewinnen. Die tropischen Wanderameisen fressen vorwiegend andere **Insekten** und sogar kleine Wirbeltieren.

48 Der Begriff **Seerose** bezeichnet eine Gattung der Seerosengewächse, Wasserpflanzen mit langstieligen Schwimmblättern und Blüten.
Seerosen können aber auch sechsstrahlige Korallentiere sein; die **Seenelke** ist eine solche auch in der Nordsee vorkommende Seerose. **Seelilie** und **Seegurke** sind Tiere aus dem Stamm der Stachelhäuter.

49 **Welches dieser zu den Gliederfüßern gehörenden Tiere hat die meisten Beinpaare?**

- Palmendieb
- Weberknecht
- Steinkriecher
- Puppenräuber

50 **Welches der genannten Tiere ist kein Vogel?**

- Nimmersatt
- Kampfläufer
- Steinwälzer
- Vielfraß

51 **Welches Tier wird auch „Wau-Wau“ genannt?**

- Goldschakal
- Silbergibbon
- Silberlöwe
- Goldhase

52 **Zu welcher Pflanzengruppe zählen die Schachtelhalmgewächse?**

- Farnpflanzen
- Moose
- Samenfarne
- Nacktsamer

53 **Mit welcher Art von Tieren beschäftigt sich ein Koleopterologe, mit ...**

- Schmetterlingen
- Käfern
- Spinnen
- Fischen

54 **Welche der Tier- oder Pflanzenarten besitzt die größte Zahl an Chromosomenpaaren?**

- Kartoffel
- Regenwurm
- Ruhramöbe
- Karpfen

49 Von den genannten Tiere hat der **Steinkriecher,** ein Hundertfüßer, die meisten Beine. Er bringt es auf fünfzehn Beinpaare.
Der **Palmendieb,** eine Einsiedlerkrebsart, hat fünf, der zu den Spinnentieren gehörende **Weberknecht** vier Beinpaare. Der **Puppenräuber** gehört zu den Laufkäfern und hat - wie alle Käfer - drei Beinpaare.

50 Der **Vielfraß** ist eine in Skandinavien, Nordasien und Nordamerika vorkommende Marderart. Sein Name leitet sich aus dem norwegischen „fjeldfross" - Bergkatze - ab. Unter **Nimmersatt** werden vier Arten von Stelzvögeln der Gattungen Ibis und Mycteria zusammengefasst. **Kampfläufer** und **Steinwälzer** sind auch an den deutschen Meeresküsten vorkommende, etwa amselgroße Watvögel.

51 Der in den Dschungeln und Bergwäldern von Java und Borneo heimische **Silbergibbon** ist auch unter dem Namen „Wau-Wau" bekannt.
Der auch Wolfsschakal genannte **Goldschakal** ist eine in Afrika und Eurasien vorkommende Schakalart. Zu den Katzen gehört der auch als Berg- oder **Silberlöwe** bezeichnete Puma; er ist über Nord- und Südamerika verbreitet. Der **Goldhase** oder das Aguti ist ein meerschweinchenähnliches Nagetier Südamerikas.

52 Schachtelhalmgewächse sind eine Klasse der **Farnpflanzen,** zu denen daneben noch die Gabelblatt- und Barlappgewächse sowie die Farne gehören.
Moose sind wie die Farnpflanzen blütenlose oder Sporenpflanzen. **Samenfarne** sind eine bereits im Jura ausgestorbene Klasse der **Nacktsamer,** einer Abteilung der Samenpflanzen.

53 Koleopterologie ist die Käferkunde, ein Koleopterologe demzufolge ein Wissenschaftler, der sich mit **Käfern** beschäftigt.
Das Teilgebiet der Zoologie, das sich mit **Schmetterlingen** befasst, ist die Lepidopterologie. Arachnologie ist die Wissenschaft von den **Spinnen** bzw. Spinnentieren, Ichthyologie die Wissenschaft von den **Fischen.**

54 Die meisten Chromosomenpaare der genannten Tier- und Pflanzenarten, nämlich 52, hat der **Karpfen.** Auf Platz zwei folgt die **Kartoffel** mit 24 Paaren, einem mehr als der Mensch, der es auf nur 23 bringt. Der **Regenwurm** hat 16 Chromosomenpaare, die **Ruhramöbe** lediglich sechs. Ganz offenbar hat die Anzahl der Chromosomen eines Lebewesens nichts mit seiner Stellung in der Stammesentwicklung zu tun.

55 **Bei welchem Vogel ist allein das Männchen für die Brutpflege verantwortlich?**

- Uhu
- Kaiserpinguin
- Stockente
- Graureiher

56 **Welche Tiergruppe zeichnet sich durch die größte Artenvielfalt aus?**

- Protozoen
- Fische
- Insekten
- Schwämme

57 **Welche der heimischen Amphibien legt keine Eier?**

- Alpensalamander
- Grasfrosch
- Teichmolch
- Geburtshelferkröte

58 **Eine der genannten Pflanzen gehört zu den Rosengewächsen. Welche ist es?**

- Teichrose
- Christrose
- Hundsrose
- Pfingstrose

59 **Zu welcher Insektenordnung gehören die Ameisen?**

- Zweiflügler
- Netzflügler
- Geradflügler
- Hautflügler

60 **Welches Tier gilt als das intelligenteste der Haustiere?**

- Schwein
- Elefant
- Hund
- Katze

55 Beim **Kaiserpinguin** bebrütet allein das Männchen das einzige Ei zwischen seinen Füßen. Während der etwa zweimonatigen Brutdauer verliert es ein Drittel seines Gewichts.
Beim **Uhu** und bei der **Stockente** brüten nur die Weibchen, beim **Graureiher** werden die Eier von beiden Eltern abwechselnd bebrütet.

56 Bei den Tieren zeichnet sich die Klasse der **Insekten** durch die größte Artenvielfalt aus. Etwa 850 000 der rund 1,4 Millionen beschriebenen Tierarten sind Insekten.
Bei den **Protozoen,** den einzelligen Tieren, kennt man 27 000 Arten, bei den **Fischen** sind es etwa 20 000. Die Zahl der beschriebenen Arten bei den **Schwämmen** liegt bei 5000.

57 Der **Alpensalamander** legt keine Eier. Das Weibchen bringt – in der Regel zwei – lebende, fast völlig entwickelte Jungen zur Welt.
Grasfrosch und **Teichmolch** legen ihre Eier, den so genannten Laich, in Gewässern ab. Bei der **Geburtshelferkröte** wickelt sich das Männchen die Laichschnüre um die Hinterbeine und trägt die rund 50 Eier bis zu vier Wochen auf dem Rücken mit sich herum.

58 Die Hundsrose ist ein **Rosengewächs.** Die Hundsrose ist die häufigste einheimische Wildrose und kommt als bis zu 3 m hoher Strauch an Waldrändern, Hecken und Feldgehölzen vor.
Die **Teichrose** wächst in stehenden oder langsam fließenden Gewässern und gehört zu den Seerosengewächsen. Die **Christrose** oder Schwarze Nieswurz ist ein Hahnenfußgewächs, die **Pfingstrose** oder Päonie ein Pfingstrosengewächs.

59 Die Ameisen gehören zur Ordnung der **Hautflügler,** wie auch die Bienen, Wespen und Hummeln. Fliegen, Mücken und Schnaken zählen dagegen zu den **Zweiflüglern.** Bekannteste heimische Vertreter der **Netzflügler** sind die Ameisenjungfer und die Florfliege. Heuschrecken und Grillen gehören der Ordnung **Geradflügler** an.

60 Als das intelligenteste Haustier gilt der indische **Elefant.** In Süd- und Südostasien wird der Elefant als Arbeitstier gezüchtet und gehalten und ist der Definition nach somit ein Haustier.
Auf Platz zwei der Rangliste der intelligentesten Haustiere liegt das **Schwein,** auf Platz drei der **Hund.** Die **Katze** gilt als das am wenigsten intelligente der vier genannten Tiere.

61 **Welche der genannten Gliederungseinheiten der hierarchischen Systematik des Tier- und Pflanzenreichs ist die umfassendste?**

- Ordnung
- Art
- Familie
- Gattung

62 **Welcher der Käfer ist gelb-schwarz gestreift?**

- Kartoffelkäfer
- Bienenwolf
- Totengräber
- Rosenkäfer

63 **Welche biologische Wissenschaft befasst sich mit der Vererbung?**

- Cytologie
- Ethologie
- Phylogenie
- Genetik

64 **Welche Kulturpflanze stammt ursprünglich aus Mittelamerika?**

- Banane
- Orange
- Paprika
- Tomate

65 **Welcher der genannten Vögel gehört nicht zur Ordnung der Hühnervögel?**

- Wachtel
- Blesshuhn
- Auerhuhn
- Fasan

66 **In welcher Epoche der Erdgeschichte treten zum ersten Mal Koniferen (Nadelbäume) auf?**

- Karbon
- Perm
- Kreide
- Tertiär

61 Die **Ordnung** ist die umfassendste der aufgezählten Gliederungseinheiten.
Eine Ordnung umfasst eine oder mehrere Familien, gelegentlich wird sie auch in Unterordnungen untergliedert. In der **Familie** werden näher verwandte Gattungen, in einer **Gattung** wiederum einander sehr nahe stehende Arten zusammengefasst. Die **Art** als geschlossene Fortpflanzungsgemeinschaft ist die systematische Grundeinheit.

62 Der als landwirtschaftlicher Schädling gefürchtete, auch Coloradokäfer genannte **Kartoffelkäfer** hat gelb-schwarze Längsstreifen auf den Flügeldecken.
Der **Bienenwolf**, ein Buntkäfer, trägt rot-schwarze, der Gemeine **Totengräber** orange-schwarze Querstreifen. Der **Rosenkäfer**, ein Blatthornkäfer, ist goldgrünmetallisch gefärbt.

63 Das Teilgebiet der allgemeinen Biologie, das sich mit der Vererbung befasst, ist die **Genetik** mit den Zweigen klassische, molekulare und angewandte Genetik.
Cytologie ist die Lehre von den Zellen, **Ethologie** die Verhaltensforschung. Die **Phylogenie** beschäftigt sich mit der Stammesgeschichte und -entwicklung der Lebewesen in der Vielfalt ihrer Arten im Laufe der Erdgeschichte.

64 Der im frühen 16. Jahrhundert als „spanischer Pfeffer“ nach Europa gekommene **Paprika** stammt aus Mittelamerika, manche Arten auch aus Südamerika.
Die **Banane** wurde in Südasien erstmals nachgewiesen; sie war schon im Altertum den Assyrern und Ägyptern bekannt. Die ursprüngliche Heimat der **Orange** ist Ostasien, und die **Tomate** kommt vermutlich aus den Anden Südamerikas.

65 Das **Blesshuhn** gehört nicht zur Ordnung der Hühnervögel, sondern zur Familie der Rallen aus der Ordnung der Kranichvögel.
Die kaum drosselgroße **Wachtel** ist der kleinste einheimische Hühnervogel, das **Auerhuhn** der größte. Der ursprünglich aus Asien stammende **Fasan** wurde im Altertum als Jagdwild in Europa eingebürgert.

66 Baumförmige Nadelhölzer erscheinen erstmals im späten **Karbon** vor rund 300 Millionen Jahren.
Ginkgogewächse, wie die Koniferen nacktsamige Samenpflanzen, treten nur wenig später im unteren **Perm** auf. In der unteren **Kreide** entwickelten sich die Bedecktsamer. Bis zum **Tertiär** verdrängten sie die 200 Millionen Jahre vorherrschenden Nacktsamer weitgehend.

67 **Welches der genannte Tiere ist kein Säugetier?**

- Ameisenigel
- Ameisenlöwe
- Ameisenbär
- Ameisenbeutler

68 **Welcher Fisch zählt nicht zu den Knochenfischen?**

- Bachforelle
- Meeräsche
- Seedrachen
- Flussaal

69 **Woher können Pflanzen den für sie lebenswichtigen Stickstoff nicht aufnehmen?**

- aus dem Boden
- aus dem Wasser
- aus Tieren
- aus der Luft

70 **Eine der Katzenarten kann schnurren. Welche ist es?**

- Gepard
- Luchs
- Jaguar
- Leopard

71 **Welches Tier wird nicht als lebendes Fossil angesehen?**

- Quastenflosser
- Mastodon
- Brückenechse
- Nautilus

72 **Wie wird das Blattgrün, das den Pflanzen die Photosynthese ermöglicht, noch bezeichnet?**

- Chlorophyll
- Lycopin
- Astaxanthin
- Xanthophyll

67 Der **Ameisenlöwe** ist die Larve der Ameisenjungfer, eines Insekts. Ameisenlöwen bauen in sandigem Boden Trichter und fangen die hineinfallenden Tiere.
Der **Ameisenigel** ist ein zu den Kloakentieren zählendes Säugetier. Der **Ameisenbär** gehört zu den Zahnarmen, der **Ameisenbeutler** zu den Beuteltieren, beides Ordnungen der Säugetiere.

68 **Seedrachen** gehören nicht zu den Knochenfischen. Sie haben im Gegensatz zu diesen ein knorpeliges Skelett und zählen daher wie die Haie und die Rochen zur Klasse der Knorpelfische.
Die **Bachforelle** aus der Ordnung der Lachsverwandten, die **Meeräsche** aus der Ordnung der Barschartigen und der **Flussaal** aus der Ordnung der Aalartigen zählen dagegen zu den Echten Knochenfischen.

69 **Aus der Luft** können Pflanzen den Stickstoff nicht aufnehmen, denn dort liegt er in Form des äußerst reaktionsträgen Moleküls N_2 vor. Pflanzen decken ihren Stickstoffbedarf **aus dem Boden.** In Ionenform gelöst, wird er von den Pflanzen **aus dem Wasser** über die Wurzeln aufgenommen. Fleisch fressende Pflanzen gewinnen Stickstoff zusätzlich auch **aus Tieren.**

70 Von den genannten Katzenarten kann nur der **Luchs** schnurren. Die Familie der Katzen wird unterteilt in die **Geparden** und in die Eigentlichen Katzen. Diese sind wiederum in die Kleinkatzen, zu denen der Luchs zählt, und in die Großkatzen wie Tiger, **Leopard,** Löwe und **Jaguar** untergliedert. Letztere können zwar brüllen, wegen der Anatomie ihres Zungenbeins aber nicht schnurren.

71 Das **Mastodon** ist kein lebendes Fossil: Mastodonten sind eine im Tertiär ausgestorbene Rüsseltiergattung.
Der **Quastenflosser,** ein urtümlicher Fisch, sieht noch heute so aus, wie seine ausgestorbenen Verwandten, aus denen sich im Devon die Amphibien entwickelt haben. Die Verwandten der **Brückenechse** sind in der Trias ausgestorben, die des **Nautilus** – die Ammoniten – am Ende der Kreidezeit.

72 Das grüne Blattpigment der assimilierenden Pflanzen, das Blattgrün, heißt auch **Chlorophyll.**
Lycopin ist ein u. a. in Tomaten enthaltener dunkelroter Pflanzenfarbstoff. **Astaxanthin** heißt der rote Naturfarbstoff in den Schalen von Krustentieren. **Xanthophyll** – wie Lycopin und Astaxanthin ein Carotinoid – ist ein gelblicher Farbstoff, der zusammen mit Chlorophyll in allen grünen Teilen der Samen- und Farnpflanzen vorkommt.

73 **Welcher Begriff bezeichnet eine in Mitteleuropa heimische Schmetterlingsart?**

- Englische Schecke
- Deutscher Widder
- Spanische Fahne
- Portugiesische Galeere

74 **Bei welchem Fisch sind Lebensraum und Laichraum identisch?**

- Stör
- Lachs
- Aal
- Hecht

75 **Welcher der genannten Vögel kann fliegen?**

- Kiwi
- Moa
- Emu
- Kea

76 **Welche der folgenden Pflanzen enthält das giftige Alkaloid Coniin?**

- Tollkirsche
- Schierling
- Bilsenkraut
- Stechapfel

77 **Welches zu den Huftieren gehörende einheimische Wildtier ist kein Wiederkäuer?**

- Rothirsch
- Wildschwein
- Reh
- Gämse

78 **Welcher der genannten Bäume gehört zur Familie der Buchengewächse?**

- Roteiche
- Weißbuche
- Silberpappel
- Schwarzerle

73 Die **Spanische Fahne** ist ein etwa 5 cm großer Schmetterling aus der Familie der Spinner, also ein Nachtfalter, der aber untypischerweise vorwiegend am Tag fliegt.
Die **Englische Schecke** und der **Deutsche Widder** sind zwei Hauskaninchenrassen. Die **Portugiesische Galeere** ist eine Staatsqualle, deren starkes Gift auch dem Menschen gefährlich werden kann.

74 Der **Hecht** bewohnt langsam fließende Flussabschnitte und Seen, wo er auch laicht.
Stör und **Lachs** ziehen zum Laichen aus dem Meer ins Süßwasser der Flüsse hinauf, die Jungtiere wandern ins Meer zurück; diese Verhalten nennt man Anadromie. Katadromie bezeichnet den umgekehrten Fall: Die Fische - wie etwa der **Aal** - leben im Süßwasser und kehren zum Laichen ins Meer zurück.

75 Der krähengroße, verspielte **Kea** aus der Gattung der Nestorpapageien kann fliegen.
Er ist in Neuseeland beheimatet, ebenso wie der flugunfähige **Kiwi**. Dieser ist ein hühnergroßer nachtaktiver Laufvogel aus der Familie der Schnepfenstrauße. Der **Moa** ist ein im 17. Jahrhundert von den Ureinwohnern Neuseelands ausgerotteter straußenähnlicher Laufvogel, der wie der in Australien lebende **Emu** flugunfähig war.

76 Das Alkaloid Coniin ist im **Schierling,** einem Doldenblütler, enthalten. Im antiken Athen wurde Sokrates zum Selbstmord mit einem Schierlingssaft enthaltenden Trank veranlasst.
Die **Tollkirsche,** das **Bilsenkraut** und der **Stechapfel** sind Nachtschattengewächse. Sämtliche Teile dieser Pflanzen sind durch das Alkaloid Atropin hochgiftig.

77 Das **Wildschwein** ist kein Wiederkäuer.
Bei den Paarhufern sind nur die Familien der Schweine, Nabelschweine und Flusspferde Nichtwiederkäuer. Alle anderen Familien wie die Hirsche, zu denen der **Rothirsch** und das **Reh** gehören, die Giraffen oder die Hornträger sind Wiederkäuer, so auch die **Gämse.**

78 Die **Roteiche** zählt, wie auch die anderen in Mitteleuropa vorkommenden Eichenarten, zu den Buchengewächsen.
Dagegen ist die **Weißbuche** ein Birkengewächs. Sie wächst buschförmig in Mischwäldern, wird aber auch als Heckenpflanze kultiviert und ist auch unter dem Namen „Hainbuche“ bekannt. **Silberpappel** und **Schwarzerle** gehören zu den Weidengewächsen.

79 **Welches der genannten Insekten ist der schnellste Flieger?**

- Hornisse
- Honigbiene
- Libelle
- Stubenfliege

80 **Welche der folgenden Tiergruppen ist entwicklungsgeschichtlich die jüngste?**

- Muscheln
- Fische
- Spinnentiere
- Insekten

81 **Pflanzen, die an große Trockenheit angepasst sind, nennt man ...**

- Xerophyten
- Hygrophyten
- Mesophyten
- Epiphyten

82 **In welcher Klasse der Wirbeltiere gibt es keine Tiere, die lebende Junge zur Welt bringen?**

- Reptilien
- Fische
- Vögel
- Säugetiere

83 **Bei einer der vier Vogelarten sind Männchen und Weibchen deutlich unterschiedlich gefärbt. Bei welcher?**

- Feldsperling
- Blaumeise
- Rotkehlchen
- Haussperling

84 **Welche heimische Pflanze ist keine Orchideenart?**

- Nestwurz
- Knabenkraut
- Pestwurz
- Frauenschuh

79 Die **Libelle** ist der schnellste Flieger unter den Insekten. Sie erreicht eine Spitzengeschwindigkeit von 55 km/h - eineinhalbmal so viel wie der Olympiasieger im Hundertmeterlauf.
Etwas langsamer ist die **Hornisse**, die es aber immerhin noch auf 22 km/h bringt. Die **Honigbiene** bringt es auf 13 km/h. Die **Stubenfliege** ist gerade mal so schnell wie ein guter Fußgänger: 7 km/h.

80 Die entwicklungsgeschichtlich jüngste der genannten Tiergruppen ist die der **Insekten.** Es gibt sie seit Ende des Devon (rund 350 Millionen Jahre).
Muscheln traten im oberen Kambrium (vor 500 Millionen Jahre), **Fische** im Ordovizium (vor 450 Millionen Jahren) zum ersten Mal auf. **Spinnentiere** in Form von Skorpionverwandten gibt es seit dem Silur (420 Millionen Jahre).

81 Pflanzen, die sich an Trockenheit angepasst haben, etwa durch Ausbildung von Wasser speicherndem Gewebe, nennt man **Xerophyten.**
Hygrophyten sind Landpflanzen, die an Standorten mit ständig hoher Feuchtigkeit wachsen, **Mesophyten** bevorzugen mittelfeuchte Standorte. **Epiphyten** wachsen ohne Kontakt mit dem Erdboden auf anderen Pflanzen, ohne diesen Nährstoffe zu entziehen.

82 In der Klasse der **Vögel** gibt es keine Vertreter, die lebende Jungen zur Welt bringen.
Reptilien und **Fische** pflanzen sich überwiegend durch Eier fort, doch gibt es unter ihnen auch zahlreiche lebend gebärende Arten. Die Kloakentiere - das Schnabeltier und die Ameisenigel - sind eine Eier legende Ordnung der **Säugetiere.**

83 Beim **Haussperling** ist das Weibchen schlichter gefärbt als das Männchen; ihm fehlen dessen Kopf- und Kehlzeichnung.
Beim **Feldsperling,** der einem männlichen Haussperling ähnelt, aber einen braunen Kopf und einen schwarzen Wangenfleck hat, sehen Männchen und Weibchen gleich aus. Auch bei **Blaumeise** und **Rotkehlchen** sind die beiden Geschlechter gleich gefärbt.

84 Die **Pestwurz** ist keine Orchideenart. In Mitteleuropa ist der Korbblütler besonders auf feuchten Standorten verbreitet und durch seine bis knapp einen Meter großen Blätter sehr auffällig.
Dagegen zählt die **Nestwurz** zu den Orchideen, wie auch das unter Naturschutz stehende **Knabenkraut** und der nach der Roten Liste stark gefährdete **Frauenschuh.**

85 **Welche Hunderasse zählt nicht zu den Jagdhunden?**

- Spaniel
- Dobermann
- Setter
- Labrador

86 **Welche Affen gehören nicht zur Familie der Menschenaffen?**

- Gorillas
- Schimpansen
- Bonobos
- Gibbons

87 **Welches der genannten Säugetiere ist kein Nagetier?**

- Meerschwein
- Wasserschwein
- Stachelschwein
- Meerschweinchen

88 **Welcher Pilz gilt als der giftigste der Welt?**

- Knollenblätterpilz
- Gallenröhrling
- Karbolegerling
- Faltentintling

89 **Welches war das erste Tier, das vom Menschen domestiziert und als Haustier gehalten wurde?**

- Hund
- Ziege
- Pferd
- Kaninchen

90 **Kühe haben bekanntlich vier Mägen. In welchen von ihnen gelangt die Nahrung zuletzt?**

- Pansen
- Labmagen
- Netzmagen
- Blättermagen

85
Der erst seit etwas mehr als hundert Jahren als Rasse bekannte **Dobermann** ist ein Arbeitshund, der hauptsächlich als Wachhund Verwendung findet.
Der **Spaniel** wurde zum Aufscheuchen des Wildes gezüchtet, der **Setter** ist ein Vorstehhund. Der **Labrador** zählt zur Gruppe der Apportierhunde oder „Retriever".

86
Die **Gibbons** zählen nicht zu den Menschenaffen; sie sind eine eigene Familie schwanzloser, in Familienverbänden lebender Affen mit sehr langen Armen.
Zu den Menschenaffen gehören vier Arten: neben den **Orang-Utans** die **Gorillas** und die **Schimpansen** sowie die vom Aussterben bedrohten Bonobos oder Zwergschimpansen.

87
Das **Meerschwein** ist kein Nagetier, sondern ein anderer Namen des auch an den mitteleuropäischen Küsten und im Unterlauf der Flüsse vorkommenden Kleinen Tümmlers aus der Familie der Schweinswale. Das südamerikanische **Wasserschwein** ist das größte rezente Nagetier. **Stachelschwein** und **Meerschweinchen** sind ebenfalls Nagetiere.

88
Als giftigster Pilz der Welt gilt der Grüne **Knollenblätterpilz.** In Mitteleuropa gehen mehr als 90 % aller tödlichen Pilzvergiftungen auf Knollenblätterpilze zurück.
Der **Gallenröhrling** ist nicht giftig, aber ungenießbar. Der **Karbolegerling** ist eine giftige Champignonart. Der essbare **Faltentintling** ist nur in Verbindung mit Alkohol giftig.

89
Die **Ziege** ist das älteste Haustier des Menschen. Zusammen mit dem Schaf wurde sie bereits um 10 000 v. Chr. domestiziert.
Die Domestikation des **Hundes** dürfte um 8000 v. Chr. begonnen haben, jene des **Pferdes** erst um 3000 v. Chr. **Kaninchen** werden erst seit etwa 1000 Jahren gezüchtet und als Haustiere gehalten.

90
Streng genommen hat auch eine Kuh nur einen Magen, der aber aus vier Abteilungen besteht. Die letzte davon ist der **Labmagen,** wo die eigentliche Verdauung beginnt.
Zuerst kommt das Gras in den **Pansen** und dann in den **Netzmagen;** von dort aus wird es – zu Ballen geformt – ins Maul zurückbefördert und nochmals gründlich durchgekaut. Das wiedergekäute Gras gelangt dann in den **Blättermagen,** wo das enthaltene Wasser abgepresst wird, und schließlich in den Labmagen.

MENSCH UND MEDIZIN

Der Mensch ist das Lebewesen mit dem am höchsten entwickelten Gehirn. Im zoologischen System gehört er zur Klasse der Säugetiere und in die Ordnung der Primaten. Durch seine Fähigkeit, begrifflich zu denken und dies entsprechend in Sprache auszudrücken, nimmt er gegenüber allen Tieren eine Sonderstellung ein.

Die Grundlagen der Medizin bilden die Naturwissenschaften, speziell die Anatomie, Physiologie, Bakteriologie, Pharmakologie usw. Ihr Ziel ist die Erforschung, Vorbeugung und Heilung von Krankeiten.

1 **Wie bezeichnet man die Genesung bzw. die Genesungszeit nach einer Krankheit?**

- Rekonvaleszenz
- Rehabilitation
- Reinkarnation
- Refrigeration

2 **Bei welcher Tätigkeit des Menschen ist sein Energieverbrauch am geringsten?**

- Bügeln
- Fahrradfahren
- Autofahren
- Joggen

3 **Was versteht man unter Meteorismus?**

- Wetterfühligkeit
- Meteoritenkunde
- Atmosphärenforschung
- Blähungen

4 **Welcher Begriff hat im engeren Sinne nichts mit „krebserregend" zu tun?**

- kanzerogen
- karzinogen
- pathogen
- onkogen

5 **Wer unter Arachnophobie leidet, hat Angst vor ...**

- Spinnen
- geschlossenen Räumen
- öffentlichen Plätzen
- Menschen

6 **Welche Zellen des menschlichen Körpers haben keinen Zellkern?**

- weiße Blutkörperchen
- Samenzellen
- Eizellen
- rote Blutkörperchen

1 Die Genesung und die Genesungszeit nach einer Krankheit wird als **Rekonvaleszenz** bezeichnet. **Rehabilitation** ist die Wiedereingliederung eines Kranken oder Behinderten in das berufliche oder gesellschaftliche Leben. Unter **Reinkarnation** versteht man den Übergang der Seele eines Menschen in einen neuen Körper. **Refrigeration** ist die medizinische Bezeichnung für eine Erkältung.

2 **Fahrradfahren** bei einer Geschwindigkeit von 10 km/h verbraucht um die 700 kJ in der Stunde.
Beim **Bügeln** liegt der Energieverbrauch bei 760 kJ pro Stunde, eine Stunde **Autofahren** in der Stadt zur Hauptverkehrszeit verbraucht 800 kJ. Spitzenreiter nach Schwimmen hinsichtlich des Energiebedarfs ist **Joggen**; für eine Stunde muss man rund 2500 kJ aufwenden.

3 **Meteorismus** ist ein medizinischer Fachbegriff für krankhafte Blähungen durch eine übermäßige Ansammlung von Luft oder Gasen im Magen- oder Darmbereich. **Wetterfühligkeit** wird Meteorotropismus genannt. Die **Meteoritenkunde** befasst sich mit extraterrestrischer Materie. Die **Atmosphärenforschung** ist ein Teilgebiet der Meteorologie. Alle Begriffe leiten sich vom griechischen „meteoros“ („Lufterscheinungen betreffend“) ab.

4 Unter **pathogen** versteht man ganz allgemein Krankheiten erregend oder verursachend.
Kanzerogen bedeutet Krebs erregend. **Karzinogen** dagegen meint „eine bösartige Geschwulst oder ein Krebsgeschwür hervorrufend“ und ist damit ein Unterbegriff von kanzerogen. **Onkogen** heißt „eine Veränderung von Zellen bewirkend“ und dadurch eine Geschwulst oder einen (bösartigen) Tumor auslösend.

5 Arachnophobie, die Angst vor **Spinnen,** ist die in unserem Kulturkreis am häufigsten auftretende Phobie.
Die Klaustrophobie, die Angst vor **geschlossenen Räumen,** wird fälschlicherweise auch Platzangst genannt. Platzangst jedoch, die Angst vor **öffentlichen Plätzen,** ist die Agoraphobie. Wer Angst vor **Menschen** hat, leidet unter einer Sozio- oder Anthropophobie.

6 Die **roten Blutkörperchen,** deren Anzahl im menschlichen Körper rund 25 Billionen beträgt, besitzen keinen Zellkern. Sie können sich daher nicht regenerativ erneuern und müssen im Knochenmark ständig nachproduziert werden.
Im Unterschied dazu haben die **weißen Blutkörperchen** einen Kern, ebenso die menschlichen **Eizellen** und **Samenzellen.**

7 **Für welche physikalischen Phänomene hat der menschliche Körper keine Sinnesorgane?**

- Infrarotstrahlung
- magnetische Felder
- Drehbewegungen
- Schwerkraft

8 **Der urgeschichtlich älteste bisher bekannte europäische Mensch ist der ...**

- Homo steinheimensis
- Neandertaler
- Cromagnonmensch
- Homo heidelbergensis

9 **Welche Krankheit wird von der Tsetsefliege übertragen?**

- Gelbfieber
- Schlafkrankheit
- Malaria
- Fleckfieber

10 **Welche Blutgruppe muss der Empfänger bei einer Bluttransfusion haben, damit man ihm Blut von jeder der vier Blutgruppen übertragen kann?**

- Blutgruppe A
- Blutgruppe B
- Blutgruppe AB
- Blutgruppe 0

11 **Mit welchem anderen Begriff werden Nervenzellen noch bezeichnet ?**

- Neuronen
- Neurosen
- Neutronen
- Neutren

12 **Welcher Teil des Auges gibt diesem die charakteristische Augenfarbe?**

- Aderhaut
- Netzhaut
- Regenbogenhaut
- Hornhaut

(7) Für die Wahrnehmung **magnetischer Felder** hat der menschliche Körper keine Sinnesorgane. Derartige Sinnesorgane werden jedoch bei manchen Tieren vermutet.
Zur Wahrnehmung von **Infrarotstrahlung** dient der Wärmesinn der Haut. **Drehbewegungen** und **Schwerkraft** werden mit dem Drehsinn und dem Raumlagesinn wahrgenommen, die sich im menschlichen Ohr befinden.

(8) Der bisher älteste europäische Mensch, belegt durch den Fund eines Unterkiefers, ist der **Homo heidelbergensis.** Er lebte zwischen 750 000 und 600 000 Jahre vor unserer Zeit in einer Warmzeit des frühen Mittelpleistozäns.
Der **Homo steinheimensis** lebte vor rund 200 000 Jahren, der **Neandertaler** trat vor 125 000 Jahren auf, verschwand aber vor 30 000 Jahren wieder. Der **Cromagnonmensch** ist rund 30 000 Jahre alt.

(9) Die Erreger der **Schlafkrankheit,** einzellige Geißeltierchen, werden durch die Tsetsefliege übertragen. **Gelbfieber** wird vom Geldbfiebervirus ausgelöst, das durch den Stich der Aedesmücke übertragen wird. Bei der **Malaria** überträgt die Anophelesmücke die Krankheitserreger, einzellige Sporentierchen. **Fleckfieber** wird von Rickettsien verursacht, die durch den Stich der Kleiderlaus in den menschlichen Organismus geraten.

(10) Nur wenn das Empfängerblut die **Blutgruppe AB** hat, ist es mit Spenderblut aller vier Blutgruppen verträglich.
Personen mit der **Blutgruppe A** können Blut der Blutgruppen A und 0, jene mit **Blutgruppe B** Blut der Blutgruppen B und 0 empfangen. Menschen mit der **Blutgruppe 0** sind die gesuchtesten Spender, denn ihr Blut ist bei Transfusionen mit allen vier Blutgruppen verträglich; sie selbst können aber nur Blut der Gruppe 0 empfangen.

(11) Nervenzellen mit ihren Fortsätzen, über die Nachrichten empfangen oder gesendet werden, nennt man **Neuronen.**
Unter dem Sammelbegriff **Neurosen** wird eine Vielzahl von psychischen Störungen mit unterschiedlichen Erscheinungsformen und Ursachen zusammengefasst. **Neutronen** sind Elementarteilchen. **Neutren** ist der Plural von Neutrum, in der Sprachwissenschaft das sächliche Geschlecht.

(12) Die ringförmige **Regenbogenhaut** oder Iris gibt dem Auge durch eingelagerte Pigmente die charakteristische Färbung.
Die Regenbogenhaut liegt vor der Augenlinse, umgrenzt die Pupille und absorbiert außerhalb der Sehöffnung einfallendes Licht; sie wird aus Teilen der **Aderhaut** und der **Netzhaut** gebildet. Vor ihr liegt die schützende **Hornhaut.**

13 **Welcher Anverwandter ist nicht notwendigerweise ein Schwippschwager?**

- Schwager der Ehefrau
- Schwager der Schwester
- Schwager des Bruders
- Ehemann der Schwägerin

14 **Welches ist der größte Knochen des menschlichen Körpers?**

- Fibula
- Femur
- Ulna
- Stapes

15 **Das Teilgebiet der Medizin, das sich mit den inneren Drüsen befasst, ist die ...**

- Ophthalmologie
- Endokrinologie
- Hämatologie
- Geriatrie

16 **Welcher der folgenden Begriffe bezeichnet keinen der vier klassischen Temperamentstypen?**

- Choleriker
- Melancholiker
- Pykniker
- Sanguiniker

17 **Welche Heilmethode zählt nicht zu den alternativen Heilverfahren?**

- Allopathie
- Akupunktur
- Neuraltherapie
- Homöopathie

18 **Bei einer der folgenden vier Krankheiten sind die Erreger Bakterien. Bei welcher?**

- Grippe
- Kinderlähmung
- Cholera
- Masern

13 Der **Ehemann der Schwägerin** ist nicht notwendigerweise ein Schwippschwager - es könnte der Bruder sein.
Die so genannte Schwippschwägerschaft zwischen den Verwandten von Ehegatten ist im Rechtssinne keine Schwägerschaft. Mit dem **Schwager der Ehefrau,** dem **Schwager der Schwester** oder dem **Schwager des Bruders** ist man daher nicht verschwägert - es sind Schwippschwäger.

14 Der größte Knochen des Menschen ist der **Femur,** der Oberschenkelknochen.
Fibula ist das Wadenbein, **Ulna** die Elle, einer der beiden Unterarmknochen. **Stapes,** der kleinste Knochen des menschlichen Skeletts, ist der nur etwa dreieinhalb Millimeter lang werdende Steigbügel, eines der drei gelenkig miteinander verbundenen Gehörknöchelchen im Mittelohr.

15 Die **Endokrinologie** ist die mit den inneren oder endokrinen Drüsen, ihren Produkten wie den Hormonen und ihren Krankheiten befasste medizinische Disziplin.
Ophthalmologie ist die Augenheilkunde, **Hämatologie** die Lehre vom Blut und den Blutkrankheiten als Teilgebiet der inneren Medizin. Die **Geriatrie** oder Altersheilkunde beschäftigt sich mit den Krankheiten des alternden und alten Menschen, ihrer Vorbeugung und Behandlung.

16 **Pykniker** bezeichnet einen Konstitutionstyp. Der pyknische Typ ist mittelgroß, gedrungen, neigt zum Fettansatz, hat einen kurzen Hals und ein breites Gesicht.
Der Temperamentstyp des **Cholerikers** gilt als jähzornig und aufbrausend, der des **Melancholikers** als schwermütig, langsam und pessimistisch. Der **Sanguiniker** ist lebhaft und beweglich, aber auch unbeständig, der Phlegmatiker - der vierte Temperamentstyp - schwerfällig, behäbig und gleichgültig.

17 **Allopathie** ist die in der Schulmedizin übliche Arzneibehandlung und daher kein alternatives Heilverfahren.
Die **Akupunktur,** das alte Verfahren der chinesischen Heilkunde, die **Neuraltherapie,** die das Nervensystem in den Vordergrund jedes krankhaften Prozesses stellt, und die über zweihundert Jahre alte **Homöopathie** werden dagegen zu den alternativen Heilverfahren gerechnet.

18 Die **Cholera** wird von Bakterien durch Berühren oder Schlucken der Erreger verursacht.
Während Cholera durch Chemotherapie oder Antibiotika behandelt werden kann, schützt gegen die durch Viren hervorgerufenen Erkrankungen **Grippe, Kinderlähmung** und **Masern** nur eine vorbeugende Impfung.

19 **Wenn ein Medikament rektal verabreicht wird, geschieht das über ...**

- den After
- den Mund
- eine Vene
- das Gesäß

20 **Was bezeichnet der Mediziner mit Meningitis?**

- Hirnhautentzündung
- Gehirnentzündung
- Bindehaut-entzündung
- Lungenentzündung

21 **Mit welchem Namen wird das Rauschgift LSD in der Subkultur der Drogenszene bezeichnet?**

- XTC
- Speed
- H
- Acid

22 **Unter welchem Namen war der Arzt Theophrastus Bombastus von Hohenheim bekannt?**

- Agricola
- Vesalius
- Paracelsus
- Servetus

23 **Welches Organ oder Organsystem wird bei der Seekrankheit nicht gereizt oder gestört?**

- Gleichgewichtssinn
- Immunsystem
- Nervensystem
- Verdauungstrakt

24 **Welche der Kinderkrankheiten bezeichnet der Mediziner mit Morbilli?**

- Mumps
- Masern
- Röteln
- Windpocken

19 Ein Medikament, das rektal verabreicht wird, wird in **den After** eingeführt, meist in Form eines Zäpfchens.
Die Mehrheit der Medikamente wird oral - über **den Mund** - eingenommen. Injektionen in **eine Vene** heißen intravenös. Wer eine Spritze in **das Gesäß,** genauer in den dortigen großen Gesäßmuskel, erhält, bekommt eine intraglutäale Injektion.

20 Der Fachbegriff für **Hirnhautentzündung** - eine durch Bakterien, Viren oder Pilze hervorgerufene Entzündung der Gehirnhäute - ist Meningitis.
Bei der **Gehirnentzündung,** der Enzephalitis, ist das Gehirn selbst entzündet. Konjunktivitis ist eine medizinische Sammelbezeichnung für verschiedene Arten der **Bindehautentzündung.** Eine **Lungenentzündung** nennt der Mediziner Pneumonie.

21 **Acid,** englisch für Säure, ist einer der Szeneausdrücke für Lysergsäurediäthylamid, besser bekannt unter der Abkürzung LSD.
Die Bezeichnung **XTC** oder Ecstasy steht für mehrere Amphetamine mit aufputschender und halluzinogener Wirkung. Mit **Speed** werden in der Drogenszene Amphetamine und ähnliche Substanzen bezeichnet. **H,** englisch ausgesprochen wie „age", ist der Szeneausdruck für Heroin.

22 Der Arzt Theophrastus Bombastus von Hohenheim war unter dem Namen **Paracelsus** bekannt. Er wirkte im 16. Jahrhundert und war der Wegbereiter der neuzeitlichen Medizin.
Sein Zeitgenosse **Agricola** - Arzt und Mineraloge - ist der Begründer der Bergbau- und Hüttenkunde. Ebenfalls im 16. Jahrhundert begründete **Vesalius** die moderne Anatomie. **Servetus** entdeckte zur gleichen Zeit den Blutkreislauf.

23 Das **Immunsystem** ist bei der Seekrankheit in aller Regel nicht betroffen.
Hervorgerufen wird die Seekrankheit durch Störungen des **Gleichgewichtssinns** und der vegetativen Zentren im Stammhirn. Dadurch kommt es zu einer Übererregung des vegetativen **Nervensystems** und zu Reizungen des **Verdauungstrakts,** verbunden mit Schwindelgefühl, Schweißausbrüchen, Blässe und Übelkeit.

24 Wenn ein Kind an Morbilli erkrankt ist, hat es die **Masern.**
Den auch als Ziegenpeter bekannten **Mumps** bezeichnet der Arzt als Parotitis. **Röteln** heißen Rubeola und die **Windpocken** Varizellen. Alle vier Kinderkrankheiten werden durch hochinfektiöse Viren ausgelöst. Normalerweise verlaufen sie vergleichsweise komplikationslos, allerdings führen die Masern zu einer Abwehrschwäche.

25 **Das Vitamin B_{12}, dessen Mangel zu Blutarmut führt, heißt auch ...**

- Cobalamin
- Biotin
- Riboflavin
- Retinol

26 **In welchem menschlichen Organ liegen die langerhansschen Inseln?**

- Nebenniere
- Schilddrüse
- Bauchspeicheldrüse
- Zwerchfell

27 **Welche ethnische Gruppe gehört nicht zur europiden Völkergruppe?**

- Ungarn
- Berber
- Armenier
- Kelten

28 **Mit welchem Fachbegriff wird die Kinderheilkunde bezeichnet?**

- Pädagogik
- Pädophilie
- Pädatrophie
- Pädiatrie

29 **In welchem Organ wird die Gallenflüssigkeit produziert?**

- Leber
- Gallenblase
- Zwölffingerdarm
- Milz

30 **Welcher Wissenschaftler entdeckte 1928 das Penicillin?**

- Jonas Salk
- Alexander Fleming
- James Watson
- Karl Landsteiner

25 Das Vitamin B_{12}, das **Cobalamin,** kommt in Leber, Fleisch, Eigelb und Käse vor und ist unentbehrlich bei der Entwicklung und Reifung der roten Blutkörperchen; sein Mangel führt zur perniziösen Anämie.
Biotin, wichtig für den Aufbau von Enzymen, ist das Vitamin H. Das Vitamin B_2 oder **Riboflavin** regelt die Zellatmung, **Retinol** oder Vitamin A dient dem Aufbau des Sehfarbstoffs.

26 Die langerhansschen Inseln sind in die **Bauchspeicheldrüse** eingelagerte Zellhaufen, die die für den Kohlenhydratstoffwechsel notwendigen Hormone Glucagon und Insulin produzieren.
Die **Nebenniere** produziert die Geschlechtshormone und das Adrenalin, in der **Schilddrüse** werden Hormone für die Steuerung des Stoffwechsels erzeugt. Das **Zwerchfell** ist die sehnig-muskulöse Scheidewand zwischen Brust- und Bauchhöhle.

27 Die **Ungarn** gehören nicht zur europiden Völkergruppe. Wie die europäischen Völker der Finnen, Esten oder Lappen gehören sie zum uralaltaischen Zweig der mongoliden Völkergruppe.
Die **Berber** zählen zum hamitosemitischen Zweig der europiden Völkergruppe, die **Armenier** und die **Kelten** zu ihrem indoeuropäischen Zweig.

28 Die Kinderheilkunde, die sich mit der Erkennung und Behandlung von Erkrankungen im Kindes- und Jugendalter beschäftigt, ist die **Pädiatrie.**
Pädagogik ist die Erziehungswissenschaft, **Pädophilie** die sexuelle oder erotische Neigung Erwachsener zu Kindern oder Jugendlichen. Unter **Pädatrophie** versteht man eine schwere Form der Ernährungsstörung bei Kleinkindern.

29 Die Galle oder Gallenflüssigkeit wird von der **Leber** produziert und über den Lebergang der **Gallenblase,** einem Schleimhautsack an der Eingeweidefläche der Leber, zugeführt.
Die Galle wird bei Bedarf in den **Zwölffingerdarm** abgegeben; sie dient vornehmlich der Fettverdauung. Die nicht unbedingt lebensnotwendige **Milz** dient der Bildung von Lymphozyten und Antikörpern sowie als Blutfilter.

30 Der Bakteriologe **Alexander Fleming** entdeckte 1928, dass sich Bakterienkulturen an mit einem Schimmelpilz verunreinigten Stellen aufgrund der Stoffwechselprodukte des Pilzes - die er Penicillin nannte - nicht mehr vermehrten.
Jonas Salk schuf den ersten Impfstoff gegen die Kinderlähmung, **James Watson** entdeckte die Struktur der DNS. Das AB0-System der Blutgruppen geht auf **Karl Landsteiner** zurück.

31 **Welches Organ hat nichts mit Entstehung von Seitenstechen zu tun?**

- Milz
- Leber
- Nieren
- Bauchspeicheldrüse

32 **Wie lautet die wissenschaftliche Bezeichnung für weiße Blutkörperchen?**

- Lymphozyten
- Erythrozyten
- Thrombozyten
- Leukozyten

33 **Eine bekannte Theorie der Verhaltenspsychologie basiert auf der Beobachtung der Speichelsekretion. Von welchem Wissenschaftler stammt sie?**

- Skinner
- Pawlow
- Hull
- Watson

34 **Wie wird in der Medizin das Verfahren zur Aufzeichnung der Gehirnströme abgekürzt?**

- EKG
- EMG
- EEG
- EBT

35 **Das Verfahren zur Blutreinigung bei eingeschränkter Nierenfunktion nennt man ...**

- Dialyse
- Diaphorese
- Diaphragma
- Diastema

36 **Welcher Vertreter der Hominiden ist der direkte Vorfahr des Homo sapiens?**

- Australopithecus afarensis
- Homo habilis
- Homo erectus
- Australopithecus robustus

31 Die **Nieren** haben wohl nichts mit der Entstehung von Seitenstechen zu tun; völlig geklärt ist die Ursache jener Schmerzen im Bereich der Rippenbögen jedoch bis heute nicht.
Vermutlich wird es durch Kontraktion der Kapseln von **Milz** oder **Leber** ausgelöst. Seitenstechen ohne körperliche Belastung kann ein Krankheitssymptom sein, etwa bei Entzündungen der **Bauchspeicheldrüse.**

32 Die weißen Blutkörperchen sind die **Leukozyten,** bei denen man zwischen den drei Typen Granulozyten, Monozyten und Lymphozyten unterscheiden kann.
Die **Lymphozyten** besitzen die Fähigkeit, Antikörper zu bilden, und sind Grundlage der Immunität. **Erythrozyten** sind die roten Blutkörperchen, die farblosen Blutplättchen werden **Thrombozyten** genannt.

33 Die auf Experimenten zum Speichelfluss von Hunden beruhende Lehre von den bedingten Reflexen stammt von dem russischen Physiologen Iwan P. **Pawlow.**
Pawlows Arbeiten waren Grundlage des Behaviorismus, einer Richtung der Psychologie, die sich mit Verhaltensforschung und Lernpsychologie befasst. Zu den bekanntesten Vertreter zählen die Amerikaner Burrhus F. **Skinner,** Clark L. **Hull** und John B. **Watson.**

34 Mit **EEG** wird die Elektroenzephalographie, das Verfahren zur Aufzeichnung der Gehirnströme, bzw. das damit gewonnene Elektroenzephalogramm abgekürzt.
EKG ist die Abkürzung für Elektrokardiogramm, die Aufzeichnung des Verlaufs der Herzströme, mit dem **EMG,** dem Elektromyogramm, werden Muskelströme aufgezeichnet.
EBT – „Electron Beam Tomography“ – bezeichnet die Elektronenstrahltomographie.

35 Die Blutwäsche, die Blutreinigung mittels einer künstlichen Niere, wird **Dialyse** genannt.
Diaphorese ist die Schweißabsonderung, **Diaphragma** das Zwerchfell oder ein Empfängnisverhütungsmittel. Ein angeborener Zahnzwischenraum zwischen den oberen Schneidezähnen wird als **Diastema** bezeichnet.

36 Der direkte Vorfahr des Homo sapiens ist der **Homo erectus;** er tauchte vor 1,5 Millionen Jahren auf.
Ältester Hominide ist der erstmals vor rund 4 Millionen Jahren in Ostafrika auftretende **Australopithecus afarensis.** Der früheste Vertreter der Gattung Homo ist der **Homo habilis,** der vor etwa 2,5 Millionen Jahren erschien und ein Zeitgenosse des **Australopithecus robustus** war, von dem 2,1 bis 1 Millionen Jahre alte Fossilien gefunden wurden.

37 **In welchem Körperteil hat der Mensch die meisten Knochen?**

- Schultergürtel
- Handwurzel
- Mittelfuß
- Schädel

38 **Wer in fortgeschrittenem Alter zum Lesen eine Brille braucht, leidet unter ...**

- Presbyopie
- Asthenopie
- Myopie
- Astigmatismus

39 **Welche Erkrankung wird normalerweise nicht durch Zecken übertragen?**

- Tollwut
- FSME
- Borreliose
- Rückfallfieber

40 **Wie viele Haare der Mensch auf dem Kopf hat, hängt von seiner Haarfarbe ab. Menschen welcher Haarfarbe haben die meisten?**

- Schwarzhaarige
- Braunhaarige
- Rothaarige
- Blonde

41 **Welcher der genannten Familiennamen ist in Deutschland der am wenigsten verbreitete?**

- Schneider
- Schäfer
- Fischer
- Wagner

42 **Die unter dem Markennamen Aspirin® bekannte Acetylsalicylsäure hat zahlreiche positive Eigenschaften. Welche gehört nicht dazu?**

- schmerzstillend
- blutbildend
- fiebersenkend
- thrombosehemmend

37 Die meisten Knochen der genannten Körperteile weist der **Schädel** auf; er besteht aus insgesamt 25 Einzelknochen, die Zähne nicht mitgerechnet.
Der **Schultergürtel** hat nur vier Knochen. Die **Handwurzeln** sind aus jeweils acht, die **Mittelfüße** aus jeweils fünf Knochen aufgebaut.

38 Wegen abnehmender Akkommodationsfähigkeit des Auges mit zunehmendem Alter leiden viele ältere Menschen an Altersweitsichtigkeit oder **Presbyopie** und brauchen zum Lesen eine Brille. **Asthenopie** ist die rasche Ermüdbarkeit des Auges beim Nahesehen, **Myopie** die Kurzsichtigkeit. **Astigmatismus** bezeichnet einen auf abnormer Wölbung der Hornhaut beruhenden Brechungsfehler des Auges.

39 Die **Tollwut** wird nicht von Zecken übertragen, sondern durch den Biss oder durch Schleimhautkontakt eines erkrankten Tieres.
Durch Zeckenbiss übertragen werden die Frühsommermeningoenzephalitis (Abkürzung **FSME**), eine durch das FSME-Virus ausgelöste Gehirnentzündung, die **Borreliose**, eine durch Borrelien hervorgerufene bakterielle Infektionskrankheit, und das **Rückfallfieber**, das ebenfalls von Borrelien verursacht wird.

40 **Blonde** Menschen haben durchschnittlich 150 000 Haare auf dem Kopf.
Das sind 50 % mehr als bei **Schwarzhaarigen**, die es im Mittel auf rund 100 000 bringen. **Braunhaarige** liegen in der Zahl ihrer Haare zwischen diesen beiden Werten. Die wenigsten Kopfhaare haben **Rothaarige** mit rund 90 000, dafür sind diese aber auch oft besonders kräftig.

41 Von den aufgezählten Familiennamen ist **Schäfer** der seltenste. Er liegt auf dem letzten Platz der zehn häufigsten deutschen Nachnamen. Die am meisten verbreiteten Familiennamen sind Müller, Schmidt (einschließlich den Varianten Schmitt und Schmid) und Meier (einschließlich Meyer, Maier und Mayer), gefolgt von **Schneider**, Hofmann (bzw. Hoffmann), **Fischer**, Weber, Becker und **Wagner**.

42 **Blutbildend** ist die auch kurz ASS genannte Acetylsalicylsäure nicht. Dagegen ist ASS durch die direkte Einwirkung auf die Schmerzrezeptoren **schmerzstillend**. Durch die hemmende Wirkung auf die Synthese von Prostaglandinen ist ASS darüber hinaus entzündungshemmend und **fiebersenkend**. Zudem wirkt ASS der Zusammenballung der Blutblättchen entgegen und ist dadurch **thrombosehemmend**.

43 **Welche der Infektionskrankheiten ist in Deutschland keine meldepflichtige Krankheit?**

- Tripper
- Aids
- Lepra
- Typhus

44 **Der Erreger welcher Krankheit wurde von dem deutschen Bakteriologen und Nobelpreisträger Robert Koch entdeckt?**

- Cholera
- Diphtherie
- Lepra
- Malaria

45 **Welche Substanz hat, von Wasser abgesehen, den größten Anteil am Aufbau des menschlichen Körpers?**

- Fette
- Kohlenhydrate
- Eiweißstoffe
- Mineralstoffe

46 **Die unter dem Namen „Nicotinsäure“ besser bekannte Pyridin-3-Carbonsäure ist ein ...**

- pflanzliches Gift
- Vitamin
- Anästhetikum
- Antibiotikum

47 **Welche Volksgruppe zählt nicht zu den kleinwüchsigen Rassen?**

- Buschleute
- Pygmäen
- Massai
- Negritos

48 **In welchem Jahr wurde zum ersten Mal eine erfolgreiche Herztransplantation am Menschen durchgeführt?**

- 1957
- 1960
- 1967
- 1978

43
Aids ist in Deutschland, anders als in Österreich, keine meldepflichtige Krankheit.
Dagegen müssen der **Tripper** oder die Gonorrhöe - wie alle anderen Geschlechtskrankheiten auch -, die **Lepra** oder der Aussatz und der **Typhus** nach dem Bundesseuchengesetz vom behandelnden Arzt innerhalb von 24 Stunden an das zuständige Gesundheitsamt gemeldet werden.

44
Der Kommabazillus, der Erreger der **Cholera,** wurde 1883 von Robert Koch entdeckt. Ein Jahr zuvor hatte er den Tuberkelbazillus gefunden.
Die Erreger der **Diphtherie** wurden 1884 erstmals von Friedrich Löffler gezüchtet. Charles Laveran gelang 1880 die Entdeckung, dass die **Malaria** von Sporentierchen verursacht wird. Die Erreger der **Lepra** wurden 1871 von Gerhard Hansen gefunden.

45
Der Körper eines Menschen besteht im Allgemeinen zu etwa 19 % aus **Eiweißstoffen.** Sie haben nach Wasser mit 60 % den größten Anteil an dessen Aufbau.
Fette schlagen mit 15 % zu Buche, **Kohlenhydrate** mit lediglich 1 %. **Mineralstoffe,** zum größten Teil in Form von Knochen und Zähnen, machen etwa 5 % des Körpergewichts aus.

46
Die Nicotinsäure und ihr biochemisch wichtiger Abkömmling Nicotinsäureamid sind als **Vitamine** Bestandteil von Stoffwechselenzymen. Sie gehören beide zum Vitamin-B-Komplex.
Nicht verwechselt werden sollte Nicotinsäure mit dem Nikotin, einem der stärksten **pflanzlichen Gifte.** Beide Substanzen wirken weder als **Anästhetikum** noch als **Antibiotikum.**

47
Die **Massai,** ein ostafrikanisches Hirtenvolk, gehören mit Körpergrößen von durchschnittlich über 180 cm nicht zu den kleinwüchsigen Rassen.
Bei den im südlichen Afrika lebenden **Buschleuten** werden die Männer im Mittel nur 144 cm groß, die zentralafrikanischen **Pygmäen** erreichen je nach Stammeszugehörigkeit 145 bis 155 cm Körpergröße. Die zwergwüchsigen **Negritos** Süd- und Südostasiens haben eine Durchschnittsgröße von 137 cm.

48
Die erste erfolgreiche Herztransplantation am Menschen wurde **1967** in Kapstadt von Christiaan Barnard ausgeführt.
1957 gelang bei eineiigen Zwillingen die erste Übertragung einer menschlichen Niere. In den USA kam **1960** der erste oral einzunehmende Ovulationshemmer, die Antibabypille, auf den Markt. **1978** wurde das erste außerhalb des Mutterleibs gezeugte Kind, das „Retortenbaby" Louise Brown, geboren.

ESSEN UND TRINKEN

Der Mensch ist seit Millionen Jahren unentwegt bemüht, ausreichend Nahrung für sich zu beschaffen, ob als Jäger und Sammler oder später als Bauer und Viehzüchter, als Tauschhändler oder Käufer. Erst als die tägliche Versorgung mit Nahrungsmitteln einigermaßen gesichert war, konnte sich eine Ess- und Trinkkultur herausbilden.

1 **Welcher Wein ist kein Süß- oder Dessertwein?**

- Tokajer
- Marsala
- Samos
- Retsina

2 **Mit „vongole“ bezeichnet der Italiener ...**

- Wachteln
- Kaninchen
- Venusmuscheln
- Stockfisch

3 **Aus welchem Land stammen die Croissants ursprünglich?**

- Türkei
- Frankreich
- Österreich
- England

4 **Welche der folgenden Obstsorten gehört zu den Nussfrüchten?**

- Erdbeere
- Walnuss
- Himbeere
- Ananas

5 **Welche der Biersorten ist ein untergäriges Bier?**

- Weißbier
- Pilsener
- Kölsch
- Lambic

6 **Welche der genannten Früchte hat den höchsten Gehalt an Vitamin C?**

- Kiwis
- Orangen
- Zitronen
- schwarze Johannisbeeren

1

Der griechische **Retsina** ist ein herber und trockener Wein mit terpentinähnlichem Geschmack, den er durch Zusatz von etwa 5 % Kiefernharz bei der Gärung erhält. Der ungarische **Tokajer** ist einer der edelsten Dessertweine. **Marsala** ist ein aus verschiedenen Weißweinen verschnittener sizilianischer Dessertwein, **Samos** ein von der gleichnamigen griechischen Insel stammender Süßwein.

2

Vongole sind die etwa 3 cm großen **Venusmuscheln,** die eingegraben im Sand des Mittelmeers leben. Sie sind delikat, wenn auch etwas zäh, und werden hauptsächlich für Pastasaucen und Eintöpfe verwendet. **Wachteln** nennt der Italiener Quaglie, das **Kaninchen** heißt Coniglio. Der italienische Name für **Stockfisch,** Stoccafisso, kommt aus dem Deutschen.

3

Das Croissant stammt ursprünglich aus **Österreich.** Das Hörnchen ist dem Halbmond der **Türkei** nachempfunden, die Wien erfolglos belagert hatte. Die aus Österreich stammende französische Königin Marie Antoinette brachte es im 18. Jahrhundert nach **Frankreich,** wo es zum Croissant wurde. Die heute als typisch amerikanisch geltenden Donuts kommen eigentlich aus **England.**

4

Die **Erdbeere** zählt zu den Nussfrüchten. Genau genommen ist sie eine Sammelnussfrucht. Die **Walnuss** dagegen ist keine echte Nuss, sondern gehört zu den Steinfrüchten, genauso wie die **Himbeere.** Letztere ist keine Einzelfrucht, sondern eine Sammelsteinfrucht. Die **Ananas** schließlich ist eine Beerenfrucht bzw. ein Beerenfruchtstand.

5

Pilsener Bier ist ein untergäriges Bier. Bei der Untergärung bleibt die Hefe am Grund des Gärbottichs, während sie bei der Obergärung obenauf schwimmt. Zu den obergärigen Bieren zählen zum Beispiel das Weizen- oder **Weißbier** und das **Kölsch. Lambic**-Biere, die nur noch in wenigen kleinen Brauereien in Belgien gebraut werden, entstehen durch spontane Gärung.

6

Spitzenreiter unter den Vitamin-C-haltigen Früchten sind **schwarze Johannisbeeren.** Sie enthalten etwa 180 Milligramm pro 100 Gramm. Der Tagesbedarf eines Erwachsenen an Vitamin C liegt bei 80 Milligramm, Raucher benötigen mindestens das Doppelte. **Kiwis** enthalten rund 100 Milligramm, die Zitrusfrüchte **Orangen** und **Zitronen** bringen es auf 50 Milligramm pro 100 Gramm Fruchtfleisch.

7 **Welches Lebensmittel hat den höchsten Fettgehalt?**

- Hühnerei
- Schokolade
- Räucheraal
- gekochter Schinken

8 **Welches Land ist nach Spanien, Italien und Frankreich das viertgrößte Weinanbauland der Erde?**

- Türkei
- Deutschland
- USA
- Portugal

9 **Als was kann man ein mehrgängiges Festessen normalerweise nicht bezeichnen, als ...**

- opulentes Mahl
- frugales Mahl
- lukullisches Mahl
- kulinarisches Mahl

10 **Welches Gewürz wird aus den Früchten einer Orchidee gewonnen?**

- Safran
- Nelken
- Vanille
- Zimt

11 **In welcher Einheit wird in Italien das Mostgewicht des Weins gemessen?**

- Grad Öchsle
- Grad KMW
- Grad Balling
- Grad Baumé

12 **Der italienische Brei aus Maisgrieß heißt ...**

- Paella
- Pastizio
- Paglietta
- Polenta

7

Unter den aufgeführten Lebensmitteln hat **Schokolade** mit 32 % den höchsten Fettgehalt. **Hühnereier** haben 11 % Fett, enthalten aber mit 400 Milligramm pro 100 Gramm vierzigmal so viel Cholesterin wie Schokolade. Der oft fetttriefend wirkende **Räucheraal** hat nur um die 25 % Fett. Wenn man seinen Fettrand abschneidet, ist **gekochter Schinken** mit 4 % Fett am magersten.

8

Legt man die Rebfläche zugrunde, ist die **Türkei** mit 560 000 Hektar das viertgrößte Weinanbauland. Jedoch werden in der Türkei vorwiegend Tafeltrauben angebaut, die Weinproduktion von 300 000 Hektolitern ist marginal. **Deutschland** ist von der Rebfläche her das zehntgrößte Weinanbauland, die **USA** liegen hinter **Portugal** auf dem sechsten Platz.

9

Die Bezeichnung **frugales Mahl** ist für ein mehrgängiges Festessen fehl am Platze, denn frugal bedeutet „einfach" oder „mäßig".
Ein **opulentes Mahl** ist üppig oder reichlich, womit jedoch nichts über die Qualität von Speisen und Getränken gesagt ist. Ein **lukullisches Mahl** oder ein **kulinarisches Mahl** ist ein üppiges, schwelgerisches und wohlschmeckendes Festessen.

10

Vanille wird aus den Früchten einer tropischen Orchidee gewonnen. Vanilleschoten sind die unreif geernteten und getrockneten Schoten der Orchideenart Echte Vanille. **Safran** besteht aus den getrockneten Blütennarben der Echten Safranpflanze, einer Krokusart. **Nelken** sind die getrockneten Blütenknospen des Gewürznelkenbaums. **Zimt** ist die getrocknete Rinde des Zimtbaums.

11

In Italien und in Österreich wird das Mostgewicht in **Grad KMW** gemessen. Grundlage ist die Klosterneuburger Mostwaage (KMW), die den Zuckergehalt in Gewichtsprozenten angibt.
In Deutschland wird das Mostgewicht in **Grad Öchsle** angegeben, in den angelsächsischen Ländern in **Grad Balling** und in Frankreich in **Grad Baumé.**

12

Der italienische Brei aus Maisgrieß ist die **Polenta:** Maisgrieß in gesalzenem Wasser zu Brei kochen, Butter und geriebenen Parmesan darunterrühren, abkühlen lassen – fertig.
Das spanische Reisgericht mit Erbsen, Tomaten, Fleisch und/oder Meeresfrüchten heißt **Paella.** **Pastizio** ist ein griechischer Hackfleisch-Nudel-Auflauf, **Paglietta** ein italienischer Weichkäse.

13 **Welches der genannten Verfahren dient der Konservierung von Lebensmitteln?**

- Blanchieren
- Pochieren
- Pasteurisieren
- Frittieren

14 **Wie bezeichnet man in Österreich die Aubergine?**

- Melanzane
- Kukuruz
- Karfiol
- Fisole

15 **Welcher der folgenden Begriffe bezeichnet keine Kaviarsorte?**

- Beluga
- Ossiotr
- Sevruga
- Anuga

16 **Welche italienische Pastasorte ist keine Hohlnudel?**

- Maccharoni
- Papardelle
- Bucatini
- Penne

17 **In Deutschland wird in zwei Weinanbaugebieten mehr Rotwein als Weißwein angebaut. Eines der beiden liegt an der Ahr. Welches ist das zweite?**

- Rheinhessen
- Hessische Bergstraße
- Rheingau
- Württemberg

18 **Welcher der folgenden Begriffe bezeichnet keine getrocknete Weinbeere?**

- Rosinen
- Pomeranzen
- Korinthen
- Sultaninen

13 **Pasteurisieren** ist ein Konservierungsverfahren, bei dem die Lebensmittel kurzfristig auf Temperaturen unter 100 °C erhitzt werden.
Beim **Blanchieren** werden Obst oder Gemüse mit kochendem Wasser übergossen, um Mikroorganismen abzutöten und unerwünschte Geschmacksstoffe zu beseitigen. Beim **Pochieren** werden Speisen in einer Flüssigkeit knapp unterhalb des Siedepunkts gegart. **Frittieren** bedeutet in heißem Fett schwimmend ausbacken.

14 Die bei uns unter ihrem französischen Namen Aubergine bekannte Eierfrucht wird in Österreich **Melanzane** genannt – genau so heißt sie auch in Italien.
Die Österreicher haben noch für zahlreiche andere Lebensmittel eigene Bezeichnungen. Der Mais heißt dort **Kukuruz**, der Blumenkohl **Karfiol**. Grüne Bohnen oder Wachsbohnen werden **Fisolen** genannt.

15 **Anuga** ist die Abkürzung für Allgemeine Nahrungs- und Genussmittelausstellung, die seit 1951 alle zwei Jahre in Köln abgehaltene Ausstellung der Nahrungs- und Genussmittelproduzenten.
Beluga, die edelste Kaviarsorte, stammt von dem bis zu 9 m langen Hausen, der **Ossiotr** von dem „nur" 4 m langen Waxdick. Der 2 m lange Scherg liefert den **Sevruga**-Kaviar.

16 **Papardelle** sind keine Hohlnudeln, sondern besonders breite Bandnudeln, die vor allem gut zu rustikalen Saucen passen.
Maccharoni sind kurze, dünne Nudelröhrchen. **Bucatini** ähneln Spaghetti, sind aber etwas dicker und innen hohl. **Penne** bezeichnet eine ganze Familie von Pastasorten; es sind kurze Röhren, die an den Enden schräg geschnitten sind.

17 In **Württemberg** wird mehr Rotwein als Weißwein angebaut. Die roten Hauptrebsorten sind der Trollinger und der Schwarzriesling, die 57 % der Anbaufläche ausmachen.
In den anderen drei Anbaugebieten überwiegt der Weißwein mit etwa 90 %. Hauptrebsorten in **Rheinhessen** sind Müller-Thurgau und Silvaner, an der **Hessischen Bergstraße** und im **Rheingau** ist es der Riesling.

18 **Pomeranzen** oder Bitterorangen sind die Urform der Apfelsine und anderer Zitrusfrüchte. Die innere Schale ihre nussgroßen Früchte wird kandiert zu Orangeat verarbeitet.
Rosinen sind ganz allgemein getrocknete Weinbeeren. **Korinthen** sind kleine, violettschwarze, kernlose Rosinen der Rebsorte Vitis minuta, **Sultaninen** etwas größere, goldgelbe bis bläuliche ebenfalls kernlose Rosinen aus der Sultanatraube.

19 **Welche der folgend aufgezählten „Nüsse“ ist eine echte Nuss?**

- Kokosnuss
- Erdnuss
- Haselnuss
- Muskatnuss

20 **Bei welche Speise handelt es sich um keine Suppe?**

- Ratatouille
- Gazpacho
- Rassolnik
- Minestrone

21 **Welches der aufgeführten Lebensmittel hat den geringsten Eisengehalt?**

- Leberwurst
- Spinat
- Schokolade
- Ölsardinen

22 **Was ist kein Weizen oder Weizenprodukt?**

- Dinkel
- Quinoa
- Grünkern
- Bulgur

23 **Wie heißt eine aus Basilikum und Olivenöl bestehende Sauce?**

- Pesto
- Pasta
- Pastinak
- Pastis

24 **Welches der als Pfeffer bezeichneten Gewürze stammt vom Pfefferstrauch, ist also echter Pfeffer?**

- Sansho-Pfeffer
- Szetschuan-Pfeffer
- Grüner Pfeffer
- Cayennepfeffer

19
Nüsse sind Schließfrüchte, bei denen die gesamte Fruchthülle verholzt ist. Von den genannten „Nüssen“ zählt nur die **Haselnuss** dazu.
Die **Kokosnuss** ist wie die Walnuss eine Steinfrucht, die **Erdnuss** die Hülsenfrucht eines einjährigen Schmetterlingsblütlers. Die **Muskatnuss** ist eine pfirsichähnliche Balgfrucht bzw. deren darin enthaltener Samen.

20
Ratatouille ist ein provenzalischer Gemüseeintopf mit Tomaten, Zucchini, Auberginen und Paprika, der auch als Gemüsebeilage serviert werden kann.
Gazpacho ist eine kalte spanische Tomaten-Gurken-Suppe, **Rassolnik** eine russische Sauerampfersuppe mit Nieren. Die italienische **Minestrone** ist eine Gemüsesuppe mit Reis oder Nudeln.

21
Den geringsten Eisengehalt dieser Lebensmittel hat der **Spinat;** in gekochtem Zustand enthält er nur etwas mehr als zwei Milligramm Eisen pro hundert Gramm.
Leberwurst weist je nach Sorte mit bis zu sechs Milligramm dreimal so viel Eisen auf wie Spinat.
Schokolade bringt es auf etwa sieben Milligramm, und selbst **Ölsardinen** mit drei Milligramm pro 100 Gramm sind eisenhaltiger als Spinat.

22
Quinoa, auch Inkaweizen oder Reismelde genannt, ist ein in den Hochanden kultiviertes Gänsefußgewächs, dessen gelbliche Samen zu Mehl verarbeitet werden.
Dinkel ist eine Weizenart, deren Korn im Gegensatz zum Kulturweizen von der Spelze fest umschlossen ist. **Grünkern** ist unreif geernteter, gedarrter und geschroteter Dinkel. **Bulgur** sind geschälte und gedämpfte, dann geschrotete und getrocknete Weizenkörner.

23
Die aus Basilikum und Olivenöl sowie Pinienkernen, Knoblauch und geriebenem Pecorino oder Parmesan bestehende Sauce heißt **Pesto.** Sie wird zu **Pasta** gereicht, der italienischen Bezeichnung für Teigwaren. **Pastinak** ist ein mit den Möhren und der Petersilie verwandtes Wurzelgemüse, **Pastis** ein als Aperitif getrunkener französischer Anisschnaps.

24
Als **Grüner Pfeffer** werden die unreif geernteten, nicht getrockneten Früchte des Pfefferstrauchs, frisch oder in Lake konserviert, angeboten. **Sansho-Pfeffer,** der Japanische Pfeffer, und **Szetschuan-Pfeffer,** der Chinesische Pfeffer, werden aus den Blättern bzw. Samen der Dornesche gewonnen. **Cayennepfeffer** besteht aus den gemahlenen Früchten verschiedener Chiliarten.

25 **Welches ist die meistangebaute Gemüsesorte in Deutschland?**

- Weißkohl
- Möhren
- Zwiebeln
- Spargel

26 **Die Lehre vom Wein und vom Weinbau ist die ...**

- Önologie
- Balneologie
- Entomologie
- Pomologie

27 **Welcher Begriff bezeichnet ein Gewürzkraut?**

- Borschtsch
- Borretsch
- Brochette
- Bruschetta

28 **Welches der Fastfoodgerichte kommt ursprünglich nicht aus Amerika?**

- Chopsuey
- Hamburger
- Fish 'n' Chips
- Hotdogs

29 **Wie wird die Zubereitungsart genannt, bei der eine Speise in heißem Fett gegart und gebräunt wird?**

- Backen
- Braten
- Schmoren
- Dünsten

30 **Bei welchem Cocktail gehört Gin nicht zu den Hauptzutaten?**

- Martini
- Snowball
- Bronx
- Bloody Mary

(25) Legt man die jeweiligen Anbauflächen zugrunde, dann hat der **Spargel** mit rund 15 % den größten Anteil an der gesamten Gemüseanbaufläche.
Auf Platz zwei liegt der **Weißkohl** mit etwa 9 %. Die Anbauflächen für **Möhren** und Karotten bzw. für **Zwiebeln** sind nur etwa halb so groß wie die des Spargels, wobei die Anteile an der Gesamtgemüseproduktion von Jahr zu Jahr etwas variieren.

(26) Die Lehre oder die Wissenschaft vom Wein und vom Weinbau ist die **Önologie.**
Die **Balneologie,** die Bäderkunde, ist die Lehre von den biologischen Wirkungen von Heilwässern einschließlich der Heilquellenforschung, die **Entomologie** die Insektenkunde. Die **Pomologie** befasst sich mit dem Obstanbau und den Obstsorten.

(27) **Borretsch,** ein stark behaartes Raublattgewächs mit blauen Blüten, ist ein Gewürzkraut. Seine Blätter (und Blüten) dienen zum Würzen von Salaten und als Gemüse.
Ein kleiner schaschlikähnlicher Fleischspieß heißt in Frankreich **Brochette,** die berühmte Rote-Bete-Suppe, der **Borschtsch,** ist das russische Nationalgericht.
Ein geröstetes Knoblauchbrot wird in Italien **Bruschetta** genannt.

(28) **Fish 'n' Chips** – paniertes Fischfilet mit Pommes frites – ist eine urbritische „Erfindung“.
Das „chinesische“ Gericht **Chop-suey,** Schweinefleisch mit diversen Gemüsen, gewürzt mit Sojasauce und Reiswein, wurde in den USA erfunden. Auch **Hamburger** und **Hotdogs** sind typisch amerikanische Gerichte, zumindest in ihrer heutigen Form, auch wenn es Fleischklopse und Würstchen in vielen Ländern gibt.

(29) Das Garen und Bräunen in heißem Fett nennt man **Braten.**
Backen ist das Garen und Bräunen in heißer Luft oder auch im Fettbad, wie beispielsweise beim Wiener Backhendl. Beim **Schmoren** wird die Speise in heißem Fett angebraten und nach Zugabe von Flüssigkeit fertig gegart. Garen in wenig Flüssigkeit, meist im eigenen Saft, heißt **Dünsten.**

(30) Eine **Bloody Mary** enthält keinen Gin. Sie wird aus Wodka, Tomatensaft, Zitronensaft und Worcestersauce gemixt.
Beim **Martini** rechnet man, je nach Geschmack, vier bis zwölf Teile Gin auf einen Teil Vermouth. **Snowball** ist ein Mixgetränk aus etwa gleichen Teilen Gin, Orangen- und Grapefruitsaft mit einem Eiweiß und Zucker. Ein **Bronx** besteht aus einem Drittel Gin und zwei Dritteln Vermouth, aufgefüllt mit Orange Bitter und Apfelsinensaft.

31 **Welche Käsesorte ist kein Hartkäse?**

- Gruyère
- Stilton
- Manchego
- Cheddar

32 **Welches Gewürz wird bei uns unter anderem auch als Jamaikapfeffer bezeichnet?**

- Nelken
- Piment
- Zimt
- Muskat

33 **Welcher Begriff ist keine Bezeichnung für Brötchen?**

- Schrippe
- Weck
- Semmel
- Knaus

34 **Welches Gewürzkraut ist Bestandteil einer Sauce béarnaise?**

- Petersilie
- Majoran
- Estragon
- Sauerampfer

35 **Wie nennt der Weinfachmann und -kenner einen alkohol- und körperreichen Wein?**

- feurig
- rassig
- blumig
- fruchtig

36 **Wie heißt in der italienischen Küche das Gericht aus geschmorten Kalbshaxenscheiben?**

- Saltimbocca
- Scaloppine
- Ossobuco
- Vitello tonnato

31 Der englische **Stilton** ist ein halbfester, roquefortähnlicher Kuhmilchkäse mit Blauschimmelkultur. **Gruyère** oder Greyerzer ist ein schweizerischer Hartkäse aus dem Saanetal in den Freiburger Voralpen, **Manchego** ein harter spanischer Schafskäse aus der Mancha. **Cheddar** ist ein englischer Hartkäse aus der Grafschaft Somerset, der heute vorwiegend zu Schmelzkäse verarbeitet wird.

32 Der (oder das) **Piment,** vor der Reife geerntete und getrocknete Beeren des auf den Westindischen Inseln heimischen, zu den Myrtengewächsen gehörenden Pimentbaums, wird auch Jamaikapfeffer genannt.
Das pfefferähnliche Gewürz vereint die Geschmacksattribute von **Nelken** und Pfeffer; Spuren von **Zimt** und **Muskat** runden seinen Geschmack ab.

33 **Knaus** ist kein Brötchen. Im Schwäbischen wird damit das Brotende, der Brotkanten, bezeichnet. In Berlin heißen Brötchen **Schrippen.** Die anderen beiden Namen sind in Süddeutschland gebräuchlich, wobei Brötchen im schwäbisch-alemannischen Sprachraum **Weck,** Weggen oder Weggli, in Bayern und in Österreich **Semmel** genannt werden.

34 Die Sauce béarnaise ist eine dicke, weiße Soße aus Essig, Weißwein, Butter und Eigelb sowie den Kräutern **Estragon** und Kerbel.
Estragon und Kerbel sind auch Bestandteil der Frankfurter grünen Sauce, die neben hart gekochten Eiern darüber hinaus aber noch **Petersilie** und **Majoran** und eventuell Borretsch und **Sauerampfer** enthält.

35 Einen alkohol- und körperreichen Wein, insbesondere Rotwein, bezeichnet der Weinkenner als **feurig.** Weine mit ausgeglichener, aber ausgeprägter Säure sind **rassig.** Ein Wein, der reich an Duftstoffen ist, wird **blumig** genannt. Weine, speziell junge Weine, mit einem an frisches Obst erinnernden Geschmack heißen **fruchtig.**

36 Die mit Möhren, Zwiebeln, Staudensellerie und Tomaten geschmorten Kalbshaxenscheiben, ein typisches Gericht der Lombardei, heißen **Ossobuco.**
Saltimbocca sind mit Parmaschinken und Salbei gebratene Kalbsschnitzel, **Scaloppine** sind Schnitzel allgemein. **Vitello tonnato** ist gekochtes Kalbfleisch mit einer Sauce aus Thunfisch, Sardellen, Eiern und Kapern.

37 **Wie nennt man eine Fleischbrühe, die als Basis für Suppen oder Saucen dient?**

- Bouillon
- Fond
- Consommé
- Essenz

38 **Welche exotische Frucht wird auch als chinesische Stachelbeere bezeichnet?**

- Karambole
- Kaki
- Kumquat
- Kiwi

39 **Aus welchem französischen Weinbaugebiet kommt der Muscadet?**

- Beaujolais
- Elsass
- Loire
- Burgund

40 **Welcher Lebensmittelzusatzstoff ist in der EU als Konservierungsmittel zugelassen?**

- Borsäure
- Amaranth
- Silber
- Karotin

41 **Ein mit Kümmel aromatisierter Branntwein ist der ...**

- Raki
- Ouzo
- Aquavit
- Genever

42 **Wie heißt in der mexikanischen Küche ein flaches, pfannkuchenähnliches Fladenbrot?**

- Burrito
- Tortilla
- Quesadilla
- Taco

37 Eine Fleisch- oder auch Gemüsebrühe als Basis für Suppen oder Saucen wird **Fond** genannt. **Bouillon** ist eine aus Fleisch und Knochen gekochte Fleischbrühe. Eine **Consommé** oder Kraftbrühe wird im Gegensatz zur einfachen Bouillon aus durchgedrehtem Fleisch zubereitet. Die noch geschmacksintensivere **Essenz** ist der eingekochte Auszug einer Boullion oder Consommé.

38 Die essbare Frucht des ursprünglich in Ostasien beheimateten Chinesischen Strahlengriffels wird als chinesische Stachelbeere oder **Kiwi** bezeichnet.
Gleichfalls aus Ostasien stammt die **Karambole** oder Sternfrucht, ebenso die **Kumquats** oder Limequats genannten Zwergorangen und die **Kaki** oder Dattelpflaume.

39 Der Muscadet kommt aus dem Weinbaugebiet der **Loire,** wo er vor allem im Nantais, der Umgebung von Nantes, angebaut wird.
Im **Beaujolais** wird ausschließlich Rotwein der Traubensorte Gamay angebaut. Die Hauptrebensorten im **Elsass** sind Riesling, Pinot blanc und Gewürztraminer. Aus **Burgund** kommen sowohl Rotweine, hauptsächlich Pinot noir, der blaue Spätburgunder, als auch Weißweine, vorwiegend Chardonnay.

40 **Borsäure** ist in der EU unter der Nummer E 284 in begrenztem Umfang für die Konservierung von Kaviar zugelassen.
Amaranth oder Naphtholrot S (E 123) ist ein roter Lebensmittelfarbstoff, dessen Menge jedoch stark beschränkt ist. **Silber** (E 174) darf zum Färben von Lebensmitteln dagegen in unbegrenzter Menge verwendet werden, ebenso der naturidentische Farbstoff **Karotin** (E 160a).

41 Der **Aquavit** (lateinisch aqua vitae „Lebenswasser“) ist ein aus Kümmeldestillat hergestellter Branntwein mit mindestens 38 Volumenprozent Alkohol.
Raki ist ein türkischer Branntwein aus Rosinen oder Feigen, der mit Anissamen destilliert wird, **Ouzo** ein griechischer Anisbranntwein.
Der holländische **Genever** ist ein Getreidebranntwein mit Wacholderaroma.

42 Das dünnfladige Brot aus Mais- oder Weizenmehl wird in Mexiko als **Tortilla** bezeichnet, wohingegen eine Tortilla de Huevo ein Omelett ist.
Burrito ist eine große gerollte Weizenmehltortilla mit Füllung, **Quesadilla** eine mit geschmolzenem Käse gefüllte, zusammengeklappte Tortilla. Eine gefaltete Tortilla mit Füllung heißt **Taco.**

SPORT UND SPIEL

Sport und Spiel begleiten den Menschen durch die Jahrtausende. Das Boxen scheint so alt wie die Menschheit selbst zu sein. Brettspiele wurden schon vor über 2500 Jahren gespielt, eine Art Fußballspiel kannten bereits die Mayas vor rund 2000 Jahren. Und Wagenrennen waren im alten Rom ebenso beliebt, deren Sieger genauso verehrt, wie es heute bei Formel-1-Rennen der Fall ist.

1 **Wie viel wiegt beim Diskuswerfen der Männer der Diskus?**

- 1 kg
- 2 kg
- 4 kg
- 7,26 kg

2 **Was pfeift der Fußballschiedsrichter, wenn ein Einwurf im gegnerischen Tor landet, ohne von einem anderen Spieler berührt worden zu sein?**

- Eckball
- Tor
- Abstoß
- Abseits

3 **Bei welcher Sportart heißt der nationale deutsche Dachverband abgekürzt nicht DSV?**

- Schießen
- Schwimmen
- Segeln
- Squash

4 **In drei Städten fanden die Olympischen Winterspiele bisher zweimal statt. Welche Stadt gehört nicht dazu?**

- Innsbruck
- Grenoble
- Lake Placid
- St. Moritz

5 **Welche der folgenden Leichtathletikdisziplinen gehört nicht zum Programm eines Zehnkampfs?**

- 110-m-Hürden-Lauf
- Stabhochsprung
- Hammerwerfen
- 1500-m-Lauf

6 **Der bisher einzige deutsche Schachweltmeister war ...**

- Wilhelm Steinitz
- Max Euwe
- Robert Fischer
- Emanuel Lasker

1 Beim Diskuswerfen der Männer wiegt der Diskus genau **2 kg.** Spitzenathleten werfen damit über siebzig Meter weit. Der 1986 aufgestellte Weltrekord von Jürgen Schult liegt bei 74,08 m.
Frauen schaffen sogar noch zwei, drei Meter mehr, ihr Diskus wiegt aber auch nur **1 kg.** Beim Kugelstoßen der Frauen wiegt die Kugel **4 kg,** bei den Männern ist sie **7,26 kg** schwer.

2 Der Schiedsrichter muss auf **Abstoß** vom gegnerischen Tor entscheiden.
Geht der Ball dagegen ins eigene Netz, gibt es **Eckball.** Nach einem Einwurf kann ein **Tor** nur dann gegeben werden, wenn der Ball zuvor von einem weiteren Spieler berührt wurde. **Abseits** darf der Schiedsrichter auf keinen Fall pfeifen, denn beim Einwurf gilt die Abseitsregelung nicht.

3 Der deutsche Dachverband für das **Schießen** ist der Deutsche Schützenbund, abgekürzt DSB, mit Sitz in Wiesbaden.
Der Spitzenverband für das **Schwimmen** ist der Deutsche Schwimm-Verband, jener für das **Segeln** der Deutsche Segler-Verband. Beide kürzen sich DSV ab, wie auch der erst 1973 gegründete Deutsche **Squash** Verband.

4 Das französische **Grenoble** war bisher erst einmal, nämlich 1968, Austragungsort der Olympischen Winterspiele.
Jeweils zweimal fanden sie dagegen in **Innsbruck** (1964 und 1976) und im amerikanischen **Lake Placid** (1932 und 1980) statt. In **St. Moritz** in der Schweiz wurden die Winterspiele 1928 und 1948 ausgetragen.

5 **Hammerwerfen** gehört nicht zum Programm eines Zehnkampfs.
Erster Wettbewerb des Zehnkampfs ist der 100-m-Lauf. Danach folgen Weitsprung, Kugelstoßen, Hochsprung und als letzte Disziplin des ersten Tages der 400-m-Lauf.
Der zweite Tag beginnt mit dem **110-m-Hürdenlauf,** gefolgt von Diskuswerfen, **Stabhochsprung,** Speerwerfen und dem zehnten, abschließenden Wettbewerb, dem **1500-m-Lauf.**

6 Erster und einziger deutscher Schachweltmeister war **Emanuel Lasker,** dies aber gleich 27 Jahre lang ununterbrochen.
Durch einen Sieg gegen den ersten offiziellen Weltmeister, den Österreicher **Wilhelm Steinitz,** gewann er den Titel im Jahr 1894.
Der Niederländer **Max Euwe** war von 1935 bis 1937 Schachweltmeister, der Amerikaner **Robert Fischer** hatte den Titel von 1972 bis 1975 inne.

7 **In welcher der genannten Klassen wird das Boot beim Rudern nicht mit Riemen vorwärts bewegt?**

- Doppelzweier
- Zweier mit Steuermann
- Vierer ohne Steuermann
- Achter

8 **Vier Fahrern gelang es bisher, fünfmal die Tour de France zu gewinnen. Wer von ihnen schaffte es fünfmal in Folge?**

- Jacques Anquetil
- Eddy Merckx
- Bernard Hinault
- Miguel Indurain

9 **Welche Mannschaft war seit Bestehen der Fußballbundesliga noch nie deutscher Meister?**

- Hertha BSC Berlin
- Eintracht Braunschweig
- TSV 1860 München
- VfB Stuttgart

10 **Wie heißt der kampfentscheidende Punktgewinn im Judo?**

- Nikkei
- Nippon
- Ippon
- Kimono

11 **Welches der bekannten und beliebten Brettspiele ist das jüngste?**

- Mühle
- Dame
- Halma
- Schach

12 **In welcher Sportart gewann der bisher erfolgreichste deutsche Olympiateilnehmer sieben Goldmedaillen?**

- Leichtathletik
- Turnen
- Kanu
- Schwimmen

7 Der **Doppelzweier** wird nicht mit Riemen vorwärts bewegt. Er gehört zu den Skullbooten, bei denen die Skulls beiderseits von jedem Ruderplatz jeweils mit einer Hand bewegt werden.
Bei den Riemenbooten, bei denen man nach der Anzahl der Ruderer u. a. **Zweier mit Steuermann, Vierer ohne Steuermann** oder **Achter** unterscheidet, hat jeder Ruderer nur auf einer Seite des Bootes einen mit beiden Händen zu bewegenden Riemen.

8 Der Spanier **Miguel Indurain** gewann von 1991 bis 1995 die Tour de France fünfmal in Folge.
Der Franzose **Jacques Anquetil** gewann die Tour 1957 und von 1961 bis 1964, der Belgier **Eddy Merckx** zwischen 1969 und 1972 sowie 1974. **Bernard Hinault** aus Frankreich schrieb sich 1978, 1979, 1981, 1982 und 1985 in die Siegerliste ein.

9 Seit Bestehen der Fußballbundesliga noch nie deutscher Meister war die Mannschaft von **Hertha BSC Berlin.**
Die zeitweise in die Drittklassigkeit abgerutschte **Eintracht Braunschweig** war 1967 deutscher Meister, der **TSV 1860 München** hatte sich im Jahr zuvor die Meisterschale geholt. Der **VfB Stuttgart** schloss die Bundesligasaison zweimal mit dem ersten Platz ab: 1984 und 1992.

10 Der kampfentscheidende Punktgewinn im Judo heißt **Ippon** – japanisch „Punkt“.
Der **Nikkei** ist der wichtigste an der Tokioter Börse ermittelte Aktienindex. **Nippon** ist der japanische Name von Japan. **Kimono** bezeichnet das traditionelle kaftanartige Bekleidungsstück der Japaner, doch wird auch die Jacke der Judoka so genannt.

11 **Dame** kam im Mittelalter auf und wurde in Deutschland erstmals 1616 erwähnt, jedoch sind dem Damespiel verwandte Spiele bereits im Altertum bekannt.
Mühle, eines der ältesten Spiele der Menschheit, wurde schon im 15. Jahrhundert v. Chr. gespielt. **Schach** entstand vermutlich zwischen dem 5. und dem 1. Jahrhundert v. Chr. in Indien, und auch **Halma** ist ein bereits in der Antike bekanntes Brettspiel.

12 Birgit Fischer ist die erfolgreichste deutsche Olympiateilnehmerin. Im **Kanu** gewann sie zwischen 1980 und 2000 sieben Goldmedaillen.
Erfolgreichster Olympionike ist der Amerikaner Ray Ewry, der insgesamt zehn Goldmedaillen in der **Leichtathletik** holte. Die Russin Larissa Latynina und der Amerikaner Mark Spitz errangen jeweils neunmal Gold im **Turnen** bzw. im **Schwimmen.**

13 **Wie heißt das Fußballstadion von Karlsruhe?**

- Waldstadion
- Volksparkstadion
- Wankdorf-Stadion
- Wildparkstadion

14 **Auf welchem Grand-Prix-Kurs wird bei der Formel 1 die kürzeste Renndistanz gefahren?**

- Montreal
- Monaco
- Suzuka
- Monza

15 **Welcher deutsche Fußballspieler wurde mit dem Spitznamen „Terrier" belegt?**

- Berti Vogts
- Willi Lippens
- Wolfgang Fichtel
- Franz Roth

16 **Welches der folgenden Spiele ist keine Variante des Brettspiels Backgammon?**

- Tavli
- Puff
- Tric-Trac
- Go

17 **Das unter dem Namen „Boule" bekannte Spiel heißt auch ...**

- Pétanque
- Pelota
- Peloton
- Planche

18 **Welche Farbe kommt auf einer Roulett-scheibe nicht vor?**

- rot
- blau
- schwarz
- grün

13
Das Fußballstadion von Karlsruhe ist das **Wildparkstadion.** Das **Waldstadion** steht in Frankfurt, im **Volksparkstadion** bestreitet der Hamburger SV seine Bundesligaspiele. Das **Wankdorf-Stadion** in Bern war die Stätte des größten deutschen Fußballtriumphes: Dort gewann Deutschland unter Sepp Herberger 1954 seinen ersten Weltmeistertitel.

14
Die kürzeste Renndistanz bei einem Grand Prix der Formel 1 wird auf dem Circuit de **Monaco** in Monte Carlo gefahren. Sie beträgt 262,626 km.
Ansonsten liegen die Renndistanzen bei Formel-1-Rennen zwischen 305,049 (Circuit Gilles Villeneuve **Montreal**, Kanada) und 310,596 km (**Suzuka** International Racing Course, Japan). Bei Großen Preis von Italien in **Monza** werden 305,548 km zurückgelegt.

15
Der Verteidiger von Borussia Mönchengladbach und spätere Bundestrainer **Berti Vogts** wurde wegen seines bissigen Abwehrverhaltens „Terrier“ genannt.
Die Fähigkeit von **Willi Lippens** (Rot-Weiß Essen), den Ball mit seinem ausladenden Hinterteil zu stoppen, brachte ihm den Spitznamen „Ente“ ein. Auch **Wolfgang Fichtel** („Tanne“) von Schalke 04 und **Franz Roth** („Bulle“) wurden mit Spitznamen aus der Biologie belegt.

16
Das ostasiatische Brettspiel **Go** ist keine Backgammon-Variante.
Es wird von zwei Spielern mit je 180 schwarzen und weißen Steinen auf einem quadratischen Brett mit 19 waagerechten und senkrechten Linien gespielt.
Das griechische **Tavli**, das deutsche **Puff** und das französische **Tric-Trac** sind dagegen (nicht völlig identische) nationale Varianten von Backgammon.

17
Das landläufig als Boule bezeichnete Spiel heißt **Pétanque** – der Begriff Boule ist eigentlich ein Sammelname für Pétanque und andere bocciaähnliche Kugelspiele.
Pelota ist ein aus Spanien stammendes, dem Squash ähnliches Rückschlagspiel. Unter **Peloton** versteht man im Radsport das geschlossene Fahrerfeld bei Straßenrennen. Die **Planche** ist die Kampfbahn beim Fechten.

18
Die Farbe **Blau** gibt es auf einer Roulettscheibe nicht.
Die mit den Zahlen 1 bis 36 nummerierten Fächer der Scheibe sind abwechselnd **rot** und **schwarz,** wobei diese so angeordnet sind, dass gerade und ungerade sowie hohe und niedrige Zahlen hinsichtlich ihrer Farbe gut gemischt sind.
Die Null oder Zéro ist **grün** unterlegt.

19 **In welcher der folgenden Sportarten wird bei Olympischen Spielen üblicherweise nur eine einzige Bronzemedaille vergeben?**

- Boxen
- Judo
- Ringen
- Tischtennis

20 **Welche der vier Disziplinen gehört nicht zu den Wettbewerben des modernen Fünfkampfs?**

- Schießen
- Schwimmen
- Springreiten
- Radfahren

21 **In welcher Schweizer Stadt hat die Europäische Fußballunion (UEFA) ihren Sitz?**

- Gümlingen
- Nyon
- Lyss
- Chambésy

22 **Bei welcher Variante des Billards sind die meisten Bälle im Spiel?**

- Poolbillard
- Karambolage
- Cadre 47/71
- Snooker

23 **Welcher Begriff bezeichnet keine moderne Extremsportart?**

- Stagediving
- Basejumping
- Kiteboarding
- Canyoning

24 **Welcher der Orte ist kein Austragungsort der Vierschanzentournee im Skispringen?**

- Oberstdorf
- Garmisch-Partenkirchen
- Hinterzarten
- Bischofshofen

19 Beim **Ringen** wird das „kleine Finale“ um den dritten Platz ausgetragen und nur eine Bronzemedaille vergeben.
Beim **Boxen** und beim **Judo** werden stets zwei Bronzemedaillen vergeben; man verzichtet darauf, die Unterlegenen der Halbfinalkämpfe noch einmal in den Ring oder auf die Matte zu schicken. Im **Tischtennis** wurde es in der Vergangenheit unterschiedlich gehandhabt: In Sydney 2000 wurde der dritte Platz ausgespielt, in Atlanta 1992 dagegen nicht.

20 **Radfahren** ist kein Wettbewerb des modernen Fünfkampfs.
Die fünf Disziplinen des modernen Fünfkampfs, einer Vielseitigkeitssportart für Männer, Frauen und Mannschaften, werden in der Reihenfolge **Schießen** mit der Luftpistole, Degenfechten, 300-m-**Schwimmen** (Frauen 200 m), **Springreiten** mit 15 Sprüngen und 4000-m-Geländelauf (Frauen 2000 m) innerhalb eines Tages ausgetragen.

21 Die UEFA hat ihren Sitz in **Nyon** im Kanton Waadt, der Internationale Fußballverband FIFA dagegen in Zürich.
Gümlingen ist der Sitz des Internationalen Skiverbands FIS, **Lyss** jener des Internationalen Turnerbunds FIG. Der Internationale Motorsport Verband FIM hat seinen Sitz in **Chambésy** am Genfer See.

22 Die aus Großbritannien stammende Billardvariante **Snooker** wird mit 22 Kugeln - 15 roten, sechs andersfarbigen und einer weißen Stoßkugel - gespielt.
Beim amerikanischen **Poolbillard** sind 15 verschiedenfarbige, durchnummerierte Kugeln und ein weißer Stoßball im Spiel. **Karambolage** und **Cadre 47/71** werden mit einer roten und zwei weißen Kugeln gespielt.

23 **Stagediving** ist keine Extremsportart. Besucher von Rockkonzerten klettern dabei vielmehr auf die Bühne, um sich dann zurück in die Publikumsmenge zu stürzen.
Basejumping ist das Fallschirmspringen von Hochhäusern oder Brücken. Beim **Kiteboarding** lässt sich ein Surfer von einem Drachen übers Wasser ziehen, und beim **Canyoning** steigt man Schluchten durch Abseilen, Wasserfallklettern und Ähnliches hinab.

24 **Hinterzarten** im Schwarzwald ist kein Austragungsort der Vierschanzentournee. Aus Hinterzarten kommt Sven Hannawald, der Sieger aller vier Springen 2001/02.
Die Vierschanzentournee, der seit 1952/53 jährlich ausgetragene Wettbewerb im Skispringen, findet auf den Schanzen von **Oberstdorf** (30.12.), **Garmisch-Partenkirchen** (1.1.), Innsbruck (4.1.) und **Bischofshofen** (6.1.) statt.

25 **Einer der folgenden Begriffe hat nichts mit Baseball zu tun. Welcher ist es?**

- Home run
- Pitcher
- Inning
- Touchdown

26 **Welche der Sportarten ist keine Radsportdisziplin?**

- Keirin
- Skeet
- Derny
- Omnium

27 **Bei welchem Brettspiel benötigt man die höchste Anzahl an Spielsteinen?**

- Halma
- Dame
- Mühle
- Backgammon

28 **Deutschland stand bisher fünfmal im Endspiel einer Fußballeuropameisterschaft. Gegen welchen Gegner gelang der Nationalmannschaft kein Sieg?**

- Sowjetunion
- Belgien
- Tschechien
- Dänemark

29 **Welcher lateinische Begriff ist Bestandteil des Mottos der Olympischen Spiele?**

- pulchior
- maior
- citius
- carior

30 **Welcher der „ornithologischen“ Begriffe hat nichts mit Golf zu tun?**

- Vögelchen
- Schwalbe
- Adler
- Albatros

25
Touchdown, das mit sechs Punkten gewertete Ablegen des Balles in der Endzone des Gegners, ist ein Begriff aus dem American Football. Ein **Home run** ist beim Baseball der Lauf des Schlagmanns um das Spielfeld ins Home base; jeder Home run zählt einen Punkt. Der **Pitcher** ist der Werfer, ein **Inning** einer der neun Spielabschnitte eines Baseballspiels.

26
Skeet gehört zu den Schießsportarten. Es ist eine Form des Wurfscheibenschießens mit Schrotflinten.
Keirin ist eine aus Japan stammende Spurtdisziplin des Bahnradsports über eine Distanz von 2000 m. **Derny** ist eine Variante des Steherrennens, **Omnium** ein Mehrkampf, der sich aus mehreren Disziplinen zusammensetzt.

27
Für **Halma** benötigt man 38 Spielsteine, wenn es von zwei, und 39, wenn es von drei Personen gespielt wird. Im ersten Fall hat jeder Spieler 19, im zweiten 13 Steine. Bei **Dame** hat jeder Spieler zwölf (weiße oder schwarze) Steine. **Mühle** wird mit neun weißen und neun schwarzen Steinen gespielt, für **Backgammon** benötigt man je 15 weiße und schwarze Spielsteine und – im Gegensatz zu den anderen drei Spielen – noch zwei Würfel.

28
Das Endspiel um die Fußballeuropameisterschaft 1992 gegen **Dänemark** verlor die deutsche Mannschaft mit 2:0.
Seinen ersten Europameistertitel holte sich Deutschland 1972 durch einen 3:0-Sieg gegen die **Sowjetunion.** 1980 wurde **Belgien** im Finale mit 2:1 geschlagen. Der dritte Titel wurde 1996 durch einen 2:1-Sieg gegen **Tschechien** gewonnen. Das Finalspiel gegen die Tschechoslowakei 1976 ging dagegen im Elfmeterschießen verloren.

29
Das Motto der Olympischen Spiele heißt „**citius,** altius, fortius" – schneller, höher, stärker.
Das Wort **pulchior** bedeutet schöner, **maior** heißt größer und **carior** teurer. Für die Olympischen Spiele unserer heutigen Zeit wäre „pulchior, maior, carior" – schöner, größer, teurer – indes eine ebenso zutreffende Devise.

30
Eine **Schwalbe** hat nichts mit dem Golfsport zu tun, sondern ist ein vorgetäuschtes Foul beim Fußball. Beim Golf wird die Schlagvorgabe einer Spielbahn als Par bezeichnet. Mit einem Schlag besser als Par einzulochen, nennt der Golfspieler Birdie, auf Deutsch **Vögelchen.** Zwei Schläge unter Par heißen Eagle, **Adler,** und drei Schläge unter Par sind ein **Albatros.**

31 **Welcher Spieler hat in WM-Endspielen der deutschen Fußballnationalmannschaft mehr als ein Tor erzielt?**

- Paul Breitner
- Gerd Müller
- Rudi Völler
- Andreas Brehme

32 **Welche der aufgeführten Gewichtsklassen ist beim Amateurboxen die höchste?**

- Fliegengewicht
- Leichtgewicht
- Bantamgewicht
- Federgewicht

33 **Welche Sportart stand noch nie auf dem olympischen Programm?**

- Kricket
- Keulenschwingen
- Casting
- Tauziehen

34 **Bei welcher Mannschaftssportart stehen die meisten Spieler auf dem Feld?**

- Eishockey
- Volleyball
- Handball
- Basketball

35 **Welchem Sportler gelang es 1935, innerhalb einer knappen Stunde vier neue Leichtathletik-Weltrekorde aufzustellen?**

- Paavo Nurmi
- Jesse Owens
- Emil Zátopek
- Fred Perry

36 **Wer war der erste deutsche Formel-1-Weltmeister?**

- Jochen Rindt
- Niki Lauda
- Rudolf Caracciola
- Michael Schumacher

31
Paul Breitner hat in WM-Endspielen insgesamt zwei Tore erzielt. 1974 gegen die Niederlande schoss er den Ausgleich zum 1:1, 1982 gegen Italien den Anschlusstreffer zum 3:1.
Gerd Müller schoss 1974 das Siegtor zum 2:1, **Rudi Völler** 1986 gegen Argentinien den Ausgleich zum 2:2. **Andreas Brehme** gelang 1990 – ebenfalls gegen Argentinien – mit einem Elfmetertor der Siegtreffer zum 1:0.

32
Die höchste der genannten Gewichtsklassen beim Amateurboxen ist das **Leichtgewicht.** In dieser Klasse darf ein Boxer bis 60 kg Körpergewicht antreten.
Die niedrigste Gewichtsklasse beim Amateurboxen ist das Halbfliegengewicht bis 48 kg, gefolgt von **Fliegengewicht** (bis 51 kg), **Bantamgewicht** (bis 54 kg) und **Federgewicht** (bis 57 kg).

33
Casting, das wettkampfmäßig betriebene Sportangeln mit Ziel- und Weitwurf, war noch nie olympische Disziplin.
Dagegen stand **Kricket** bei den Olympischen Spielen im Jahr 1900 in Paris auf dem Programm. **Keulenschwingen** und **Tauziehen** waren 1904 in St. Louis neben anderen, heute leicht skurril anmutenden Sportarten wie Tonnenspringen und Tauhangeln olympische Disziplinen.

34
Beim **Handball** stehen sich zwei Mannschaften mit je sieben Spielern – ein Torwart und sechs Feldspieler – gegenüber. Beim heute nicht mehr gespielten Feldhandball hatte eine Mannschaft elf Spieler.
Beim **Eishockey** befinden sich – zumindest beim Anpfiff – fünf Feldspieler und ein Torwart bei jeder Mannschaft auf dem Eis. **Volleyball** wird mit sechs Spielern oder Spielerinnen pro Mannschaft, **Basketball** mit jeweils fünf gespielt.

35
Der amerikanische Leichtathlet **Jesse Owens** stellte 1935 innerhalb von nur 45 Minuten vier Leichtathletik-Weltrekorde auf, und zwar im 100- und 200-Yard-Lauf, im 220-Yard-Hürdenlauf und im Weitsprung.
Der finnische Langstreckenläufer **Paavo Nurmi** lief zwischen 1922 und 1931 insgesamt 22 Weltrekorde, der Tscheche **Emil Zátopek** feierte seine Triumphe nach dem Zweiten Weltkrieg. **Fred Perry** war ein englischer Tennisspieler.

36
Mit **Michael Schumacher** gewann 1994 zum ersten Mal ein Deutscher den Weltmeistertitel in der seit 1950 ausgetragenen Formel 1.
Der Österreicher **Jochen Rindt** war 1970, sein Landsmann **Niki Lauda** 1975, 1977 und 1984 Formel-1-Weltmeister. **Rudolf Caracciola** war der erfolgreichste deutsche Autorennfahrer der 1920er- und 1930er-Jahre.

37 **Mit welcher leichtathletischen Disziplin beginnt der Siebenkampf der Frauen?**

- 100-m-Hürdenlauf
- Hochsprung
- Speerwerfen
- 100-m-Lauf

38 **Einer der folgenden Begriffe hat mit dem Pokerspiel zu tun. Welcher ist es?**

- Rubber
- Grand
- Hochzeit
- Straight

39 **Welcher Schwimmstil wird beim Lagenschwimmen als Letzter geschwommen?**

- Delphin
- Rücken
- Kraul
- Brust

40 **Der britische Formel-1-Rennstall McLaren war bis zum Jahr 2001 elfmal Weltmeister. Mit dem Motor welches Herstellers war er am erfolgreichsten?**

- Honda
- Ford
- Mercedes
- Porsche

41 **Bei welcher Sportart ist die Spielzeit die effektiv kürzeste?**

- Eishockey
- Handball
- Basketball
- Rugby

42 **Welcher Teil des Körpers zählt beim Säbelfechten nicht zur gültigen Trefffläche?**

- Oberkörper
- Beine
- Arme
- Kopf

37 Der erste Tag des an zwei Tagen ausgetragenen Siebenkampfs der Frauen - des Pendants zum Zehnkampf der Männer - beginnt mit dem **100-m-Hürdenlauf.**
Es folgen das Kugelstoßen, der **Hochsprung** und der 200-m-Lauf. Am zweiten Tag stehen der Weitsprung, das **Speerwerfen** und der 800-m-Lauf auf dem Programm. Der **100-m-Lauf** ist keine Disziplin des Siebenkampfs.

38 Ein **Straight** ist beim Pokerspiel eine lückenlose Abfolge von fünf aufeinander folgenden Werten beliebiger Farbe. Sind sie von der gleichen Farbe, spricht man von einem Straight Flush.
Ein **Rubber** ist eine Partie Bridge, **Grand** ein Spiel beim Skat, bei dem nur die Buben Trumpf sind. Beim Doppelkopf sucht sich ein Spieler mit zwei Kreuzdamen einen Partner, indem er eine **Hochzeit** anbietet.

39 Beim Lagenschwimmen wird zuletzt Freistil geschwommen - in aller Regel ist es das **Kraul,** die schnellste Schwimmart.
Die erste Teilstrecke im Lagenschwimmen muss im **Delphin-** oder Schmetterlingsstil geschwommen werden, es folgen **Rücken-**, **Brust-** und Freistilschwimmen. Bei der Lagenstaffel lautet die Reihenfolge Rücken-, Brust-, Delphin- und Freistilschwimmen.

40 Mit Motoren von **Honda** wurde McLaren mit den Fahrern Ayrton Senna und Alain Prost 1988 bis 1991 viermal hintereinander Formel-1-Weltmeister.
Jeweils zwei Weltmeisterschaften konnten mit Motoren von **Ford** (1974 und 1976) und von **Mercedes** (1998 und 1999) gewonnen werden. Mit **Porsche**-Motoren wurde McLaren 1984 bis 1986 dreimal Weltmeister.

41 Die effektive Spielzeit - die Uhr wird bei Spielunterbrechungen angehalten - ist beim **Basketball** am kürzesten. Sie beträgt 2 x 20 Minuten, in Nordamerika 4 x 10 Minuten.
Beim **Eishockey** dauert ein Spiel 3 x 20 Minuten (effektiv), beim **Handball** 2 x 30 Minuten. Die längste Spielzeit mit 2 x 40 Minuten gibt es beim **Rugby.**

42 Im Gegensatz zum Degenfechten, bei dem der gesamte Körper Trefffläche ist, gehören die **Beine** beim Säbelfechten nicht zur gültigen Trefffläche.
Treffer auf den **Oberkörper,** die **Arme** und den **Kopf** sind dagegen gültig. Sie können im Gegensatz zum Degen- und Florettfechten nicht nur mit der Spitze der Waffe, sondern auch mit der Klinge erzielt werden.

43 **Bei welcher der Ballsportarten ist der Ball am schwersten?**

- Volleyball
- Fußball
- Wasserball
- Handball

44 **Welche der asiatischen Kampfsportarten stammt nicht aus Japan?**

- Karate
- Aikido
- Ju-Jutsu
- Taekwondo

45 **Unter welchem Namen ist Black Jack, eine amerikanische Variante eines verbreiteten Kartenglücksspiel, in Deutschland bekannt?**

- Sechsundsechzig
- Siebzehnundvier
- Mau-Mau
- Schwarzer Peter

46 **Military ist die Vielseitigkeitsprüfung im Reitsport. Welche Disziplin gehört nicht dazu?**

- Trabrennen
- Dressurreiten
- Geländeritt
- Springreiten

47 **Wie nennt man im Automobilsport breite, profillose Rennreifen?**

- Slicks
- Strike
- Skulls
- Slice

48 **Wie hieß die bis 1970 dem Fußballweltmeister verliehene Trophäe?**

- Federation Cup
- UEFA-Pokal
- Coupe Jules Rimet
- Spengler-Pokal

43 Beim **Handball** der Herren darf der Ball bis zu 475 g wiegen; die Untergrenze ist bei 425 g festgesetzt. Ein **Volleyball** darf zwischen 270 und 280 g wiegen. Ein Fußball und ein Wasserball sind etwa gleich groß und gleich schwer: Ein **Fußball** wiegt bei einem Umfang zwischen 68 und 70 cm 410 bis 450 g, ein **Wasserball** 400 bis 450 g bei einem Umfang von 68 bis 71 cm.

44 **Taekwondo** ist eine Form der waffenlosen Selbstverteidigung, die aus alten koreanischen Kampfsportarten hervorgegangen ist. Der Kampfsport **Karate** hat sich in Japan aus dem chinesischen Kung-Fu entwickelt. **Aikido** ist eine japanische Kampfsportart, die sich ausschließlich defensiver Techniken bedient. **Ju-Jutsu** fasst die besten Kampftechniken von Judo, Karate, Taekwondo und Aikido zusammen.

45 Black Jack ist die amerikanische Variante des deutschen **Siebzehnundvier.** **Sechsundsechzig** ist ein Kartenspiel für zwei bis vier Spieler; Sieger ist, wer zuerst 66 Punkte erreicht. **Mau-Mau** ist ein einfaches Kartenspiel, bei dem es darum geht, durch Ablegen die eigenen Karten loszuwerden. **Schwarzer Peter** ist ein beliebtes Kartenspiel für Kinder.

46 **Trabrennen** gehört nicht zur Vielseitigkeitsprüfung im Reitsport. Military setzt sich aus drei Disziplinen zusammen. Im Einzelnen sind das: **Dressurreiten,** ein aus vier Einzelprüfungen mit Hindernisrennen auf der Rennbahn und auf einer Querfeldeinstrecke bestehender **Geländeritt** und ein **Springreiten.**

47 Breite, nur für trockene Strecken geeignete Rennreifen ohne Profil werden im Automobilsport **Slicks** genannt. Ein **Strike** ist das Abräumen beim Bowling beim ersten Wurf oder aber ein Fehlschlag beim Baseball. **Skulls** sind die Doppelruder beim Rennrudern. Unter **Slice** versteht man einen bestimmten Schlag beim Tennis oder Golf.

48 Die bis 1970 dem Fußballweltmeister verliehene Trophäe war der **Coupe Jules Rimet,** benannt nach dem früheren FIFA-Präsidenten und Initiator der ersten Fußballweltmeisterschaft. 1970 wurde Brasilien zum dritten Mal Weltmeister und durfte den Pokal behalten. Der **Federation Cup** ist ein internationaler Wettbewerb im Damentennis, der **UEFA-Pokal** ein europäischer Vereinswettbewerb im Fußball. Der **Spengler-Pokal** wird im Eishockey vergeben.

49 **Wie heißt der mit Bambusschwertern ausgeübte japanische Fechtsport?**

- Kendo
- Sumo
- Kyudo
- Budo

50 **Welcher Verein der Fußballbundesliga stieg ab, nachdem er in der vorigen Saison noch Meister geworden war?**

- FC Schalke 04
- Eintracht Frankfurt
- 1. FC Nürnberg
- Hamburger SV

51 **Welches der Hindernisse beim Springreiten ist ein Weitsprunghindernis?**

- Mauer
- Rick
- Gartenzaun
- Oxer

52 **Bei welcher leichtathletischen Disziplin beträgt die Höhe der Hürden 84 cm?**

- 100-m-Hürdenlauf
- 110-m-Hürdenlauf
- 400-m-Hürdenlauf
- 3000-m-Hindernislauf

53 **Welches Boot beim Sportsegeln ist ein Einmannboot?**

- Finn-Dingi
- Soling
- Star
- Flying Dutchman

54 **Welcher Fußballverein war im ersten Jahr der Bundesliga, in der Saison 1963/64, nicht unter den damals 16 Vereinen?**

- Preußen Münster
- 1. FC Saarbrücken
- Meidericher SV
- VfL Bochum

49 Die zeremonielle japanische Kampfsportart, die mit Bambusschwertern ausgeübt wird, ist das **Kendo.**
Sumo ist der traditionelle japanische Ringkampf zwischen meist schwergewichtigen Athleten. **Kyudo,** das Bogenschießen, ist kein Sport im europäischen Sinn, sondern eine Kunst der Selbstversenkung. **Budo** ist die Sammelbezeichnung für die japanischen Kampfkünste.

50 Der **1. FC Nürnberg** war 1968 deutscher Fußballmeister und stieg in der folgenden Saison aus der Bundesliga ab.
Der **FC Schalke 04** und **Eintracht Frankfurt** waren letztmals 1958 bzw. 1959 deutscher Meister – die Bundesliga wurde aber erst 1963 gegründet. Der **Hamburger SV** spielt seit 1963 in der Bundesliga und ist noch nie abgestiegen.

51 Der **Oxer** ist ein Weitsprunghindernis mit zwei vertikalen Ebenen von Stangen; die Breite des Oxers hängt vom Wettkampfniveau ab und kann bis zu drei Meter betragen.
Die aus leichten Kästen aufgebaute **Mauer,** das **Rick** mit senkrecht übereinander liegenden Stangen und der **Gartenzaun** sind Hochsprunghindernisse.

52 Beim **110-m-Hürdenlauf** der Männer beträgt die Höhe der zehn zu überspringenden Hürden 84 cm. Die Höhe der gleichfalls zehn Hürden beim **100-m-Hürdenlauf** der Frauen und beim **400-m-Hürdenlauf** der Männer liegt bei 76,2 bzw. 91,4 cm. Beim **3000-m-Hindernislauf** sind insgesamt 28 feste Hürden zu überwinden, die 91,4 cm hoch sind.

53 Das **Finn-Dingi** ist ein 4,50 m langes Einmann-Schwertboot mit einem einzigen Großsegel.
Der **Soling,** ein 8,75 m langes Kielboot mit drei Besatzungsmitgliedern, hat drei Segel. Der **Star** ist ein Zweimann-Kielboot mit einer Länge von 6,89 m und zwei Segeln, der **Flying Dutchman** ein 6 m langes Zweimann-Schwertboot mit drei Segeln.

54 Der **VfL Bochum,** der immer mal wieder Gastspiele in der ersten Fußballbundesliga gibt, war in der Saison 1963/64 nicht unter den 16 Vereinen.
Preußen Münster und der **1. FC Saarbrücken** gehörten ebenso zu den Mannschaften der ersten Bundesligasaison wie der **Meidericher SV,** der später in MSV Duisburg umbenannt wurde.

55 **Wie heißt der chinesische Entspannungssport des Schattenboxens?**

- Kung-Fu
- Qigong
- Tai-Chi
- Fengshui

56 **Welcher Automobilrennfahrer wurde posthum zum Formel-1-Weltmeister gekürt?**

- Jochen Rindt
- Ronnie Peterson
- Ayrton Senna
- Roland Ratzenberger

57 **In welchem Jahr kam eine deutsche Mannschaft bei Olympischen Sommerspielen nicht unter die ersten drei Nationen im Medaillenspiegel?**

- 1928
- 1964
- 1972
- 1984

58 **Welche deutsche Vereinsmannschaft stand als Erste in einem Endspiel eines Europapokalwettbewerbs?**

- Bayern München
- Borussia Mönchengladbach
- Eintracht Frankfurt
- Borussia Dortmund

59 **Welcher Begriff bezeichnet einen Sprung beim Turm- oder Kunstspringen?**

- Rittberger
- Auerbach
- Salchow
- Flickflack

60 **In welcher Stadt fanden die Olympischen Spiele von 1906 statt?**

- Paris
- Athen
- Stockholm
- London

55
Das zur Entspannung und als Meditationsübung praktizierte chinesische Schattenboxen ist das **Tai-Chi.**
Kung-Fu ist der aus China stammende karateähnliche Selbstverteidigungssport. **Qigong** ist eine chinesische Meditationstechnik, die bewusstes Atmen und Bewegungsübungen beinhaltet. **Fengshui** ist die chinesische Kunst der harmonischen Lebens- und Wohnraumgestaltung.

56
Dem 1970 in Monza tödlich verunglückten Österreicher **Jochen Rindt** wurde der Weltmeistertitel posthum zugesprochen.
Ebenfalls bei einem Unfall in Monza starb 1978 der Schwede **Ronnie Peterson.** Der Brasilianer **Ayrton Senna** kam 1994 beim Rennen in Imola ums Leben, nachdem am Tag zuvor der Österreicher **Roland Ratzenberger** beim Qualifying tödlich verunglückt war.

57
Die damals gesamtdeutsche Olympiamannschaft landete **1964** in Tokio auf Platz 4 der Nationenwertung.
1928 in Amsterdam kam Deutschland hinter den USA auf den zweiten Platz. Bei den Spielen in München **1972** wurde die DDR vor der gastgebenden Bundesrepublik Dritter. **1984** in Los Angeles erreichte die Bundesrepublik Deutschland dank des Boykotts von 15 Ostblockstaaten Platz 3.

58
Eintracht Frankfurt stand 1960 als erste deutsche Vereinsmannschaft im Endspiel um den Europapokal der Landesmeister, verlor gegen Real Madrid jedoch mit 3:7. Diesen Pokal gewann **Bayern München** 1974 zum ersten Mal. **Borussia Mönchengladbach** war 1975 der erste deutsche UEFA-Pokalsieger, **Borussia Dortmund** gewann 1966 den Europapokal der Pokalsieger.

59
Der **Auerbach** ist ein Sprung beim Wasserspringen, wobei der Absprung vorwärts und die anschließenden Drehungen rückwärts ausgeführt werden.
Rittberger und **Salchow** sind Sprünge beim Eiskunstlauf, ein **Flickflack** ist beim Turnen ein Handstützüberschlag rückwärts aus dem Stand heraus.

60
Die offiziell nicht mitgezählten Olympischen Zwischenspiele von 1906 fanden in **Athen** statt. Sie wurden zum zehnjährigen Jubiläum der ersten Olympischen Spiele der Neuzeit ausgetragen.
In **Paris** wurden 1900 die II., in **Stockholm** 1912 die V. Olympischen Spiele veranstaltet. **London** war 1908 und 1948 Austragungsort der IV. bzw. der XIV. Spiele.

MEDIEN UND FILM

Medien ganz allgemein sind Vermittlungssysteme für Informationen aller Art. Ihre Funktion ist der Transport von Inhalten. Presse, Funk und Fernsehen sowie das Internet sind die wichtigsten Massenmedien. Die Geschichte des Films begann in den 90er-Jahren des 19. Jahrhunderts; die ersten öffentlichen Vorführungen fanden 1895 in Berlin und Paris sowie 1896 in New York statt.

1 **In welcher Fernsehserie spielte Pierce Brosnan, bevor er zum James-Bond-Darsteller avancierte, die Hauptrolle?**

- Simon Templar
- Remington Steele
- T. J. Hooker
- Nash Bridges

2 **Superman kam als Baby auf die Erde und wurde von dem Farmerehepaar Kent adoptiert. Von welchem Heimatplaneten stammt Superman ursprünglich?**

- Argon
- Krypton
- Xenon
- Radon

3 **Welcher Schauspieler spielte die Rolle des Bobby Ewing in der Fernsehserie Dallas?**

- Larry Hagman
- John Forsythe
- Patrick Duffy
- Ed O'Neill

4 **In welchem Film spielte der zum Jugendidol gewordene James Dean nicht mit?**

- East of Eden
- Rebel without a Cause
- Giant
- On the Waterfront

5 **Wie nennt man einen Zusammenschnitt von Szenen eines Films zu Werbezwecken?**

- Trailer
- Preview
- Pilotfilm
- B-Movie

6 **Welcher Preis wird bei den Filmfestspielen von Locarno vergeben?**

- Goldene Muschel
- Goldene Palme
- Goldene Himbeere
- Goldener Leopard

1 Pierce Brosnan spielte die Hauptrolle in der in den 1980er-Jahren gedrehten amerikanischen Krimiserie **Remington Steele.**
Er wurde 1995 Nachfolger von James-Bond-Darsteller Roger Moore, der in den 1969er-Jahren den **Simon Templar** in der gleichnamigen Krimiserie spielte. Den Sgt. **T. J. Hooker** gab William Shatner, besser bekannt als Captain Kirk von Raumschiff Enterprise. Die Titelrolle in **Nash Bridges** spielt Don Johnson.

2 Supermans Heimat war der untergegangene Planet **Krypton.** Als sich auf ihm eine alles zerstörende Katastrophe ankündigte, wurde er von seinen Eltern mit einer Rakete zur Erde geschickt, wo er fortan seine Kräfte im Kampf gegen das Unrecht und zum Wohle der Menschen einsetzte.
Wie Krypton sind auch **Argon, Xenon** und **Radon** Namen chemischer Elemente aus der Gruppe der Edelgase.

3 Die Rolle des Bobby Ewing wurde von **Patrick Duffy** gespielt.
Die Hauptrolle der Serie, den Fiesling J. R. Ewing, spielte **Larry Hagman. John Forsythe** war Blake Carrington in der ähnlich gestrickten Seifenoper „Denver Clan“. **Ed O'Neill** übernahm die Rolle des Al Bundy in „Eine schrecklich nette Familie“.

4 Die Hauptrolle in **On the Waterfront** („Die Faust im Nacken“, 1954) spielte Marlon Brando.
Der 1955 bei einem Autounfall ums Leben gekommene James Dean drehte insgesamt drei Filme, die alle 1955 in die Kinos kamen: **East of Eden** („Jenseits von Eden“), **Rebel without a Cause** („... denn sie wissen nicht, was sie tun“) und **Giant** („Giganten“).

5 Einen kurzen Zusammenschnitt von Szenen eines Films zu Werbezwecken wird **Trailer** genannt.
Ein **Preview** ist die Vorführung eines Films vor der eigentlichen Premiere, beispielsweise vor Journalisten. Ein **Pilotfilm** ist ein einführenden Film für eine Fernsehserie, meist von Spielfilmlänge. Unter einem **B-Movie** versteht man einen schnell und billig abgedrehten Film oft minderer Qualität.

6 Auf dem Internationalen Filmfestival von Locarno wird der **Goldene Leopard** an den besten Film vergeben.
Die höchste Auszeichnung beim Filmfestival in San Sebastián ist die **Goldene Muschel**, bei den Internationalen Filmfestspielen in Cannes ist es die **Goldene Palme. Die Goldene Himbeere** wird alljährlich vor der Oscar-Verleihung an den schlechtesten Film bzw. die schlechtesten Schauspieler verliehen.

7 **Welche Abkürzung steht für eine österreichische Nachrichtenagentur?**

- AP
- ANSA
- APA
- AFP

8 **In welcher Literaturverfilmung spielte Peter Ustinov eine Hauptrolle?**

- Doktor Schiwago
- Vom Winde verweht
- Quo Vadis
- Moby Dick

9 **Mit welcher Schauspielerin war Humphrey Bogart verheiratet?**

- Lauren Bacall
- Ingrid Bergman
- Katherine Hepburn
- Elizabeth Taylor

10 **Unter welchem Pseudonym ist Dr. Carlo Pedersoli als Schauspieler bekannt?**

- Terence Hill
- Lino Ventura
- Yves Montand
- Bud Spencer

11 **Welches Lied wurde durch den Film „Die Reifeprüfung" zum Welthit?**

- Mrs. Robinson
- The Windmills of Your Mind
- Moon River
- Raindrops Keep Fallin' on my Head

12 **Der Regisseur Alfred Hitchcock drehte mit James Stewart vier Filme. In welchem der genannten Filme spielte Stewart nicht mit?**

- Vertigo
- Cocktail für eine Leiche
- Das Fenster zum Hof
- Psycho

7 Die Abkürzung **APA** steht für die Nachrichtenagentur Austrias Presse Agentur mit Sitz in Wien.
Die **AP** - Associated Press - aus New York ist die wohl bekannteste Presseagentur. Die italienische Agenza Nazionale Stampa Associata wird **ANSA** abgekürzt, **AFP** ist die französische Nachrichtenagentur Agence France Presse in Paris.

8 In der Verfilmung von Henryk Sienkiewicz' Roman **Quo Vadis** brillierte Peter Ustinov in der Rolle des wahnsinnigen römischen Kaisers Nero.
Die männliche Hauptrolle in **Doktor Schiwago** spielte Omar Sharif, männlicher Hauptdarsteller in **Vom Winde verweht** war Clark Gable. Der Kapitän Ahab in dem Film nach Herman Melvilles **Moby Dick** wurde von Gregory Peck gespielt.

9 Humphrey Bogart war seit 1945 mit der Schauspielerin **Lauren Bacall** verheiratet, mit der er auch in den Filmen „Haben und Nichthaben" (1945) und „Tote schlafen fest" (1946) zu sehen war.
Mit **Ingrid Bergman** drehte Bogart „Casablanca" (1943), in „African Queen" (1951) war **Katherine Hepburn** seine Partnerin. **Elizabeth Taylor** war zwar mehrfach verheiratet, darunter zweimal mit Richard Burton, nie jedoch mit Humphrey Bogart.

10 Unter dem Pseudonym **Bud Spencer** prügelte sich Dr. Carlo Pedersoli durch zahlreiche Actionfilme.
Sein Partner war häufig **Terence Hill**, der als Mario Girotti geboren wurde. Wie Spencer und Hill italienischer Herkunft sind auch Angelo Borrini alias **Lino Ventura** und Ivo Livi, der als **Yves Montand** Filmkarriere machte.

11 Simon & Garfunkel schrieben das Lied **Mrs. Robinson** für „Die Reifeprüfung" (1967), in dem Dustin Hofman seine erste große Hauptrolle spielte.
The Windmills of Your Mind stammt aus „Thomas Crown ist nicht zu fassen" (1967), **Moon River** aus „Frühstück bei Tiffany" (1960). **Raindrops Keep Fallin' on my Head** war die Titelmelodie von „Butch Cassidy and the Sundance Kid" (1968), der in Deutschland unter dem Namen „Zwei Banditen" lief.

12 In Alfred Hitchcocks **Psycho** (1960) spielte James Stewart nicht mit; die Hauptrolle dieses Films war mit Anthony Perkins meisterhaft besetzt. In **Vertigo** (1959), **Cocktail für eine Leiche** (1948) und **Das Fenster zum Hof** (1954) war James Stewart jeweils männlicher Hauptdarsteller. Sein vierter Film, den er mit Hitchcock drehte, war „Der Mann, der zuviel wußte" (1955).

13 **Welcher der deutschen Verlage verlegt wissenschaftliche Fachbücher?**

- Brockhaus
- Springer
- Diogenes
- Grafit

14 **Welcher amerikanische Schauspieler schrieb die Drehbücher zu den Rocky-Filmen?**

- Paul Newman
- Robert De Niro
- Sylvester Stallone
- Tim Curry

15 **Von wem stammt die literarische Vorlage für den Zeichentrickfilm „Das Dschungelbuch"?**

- Carlo Collodi
- Rudyard Kipling
- Felix Salten
- James M. Barrie

16 **In welchem Film mit Woody Allen führte der Meister nicht selbst Regie?**

- Bananas
- Der Stadtneurotiker
- Zelig
- Machs noch einmal, Sam

17 **Welcher Klassiker des deutschen Stummfilms wurde von dem Regisseur Friedrich Wilhelm Murnau gedreht?**

- Nosferatu
- Das Cabinet des Dr. Caligari
- Dr. Mabuse, der Spieler
- Metropolis

18 **Welches Pseudonym legte sich der Filmschauspieler Issur Danielovitsch Demskij zu?**

- Herbert Lom
- Walter Matthau
- Kirk Douglas
- Peter Lorre

13 Der Heidelberger **Springer**-Verlag – nicht zu verwechseln mit dem Axel-Springer-Verlag – ist der größte deutsche Verlag für wissenschaftliche Fachbücher.
Der **Brockhaus**-Verlag (Mannheim, Leipzig) gibt vorwiegend Nachschlagewerke wie Lexika o. Ä. heraus. Im Züricher **Diogenes**-Verlag erscheinen belletristische Werke, der Dortmunder **Grafit**-Verlag ist auf Kriminalromane spezialisiert.

14 Für alle vier in den 1970er- und 1980er-Jahren gedrehten Filme der Rocky-Serie schrieb Hauptdarsteller **Sylvester Stallone** auch die Drehbücher.
Paul Newman und **Robert De Niro** spielten ebenfalls Hauptrollen in Boxerfilmen, Newman in „Eine Handvoll Dreck“ (1956) und De Niro in „Wie ein wilder Stier“ (1979). **Tim Curry** war der Hauptdarsteller der „Rocky Horror Picture Show“ (1974).

15 Die Dschungelbücher des englischen Schriftstellers **Rudyard Kipling,** Ende des 19. Jahrhunderts entstandene Tiergeschichten, waren die Vorlagen des Walt-Disney-Films.
Von **Carlo Collodi** stammt die literarische Vorlage für die Disney-Produktion „Pinocchio“, **Felix Salten** war der geistige Vater von „Bambi“. Der Disney-Film „Peter Pan“ geht auf ein Märchen des Dichters **James M. Barrie** zurück.

16 Für den Film **Machs noch einmal, Sam** (1971) schrieb Hauptdarsteller Woody Allen das Drehbuch; inszeniert wurde er jedoch von Herbert Ross.
In den Filmen **Bananas** (1971, mit Louise Lasser), **Der Stadtneurotiker** (1977, mit Diane Keaton) und **Zelig** (1982, mit Mia Ferrow) spielte Woody Allen die männliche Hauptrolle und führte auch selbst Regie.

17 Der Regisseur Friedrich Wilhelm Murnau drehte 1922 den Klassiker des deutschen Stummfilms **Nosferatu** – eine Symphonie des Grauens, so der vollständige Titel.
Das **Cabinet des Dr. Caligari** wurde 1920 von Robert Wiene in Szene gesetzt. **Metropolis** (1927) und **Dr. Mabuse, der Spieler** (1922) sind zwei Stummfilmklassiker des Regisseurs Fritz Lang.

18 Der Schauspieler Issur Danielovitsch Demskij nahm aus einsichtigen Gründen einen Künstlernamen an und nannte sich fortan **Kirk Douglas.**
Ob **Herbert Lom** unter seinem wirklichen Namen Herbert Kuchazwitsch Schluderpacheru Filmkarriere gemacht hätte, erscheint fraglich. Gleiches gilt für **Walter Matthau** und **Peter Lorre,** die eigentlich Walter Matuschanskajaski und Laszlo Löwenstein hießen.

19 **Welcher Schauspieler war nicht mindestens einmal Hauptdarsteller in einem James-Bond-Film?**

- George Lazenby
- Leslie Nielsen
- Timothy Dalton
- David Niven

20 **Von wem stammt die literarische Vorlage für die Hörspielsendung „Krieg der Welten“, die 1938 in den USA eine Massenpanik auslöste?**

- H. G. Wells
- Orson Welles
- George Orwell
- Jules Verne

21 **Welcher der folgenden Filme wurde nicht von Steven Spielberg gedreht?**

- Der weiße Hai
- Jurassic Park
- Shining
- Schindlers Liste

22 **Wer spielte den Rechtsanwalt Dr. Rainer Franck in der Krimiserie „Ein Fall für Zwei“?**

- Günter Strack
- Mathias Herrmann
- Rainer Hunold
- Claus Theo Gärtner

23 **Wer übernahm die Hauptrolle in Friedrich Wilhelm Murnaus „Nosferatu – Eine Symphonie des Grauens“?**

- Klaus Kinski
- Boris Karloff
- Christopher Lee
- Max Schreck

24 **Unter welchem Künstlernamen wurde Marion Morrison berühmt?**

- John Wayne
- Marylin Monroe
- Doris Day
- Tony Curtis

19 **Leslie Nielsen** war noch nie Hauptdarsteller in einem James-Bond-Film, spielte aber die Titelrolle in „Agent 00 – Mit der Lizenz zum Totlachen“.
Die James-Bond-Darsteller in den Produktionen von H. Saltzman und A. R. Broccoli waren bisher Sean Connery, **George Lazenby**, Roger Moore, **Timothy Dalton** und Pierce Brosnan. **David Niven** spielte die Hauptrolle in der James-Bond-Persiflage „Casino Royale“.

20 Die Science-Fiction-Erzählung „Krieg der Welten“ stammt von **H. G. Wells.** Sie war die Vorlage für eine Hörspielsendung, in der **Orson Welles** im Stil einer Livereportage über die angeblich soeben stattfindende Invasion von Marsbewohnern berichtete.
George Orwell schrieb u. a. die Antiutopien „Farm der Tiere“ und „1984“; **Jules Verne** gilt als Vater der Science-Fiction-Literatur.

21 **Shining** mit Jack Nicholson und Shelley Duvall wurde 1980 von Stanley Kubrick nach einem Roman von Stephen King gedreht. **Der weiße Hai** und **Jurassic Park** sind Filme von Steven Spielberg, der daneben noch weitere Kassenschlager wie „E.T. – Der Außerirdische“ und die Indiana-Jones-Trilogie gedreht hat. Weltweite Anerkennung erlangte er mit **Schindlers Liste**, für den er 1993 den Oscar für die beste Regie erhielt.

22 Der Anwalt Dr. Rainer Franck in der ZDF-Serie „Ein Fall für Zwei“ wurde von **Rainer Hunold** gespielt.
Er löste 1988 **Günter Strack** als Anwalt Dr. Dieter Renz ab. 1997 stieg **Mathias Herrmann** als Dr. Johannes Voss in Serie ein, in der **Claus Theo Gärtner** seit ihrem Start im Jahr 1981 den Privatdeketiv Josef Matula spielt.

23 Die Rolle des Grafen Orlock in Murnaus „Nosferatu – Eine Symphonie des Grauens“ spielte **Max Schreck.**
Bei dem 1978 von Werner Herzog unter dem Titel „Nosferatu – Phantom der Nacht“ gedrehten Remake spielte **Klaus Kinski** die Hauptrolle. Die bekannteste Rolle von **Boris Karloff** dürfte die des Monsters in „Frankenstein“ sein. Auch **Christopher Lee** wurde international bekannt durch Rollen in Horrorfilmen wie „Dracula“ und „Fu Manchu“.

24 Marion Morrison machte als Schauspieler unter dem Künstlernamen **John Wayne** als raubeiniger Abenteurer, Großwildjäger und vor allem Westernheld Filmkarriere.
Marylin Monroe hieß mit bürgerlichem Namen Norma Jean Baker, geborene Mortenson. Doris Kappelhoff nannte sich als Schauspielerin **Doris Day**, und **Tony Curtis** heißt eigentlich Bernard Schwartz.

25 **Wer gehört nicht zu den vier imaginären Partygästen in dem Freddy-Frinton-Sketch „Dinner for one“?**

- Mr. Pommeroy
- Sir Toby
- Mr. Hyde
- Admiral von Schneider

26 **Wer war nicht Mitglied der legendären amerikanischen Komikergruppe der „Marx Brothers“?**

- Leonard Marx
- Joseph Marx
- Julius Marx
- Adolph Arthur Marx

27 **Die Topleveldomain „.at“ – der Ländercode als Teil des Domainnamens im Internet – steht für ...**

- Australien
- Ägypten
- Österreich
- Antarktis

28 **„Sag niemals nie“, der letzte Film mit Sean Connery in der Rolle des James Bond, war ein Remake von ...**

- Feuerball
- Goldfinger
- Leben und Sterben lassen
- Goldeneye

29 **Wie heißt der Hund des Comic-Cowboys Lucky Luke?**

- Rantanplan
- Milou
- Rin Tin Tin
- Jolly Jumper

30 **Der 1933 gedrehte Film „King Kong und die weiße Frau“ zählt zu den Klassikern der Filmgeschichte. Wer erfand die Figur des verliebten Riesengorillas?**

- Robert Louis Stevenson
- Edgar R. Burroughs
- Shigeru Kayama
- Edgar Wallace

25 **Mr. Hyde** zählt nicht zu den vier unsichtbaren, weil bereits dahingeschiedenen Gästen in „Dinner for one oder Der 90. Geburtstag" mit May Warden als Miss Sophie und Freddy Frinton als Butler James.
Neben **Mr. Pommeroy, Sir Toby** und - skål! - **Admiral von Schneider** ist Mr. Winterbottom der vierte imaginäre Gast.

26 Der österreichische Komponist **Joseph Marx** war kein Mitglied der „Marx Brothers".
Leonard Marx, der sich Chico nannte, der als Groucho bekannte **Julius Marx** und Harpo alias **Adolph Arthur Marx** waren der feste Kern der sich durch surreale, groteske Slapstick-Komik auszeichnenden Gruppe, zu dem sich zeitweilig die beiden Brüder Zeppo (Herbert Marx) und Gummo (Milton Marx) gesellten.

27 Der Ländercode „.at" in E-Mail- oder Internetadressen steht für **Österreich.** Er leitet sich von Austria, dem lateinischen Namen Österreichs, ab.
Der Ländercode von **Australien** ist „.au", jener von **Ägypten** „.eg". Auch wenn deren Zahl verschwindend gering ist, erreicht man mit der Topleveldomain „.aq" Internet-User in der **Antarktis.**

28 Der 1983 gedrehte James-Bond-Film „Sag niemals nie" war ein Remake von **Feuerball** aus dem Jahr 1965.
Goldfinger mit Gert Fröbe als Titelheld stammt aus dem Jahr 1964. **Leben und Sterben lassen** (1983) war der erste James-Bond-Film mit Roger Moore in der Titelrolle. In **Goldeneye** gab Pierce Brosnan 1995 sein Debüt als James-Bond-Darsteller.

29 Der etwas trottelige Hund undefinierbarer Rasse des Comic-Cowboys Lucky Luke hört auf den Namen **Rantanplan.**
Milou ist im französischen Original der Name des Terriers Struppi aus der Comicreihe „Tim und Struppi". Der Deutsche Schäferhund **Rin Tin Tin** war der Titelheld einer Fernsehserie, die in den 1960er-Jahren auch in Deutschland lief. **Jolly Jumper** ist der Name von Lucky Lukes Pferd.

30 Das Drehbuch zu „King Kong" geht auf eine Erzählung des durch seine Kriminalromane („Der Hexer") bekannten Schriftstellers **Edgar Wallace** zurück.
Dem Film „Dr. Jekyll und Mr. Hyde" liegt ein Roman von **Robert Louis Stevenson** zugrunde. **Edgar R. Burroughs** war der Schöpfer des Dschungelhelden Tarzan, **Shigeru Kayama** der geistige Vater des Filmmonsters Godzilla.

31 **Hinter welchem Kürzel verbirgt sich kein Nachrichtensender?**

- CNN
- NBC
- n-tv
- N24

32 **Wie heißt der 1955 von Kurt Hoffmann verfilmte Roman von Erich Kästner?**

- Drei Männer im Schnee
- Drei Mann auf einem Pferd
- Drei Mann in einem Boot
- Drei Männer und ein Baby

33 **Welcher Schauspieler wurde bei der ersten Oscar-Verleihung 1929 als bester Hauptdarsteller ausgezeichnet?**

- Charles Laughton
- Clark Gable
- Emil Jannings
- Spencer Tracy

34 **Mit welchem Schriftsteller war Marylin Monroe vier Jahre verheiratet?**

- Glenn Miller
- Henry Miller
- Merton Miller
- Arthur Miller

35 **Wer sang den Titelsong in dem James-Bond-Film „Leben und Sterben lassen"?**

- Nancy Sinatra
- Paul McCartney
- Gladys Knight
- Shirley Bassey

36 **Wer schrieb die Musik für den im Nachkriegs-Wien spielenden Film „Der dritte Mann"?**

- Carol Reed
- Anton Karas
- Graham Greene
- Orson Welles

31 **NBC** ist die Abkürzung für National Broadcasting Company, eine amerikanische Rundfunkgesellschaft, die Hörfunk- und Fernsehprogramme produziert, sendet und vermarktet.
Spezielle Nachrichtensender sind dagegen der amerikanische Sender **CNN** - Cable News Network - und sein deutscher Ableger **n-tv** sowie der Kanal **N24** der deutschen ProSieben-Sat.1 Media AG.

32 Der von Kurt Hoffmann verfilmte Roman von Erich Kästner mit Paul Dahlke in der Hauptrolle heißt **Drei Männer im Schnee.**
Drei Mann auf einem Pferd (1957) ist eine Gaunerklamotte mit Walter Giller, der neben Hans-Joachim Kuhlenkampff und Heinz Erhardt auch in dem Lustspiel **Drei Mann in einem Boot** (1961) mitspielt. Die Komödie **Drei Männer und ein Baby** wurde 1985 in Frankreich gedreht.

33 Der gebürtige Schweizer **Emil Jannings** bekam 1929 für seine Filme „Sein letzter Befehl“ und „Der Weg allen Fleisches“ den Oscar für den besten Hauptdarsteller.
Charles Laughton und **Clark Gable** erhielten den Preis 1933 für „Das Privatleben Heinrichs VIII.“ und „Es geschah in einer Nacht“. **Spencer Tracy** wurde 1937 und 1938 gleich zweimal hintereinander als bester Hauptdarsteller ausgezeichnet.

34 Marylin Monroe war von 1956 bis 1960 mit dem Dramatiker **Arthur Miller,** einem der führenden zeitgenössischen Bühnenautoren, verheiratet.
Glenn Miller war ein bedeutender Jazzposaunist und Bandleader aus der Ära des Swing. Der Schriftsteller **Henry Miller** war wegen seiner realistischen Sexualitätsschilderungen heftig umstritten. Der Wirtschaftswissenschaftler **Merton Miller** erhielt 1990 den Nobelpreis.

35 Interpret des Titelsongs „Live and Let Die“ in dem James-Bond-Film „Leben und Sterben lassen“ war **Paul McCartney.**
Nancy Sinatra sang den Titelsong aus „Du lebst nur zweimal“, **Gladys Knight** jenen aus „Lizenz zum Töten“. **Shirley Bassey** war mit Titelliedern mehrerer James-Bond-Filme zu hören, darunter die aus „Diamantenfieber“ und „Moonraker - Streng geheim“.

36 Die Filmmusik mit dem weltberühmten Zither-Thema für „Der dritte Mann“ wurde von **Anton Karas** geschrieben.
Carol Reed war der Regisseur des Films, der Schriftsteller **Graham Greene** schrieb das Drehbuch, aus dem sein gleichnamiger Roman hervorging. **Orson Welles** spielte eine der Hauptrollen des Films.

37 **Welche der folgenden Bezeichnungen ist kein Name eines Haustiers aus der Kultserie „Die Addams Familie"?**

- Homer
- Kit Kat
- Spot
- Aristotle

38 **Welcher deutsche Hollywoodstar begann seine Karriere mit einem Film aus der Reihe „Tatort"?**

- Wolfgang Petersen
- Jürgen Prochnow
- Roland Emmerich
- Ralf Möller

39 **Wer ist der große Widersacher von Donald Duck um die Gunst von Daisy Duck?**

- Primus von Quack
- Daniel Düsentrieb
- Franz Gans
- Gustav Gans

40 **Welcher der genannten Filme ist nicht von und mit Luis Trenker?**

- Berge in Flammen
- Der Berg der Versuchung
- Der Berg ruft
- Der Kaiser von Kalifornien

41 **Welcher der genannten Begriffe fällt unter den Oberbegriff „audiovisuelle Medien"?**

- Tageszeitung
- Schallplatte
- Fernsehen
- Hörfunk

42 **Wer war der Partner von Oliver Hardy bei dem in Deutschland als „Dick und Doof" bekannten Filmkomikerpaar?**

- Stan Laurel
- Buster Keaton
- Harold Lloyd
- Charlie Chaplin

37 **Spot,** ein zahmer Tyrannosaurus Rex, der in einem Verlies unter der Treppe des Wohnzimmers lebt, ist das Haustier der „Munsters", einer nach dem gleichen Muster wie die „Addams Familie" gestrickte Familien-Sitcom.
Homer, eine Schwarze Witwe, ist eines der Haustiere der „Addams Familie", die sich außerdem noch einen Löwen namens **Kit Kat** und den Octopus **Aristotle** hält.

38 Mit der Tatort-Folge „Reifezeugnis" begann 1977 die Karriere des Regisseurs **Wolfgang Petersen.** Zu seinen größten Erfolgen zählt u. a. „Das Boot", mit dem auch **Jürgen Prochnow** weltbekannt wurde. Mit „Independence Day" drehte **Roland Emmerich** einen der erfolgreichsten Filme der 1990er-Jahre. **Ralf Möller** schaffte in dem Oscar-prämierten Film „Gladiator" den internationalen Durchbruch.

39 Widersacher des ewigen Verlierers Donald Duck um die Gunst von Daisy Duck ist der Glückspilz **Gustav Gans,** der bei Daisy aber genauso wenig landen kann wie Donald.
Der zerstreute Wissenschaftler **Primus von Quack** ist die Intelligenzbestie unter den Bewohnern Entenhausens, **Daniel Düsentrieb** ein genialer, manchmal glückloser Erfinder. Der faule und gefräßige Knecht von Oma Duck heißt **Franz Gans.**

40 **Der Berg der Versuchung** ist ein Hollywoodstreifen von 1956 mit Spencer Tracy und Robert Wagner in den Hauptrollen.
Berge in Flammen ist ein Kriegsdrama aus dem Ersten Weltkrieg und spielt in Luis Trenkers Südtiroler Heimat. **Der Berg ruft** schildert den Wettstreit um die Erstbesteigung des Matterhorns. Den pathetischen Western **Der Kaiser von Kalifornien** drehte Trenker 1936 in den USA.

41 Das **Fernsehen** ist ein audiovisuelles Medium, da es sowohl hörbar als auch sichtbar Informationen vermittelt.
Die **Tageszeitung** ist ein gedruckter Nachrichten- bzw. Informationsträger; sie zählt zu den Printmedien. **Schallplatte** und **Hörfunk** vermitteln lediglich akustisch Informationen; es sind auditive Medien.

42 **Stan Laurel,** eigentlich Arthur Stanley Jefferson, war der prägende Partner des Komikerpaars „Laurel and Hardy", das ab 1927 als „Stan und Ollie" zahlreiche Slapstick-Komödien drehte.
Buster Keaton, „der Mann, der niemals lachte", war Darsteller und Regisseur amerikanischer Stummfilmkomödien. **Harold Lloyd** war ein amerikanischer Stummfilmkomiker, **Charlie Chaplin** begann seine Filmkarriere ebenfalls mit Slapstick-Komödien.

43 **Bei welcher TV-Krimiserie stand der Schauspieler Fritz Wepper nicht auf der Besetzungsliste?**

- Der Kommissar
- SOKO 5113
- Derrick
- Zwei Brüder

44 **Welches der folgenden Tiere tritt in Walt Disneys „Dschungelbuch“ nicht auf?**

- Shir Khan
- Kaa
- Baghira
- Cheetah

45 **In welchem Land werden weltweit die meisten Tageszeitungen pro Kopf der Bevölkerung verkauft und möglicherweise auch gelesen?**

- Japan
- Norwegen
- Finnland
- Großbritannien

46 **Welcher Film zählt nicht zu den Filmklassikern von Starregisseur Stanley Kubrick?**

- Clockwork Orange
- 2001: Odyssee im Weltraum
- Blow up
- Eyes Wide Shut

47 **In welchem Film spielte der Regisseur Rainer Werner Fassbinder die Rolle eines Polizisten?**

- Kamikaze 1989
- Angst essen Seele auf
- Katzelmacher
- Ein Mann wie Eva

48 **Welcher der genannten Filme ist nicht der „Schwarzen Serie“ zuzuordnen?**

- Der Malteserfalke
- Du lebst noch 105 Minuten
- Ladykillers
- Boulevard der Dämmerung

43 Bei der seit 1978 laufenden Krimiserie **SOKO 5113** stand Fritz Wepper (zumindest bisher) nicht auf der Besetzungsliste.
In der Serie **Der Kommissar** spielte Wepper den Assistenten Harry Klein. 1974 wechselte er dann - unter gleichem Namen und in gleicher Funktion - zu Oberinspektor **Derrick** über. In der Serie **Zwei Brüder** spielt Fritz Wepper an der Seite seines Bruders Elmar einen ehrgeizigen Oberstaatsanwalt.

44 **Cheetah** ist keine Figur aus dem „Dschungelbuch", sondern so heißt der Schimpanse in den Tarzanfilmen, der in den Romanen des Tarzanerfinders Edgar Rice Burroughs jedoch nicht vorkommt.
Shir Khan, der Tiger, ist im „Dschungelbuch" der größte Widersacher des Menschenkindes Mowgli. Der Panther **Baghira** und - und mit einigen Vorbehalten - die Schlange **Kaa** sind dagegen Freunde oder Verbündete Mowglis.

45 Spitzenreiter der Länder mit den eifrigsten Zeitungslesern ist **Norwegen.** Dort werden täglich rund 600 Exemplare pro 1000 Einwohner verkauft.
Auf Platz 2 kommt **Japan** mit etwa 580, auf Platz 4 **Finnland** mit 470 Zeitungen pro 1000 Einwohner. **Großbritannien** landet auf dem neunten Rang; dort kaufen nur etwa 340 von 1000 Einwohnern eine Tageszeitung.

46 **Blow up** mit David Hemmings in der Rolle eines Londoner Starfotografen wurde 1966 von Michelangelo Antonioni gedreht.
Wegen seiner expliziten Gewaltdarstellung ist **Clockwork Orange** Kubricks umstrittenster Film. Sein **2001: Odyssee im Weltraum** wurde mit seinen optischen Effekten und seiner Tricktechnik für Jahrzehnte zum Maßstab für Science-Fiction-Filme. **Eyes Wide Shut** war Kubricks letzter Film, der erst posthum in die Kinos kam.

47 In **Kamikaze 1989,** Wolf Gremms Verfilmung des Romans „Mord im 31. Stock" von Per Wahlöö, spielt Rainer Werner Fassbinder die Rolle des Polizisten Jansen.
Bei **Angst essen Seele auf** führte Fassbinder Regie, in **Katzelmacher** war er auch Darsteller. **Ein Mann wie Eva** von Radu Gabrea ist ein Film über den Regisseur mit Eva Mattes als Fassbinder.

48 **Ladykillers** ist eine makabre Kriminalkomödie mit Alec Guiness, 1955 von Alexander Mackendrick gedreht.
Der Malteserfalke von John Huston markiert 1941 den Beginn der „Schwarzen Serie", meist düster inszenierte Kriminalfilme ohne Happyend. Zu diesem Genre zählen auch der Film von Anatole Litvak **Du lebst noch 105 Minuten** (1948) und Billy Wilders **Boulevard der Dämmerung** aus dem Jahr 1950.

49 **Welcher der Fernsehkanäle gehört nicht zu einem Privatsender?**

- SAT.1
- PRO7
- VOX
- 3sat

50 **Welches der folgenden Comic-Tiere ist keine Katze?**

- Sylvester
- Jerry
- Azrael
- Garfield

51 **Welches war keiner der publikumsträchtigen mehrteiligen Fernsehkrimis von Francis Durbridge?**

- Melissa
- Das Halstuch
- Der Schlüssel
- Der Hexer

52 **Welcher Schauspieler war keiner der „Glorreichen Sieben" in dem gleichnamigen Western von John Sturges?**

- Hardy Krüger
- Yul Brynner
- Charles Bronson
- Horst Buchholz

53 **Welches Requisit zählt nicht zu den Markenzeichen des Fernsehpolizisten Lieutenant Columbo?**

- Zigarre
- Peugeot-Cabriolet
- Trenchcoat
- Lollipop

54 **Von welchem Regisseur stammt eine amüsante Persiflage auf die Vampir- und Draculafilme?**

- Tod Browning
- Roman Polanski
- Terence Fisher
- Francis Ford Coppola

49 Der Kulturkanal **3sat** gehört wie ARD, ZDF oder das deutsch-französische Gemeinschaftsprogramm ARTE zu den öffentlich-rechtlichen Sendeanstalten, die einem gesetzlich festgeschriebenen Programmauftrag unterliegen.
SAT.1 und **PRO7** der ProSiebenSat.1 Media AG sowie **VOX** sind Programme von Privatsendern, die sich über Werbeeinnahmen finanzieren.

50 **Jerry** ist eine Maus, die mit dem Kater Tom in Dauerfehde lebt, wobei der Kater am Ende immer den Kürzeren zieht.
Ein ähnlicher Verliertyp wie Tom ist der triefnasige Kater **Sylvester**, dem der Kanarienvogel Tweety zusetzt. **Azrael** ist der Kater des Zauberers Gargamel; beide machen regelmäßig Jagd auf die Schlümpfe. **Garfield** ist der von Jim Davis kreierte übergewichtige Kater mit einer Vorliebe für Lasagne.

51 **Der Hexer** war kein Durbridge-Krimi, sondern eine Verfilmung des gleichnamigen Edgar-Wallace-Romans. Er gilt als einer der besten Filme aus der Flut der Wallace-Verfilmungen der 1960er-Jahre.
Melissa, Das Halstuch und **Der Schlüssel** sind drei der etwa ein Dutzend mehrteiligen Krimis von Francis Durbridge, die in den 1960er-Jahren Sehbeteilungen von teilweise mehr als 90 % erreichten.

52 **Hardy Krüger** spielte in dem Western von 1966 nicht mit. Krüger wurde mit Filmen wie „Einer kam durch" oder „Hatari", an der Seite von John Wayne, zum internationalen Filmstar.
Dagegen gehörten **Yul Brynner, Charles Bronson** und **Horst Buchholz** neben Steve McQueen und Eli Wallach zu den „Glorreichen Sieben", die ein mexikanisches Dorf von der Willkür einer Räuberbande befreien.

53 Der **Lollipop** wurde zum Markenzeichen von Lieutenant Kojak in „Einsatz in Manhattan", nachdem sich gesundheitsbewusste Zuschauer über Kojaks Zigarillos mokiert hatten.
Davor musste sich Columbo nicht fürchten, denn er zündete seine **Zigarre** nie an. Neben dem alten, etwas klapprigen **Peugeot-Cabriolet** war der verschossene **Trenchcoat** das Hauptkennzeichen des zerstreuten Police Lieutenants.

54 **Roman Polanski** drehte 1967 „Tanz der Vampire", eine mit den Klischees des Horrorgenres spielende Parodie auf die Vampir- und Draculafilme.
Tod Browning und **Terence Fisher** drehten 1930 bzw. 1958 zwei der klassischen von Dutzenden von Dracula-Filmen; 1992 versuchte sich auch **Francis Ford Coppola** mit „Bram Stoker's Dracula" an diesem Thema.